KB064489

휘둘리지 않는 힘

휘둘리지 않는 힘

셰익스피어 4대 비극에서
'나'를 지키는 힘을 얻다

김무곤 지음

지금 왜 셰익스피어를 읽어야 하는가
－가파른 현실 속에서 끊임없이 흔들리는 이들에게

저는 꽤 오래전부터 대학생들과 독서클럽을 만들어서 함께 책을 읽고, 읽은 책에 관한 감상을 나누고 있습니다. 2013년 여름에는 그중 대여섯 사람과 함께 셰익스피어의 희곡을 읽었습니다. 이 책에서 다루는 『햄릿』, 『리어 왕』, 『맥베스』, 『오셀로』 등 네 편의 비극이 그것입니다. 우리는 삼십 년 이상의 '나이'라는 시간적 간극을 잊은 채 그해 여름을 셰익스피어 비극의 매력에 흠뻑 빠져 아주 행복하게 보냈습니다.

저에게는 예전에 읽었던 책을 수십 년 만에 다시 만나는 기회였고, 나의 어린 친구들에게는 명성만 알고 있던 작품을 실제로는 처음 접하게 된 귀중한 시간이었습니다. 작품 자체도 최고였지만, 모두가 자신의 나이와 처지에 따라 자기 나름의 시각으로 작품을 해석하는 것이 참 흥미로웠습니다.

극중 등장인물에게 감정이입하는 양태도 서로 많이 달랐습니다. 예컨대 저는 희곡 『맥베스』의 맥베스 장군에게 가장 큰 일체감을 느꼈는데, 그것은 그때 내 처지가 '도저히 이룰 수 없는 가슴속의 욕망'을 억누르고 있었던, 개인적으로 아주 '답답한' 시기였기 때문이었을 것으로 기억합니다. 그런데 그 책을 함께 읽은 다른 한 친구는 맥베스 장군을 '최고의 악당'으로, 또 다른 친구는 '무능한 경영자'의 전형으로 묘사했습니다. 흥미롭지 않습니까? 셰익스피어 텍스트의 가장 큰 매력은 그것을 읽는 사람이 경우와 처지에 따라 제각각 다르게 받아들이고 해석하는 데 있구나 하는 것을 그때 처음 알았습니다.

그 후 저는 제가 재직하고 있는 대학에서 '커뮤니케이션 읽기와 쓰기'라는 새로운 강의를 맡게 되었습니다. 그게 2014년 봄 학기였습니다. 이때 다시 80여 명의 학부 학생들과 함께 셰익스피어의 이 네 작품을 한 학기 동안 함께 읽고, 토론하고, 자신의 생각을 써보는 기회를 갖게 되었습니다. 그때 또다시 셰익스피어가 마법의 텍스트임을 느끼게 되었습니다. 모든 학생들에게 글을 꼼꼼하게 읽히고 줄거리 요약을 시켰는데도 읽는 사람마다 제각각 서로 다른 줄거리를 기억하는 것이 아닙니까. 그것은 무엇보다도 셰익스피어 희곡에 등장하는 인물들이 그만큼 입체적이고 성격 또한 복합적이기 때문일 것입니다.

『햄릿』에 등장하는 햄릿 왕자 한 사람만 해도 과감하면서 우유부단하고, 사색적이면서 성급한 사람입니다. 이렇게 서로 상반되는 성격적 특징들을 한 몸에 안고 있는 인물입니다. '너무 길지 않나' 하는 생각이 들 정도로 오랜 고민에 빠졌다가도 어느 한 순간에 갑자기 칼로 사람을 찔러버리는 사람. 아주 도덕적이고 윤리적인 내용의 독백을 하다가도, 자신이 한 때라도 사랑하던 연인에게 그토록 모진 말을 쉽게 내뱉어버리는 사람. 셰익스피어가 묘사한 햄릿은 마치 만화경처럼 보는 구도와 시각에 따라 시시각각 변하는 사람입니다. 그러므로 독자나 관객은 햄릿을 어쩌면 자신이 원하는 대로, 자신이 지금 처한 입장에 맞추어서 읽거나 볼 수 있을 것이라는 생각이 듭니다.

최근에 저는 영국 시인 새뮤얼 존슨Samuel Johnson이 셰익스피어의 희곡은 "삶을 있는 그대로 비추는 거울"이라고 말했다는 것을 알고 나서 '과연!' 하고 고개를 끄덕였습니다. 그만큼 셰익스피어의 작품은 읽는 사람과 시대, 환경에 따라 그 모습이 시시각각 달라지기 때문입니다. 지구상의 수많은 사람들이 지난 몇백 년 동안 자신과 자신이 처한 환경을 셰익스피어의 등장인물이나 대사에 투영하면서 때로는 위로받고 때로는 거친 삶의 앞길을 비추는 등불로 삼아왔습니다. 특히 셰익스피어의 비극들은 인간의 희로애락, 사랑과 증오, 삶과 죽음, 어쩌면 세상의 삼라만상을 그 작품 속에 품고 있기에 우리가 사는 인간 세상을 그대로 비추는 거대한 거울과도 같다고 말해도 크게 과언이 아니라는 생각이 듭니다.

서양 작가 중 셰익스피어만큼 잘 알려진 사람이 있을까요? 셰익스피어는 신문 기사, 방송 멘트 논술 등 우리 주위의 많은 글과 말에 인용됩니다. 그런데 문제는 원전의 텍스트를 제대로 읽지 않고 셰익스피어의 작품과 등장인물에 대해 오해하는 경우가 참 많다는 것입니다. 햄릿의 유명한 독백 때문에 햄릿이 마치 '우유부단한 인간' '고뇌하는 인간'의 전형인 줄 아는 것처럼 말입니다.

주위를 둘러보면 비단 햄릿이나 맥베스에 관한 선입견만 있는 것은 아닙니다. 우리의 생각을 왜곡하고, 사고를 정지시키고, 흥분시켜서 우리가 진실에 이르지 못하게 하는 수많은 기제들이 작동하고 있습니다. 그렇다면 우리는 이런 기제들로부터 어떻게 탈출할 수 있을까요? 어떻게 세계와 사물을 스스로의 눈으로 판단할 수 있을까요?

무엇보다도 먼저 해야 할 일은 남이 정해주는 대로 사물을 보는 습관을 떨치는 일입니다. 한 가지 시각, 하나의 이론 틀로 사람과 사회를 보게 만들려고 하는 시도와 주입을 거부해야 합니다. 유혹의 시대입니다. 이런 때일수록 사물을 판단할 때 특히 낭만, 감성, 사랑, 진실, 우정, 조국 등등의 감성적이지만 모호한 단어들을 의심하는 습관을 길러야 합니다.

단일한 논리, 딱 떨어지는 설명은 우리의 생각을 깔끔하게 정리해주고 마음을 편안하게 만들어줍니다. 그러나 그런 편안함에 익숙해져서는 안 됩니다. 타인의 말이 편안하고 어느새 의심을 품지 않게 되었다면, 이미 그에게 휘둘리기 시작한 것일지도 모릅니다. 우리는 단순명쾌함의 유혹을 물리치고, 넓고 깊고 다원적으로 사람과 세계를 바라보는 눈을 길러야 합니다. 그러기 위해서는 우선, 사람이든 조직이든 사상이든 국가든 가족이든 그 대상에 너무 깊이 빠져들지 마세요. 몰입하지 마세요. 멀리 떨어져서 오직 나만의 눈으로 보세요. 그러면 진실이 꼭 하나뿐이 아님을 알게 됩니다. 셰익스피어는 이런 다원적 시각을 기르는 연습을 하기에 참 좋은 교재입니다.

저는 셰익스피어의 비극을 어떠한 외부의 설득이나 선전에도 휘둘리지 않고 세계와 타인과 자신을 있는 그대로 판단하는 힘을 길러주는 교본으로 받아들입니다. 인간과 세계를 내 눈으로 생생하게 보고 내 머리로 정확하게 판단하기 위해서는 첫째, 다른 사람이 이미 만들어놓은 틀에 빠져서 선입견에 휘둘리지 않아야 합니다. 둘째, 타인의 권위에 휘둘리지 않아야 합니다. 셋째, 자신의 눈으로 꼼꼼히 관찰해야 합니다. 셰익스피어는 그런 연습을 할 절호의 텍스트입니다.

독자 여러분들과 함께 셰익스피어가 쓴 네 개의 비극을 '또박또박' '제대로' 읽고 싶습니다. 그래서 여러분이 어떤 고정관념도 없이 자기 자신과 타인을 더 넓게, 더 깊게, 더 정확하게 이해하는 데 작게나마 이 책이 도움이 되었으면 합니다.

이 책의 또 다른 목적은 사람의 '생각의 중심'을 알아차리는 연습을 하는 일입니다. '생각의 중심'이란 어떤 사람의 삶과 말과 행동을 규정하는 씨알입니다. 그 사람이 가장 중요하게 생각하는 것, 그 사람의 삶의 방식, 일의 순서, 기쁨과 노여움, 그리고 죽음에 대한 철학에도 이 생각의 중심이 작용할 것입니다. 만약 어떤 사람이 직장을 옮기려고, 또는 결혼하려고 결심했다고 칩시다. 다른 선택지를 없애고 그것을 결단하게 하는 가장 중요한 단서, 그것이 생각의 중심입니다. 생각의 중심을 관찰하는 데 셰익스피어 4대 비극만 한 텍스트는 없다고 생각합니다.

생각의 중심을 알면 '사람'이 보입니다. 사람을 알게 되면 그 사람의 말과 행동을 해석하고 예측할 수 있습니다. 또 생각의 중심을 알면 '자기'가 보입니다. 자기가 누구인지를 정확하게 아는 일이야말로 자신의 꿈을 이루고, 행복해지기 위한 가장 첫 단추입니다.

저는 이 책에서 독자 여러분과 함께 셰익스피어 4대 비극에 등장하는 주요 인물 9명의 '생각의 중심'을 간파해나가고자 합니다. 그리하여 그들이 진정 누구였는지, 하고자 하는 말이 무엇이었는지 그 진실에 함께 다가서고 싶습니다. 예컨대 1장에서는 왕자 햄릿이 널리 알려진 대로 단순히 '선택 앞에서 우물쭈물하는 우유부단한 지식인'이 아니라, 자기가 가진 모든 것을 다 희생해서라도 역사의 주인공이 되려는 강한 의지를 가진 '정치적 인간'임을 간파할 것입니다.

저와 함께 아홉 명의 아홉 가지 생각을 만나러 떠나 봅시다.

아, 하나 더 말씀드릴 것이 있습니다. 저는 영문학자가 아닙니다. 그리고 이 책은 셰익스피어에 관한 전공서도 아니고 셰익스피어에 대한 항간의 오해를 바로잡으려는 사명을 가진 문학 이론서도 아닙니다. 나는 이 책에서 오직 이 네 편의 비극을 통해 셰익스피어가 무슨 말을 하려고 했는지 알아내는 데에만 집중했습니다. 셰익스피어의 비극을 스스로 선입견 없이 있는 그대로 바라보다 보면, 세상과 사람을 타인이 아닌 자신의 눈으로 판단하는 법을 깨달을 수 있다고 이 책은 말하고자 합니다. 이 책의 제목이 '셰익스피어 다시 읽기'가 아니라 '휘둘리지 않는 힘'인 까닭도 거기에 있습니다. 그러므로 혹시 이 책을 셰익스피어에 관한 전문적 지식을 담은 책인 줄 알고 손에 집으셨다면, 지금까지 읽게 해서 죄송합니다만, 서점이나 도서관의 서가에 도로 꽂으셔도 좋습니다.

시인 에드워드 토머스Edward Thomas는 "다들 햄릿이 자기를 위해 쓰였다고 생각하는 모양인데 그 책은 나를 위해 쓰였다"고 말했답니다. 물론 농담조의 말이긴 하지만, 이 말은 엄중한 진실을 품고 있습니다. 나는 이 말을 어떤 사람도 셰익스피어를 읽은 다른 누군가에게 "네가 읽은 셰익스피어는 잘못 해석한 거야"라고 말할 수 없다는 의미로 듣습니다. 만약 천 명의 독자가 햄릿을 읽었다면 천 명의 햄릿이 존재하고, 만 명의 독자가 읽었다면 만 명의 햄릿이 존재하겠지요. 그것이 셰익스피어 작품의 매력입니다. 저 또한 이 책을 통해 제가 평소에 하고 싶었던 말을 셰익스피어라는 거울에 투영시켰을 뿐입니다.

더불어 많은 이들에게, 특히 가파른 현실 속에서 끊임없이 흔들리는 젊은이들에게 이 거울을 선물하고 싶습니다. 당신이 이 책을 읽는 시간이 누구의 방해도 받지 않고 자신과 맞닥뜨리는 시간이 되었으면 좋겠습니다. 그리하여 당신과 셰익스피어의 만남이 새로운 '나'를 쌓아올리기 위한 흔들리지 않는 힘의 원천이 되기를 바랍니다.

끝으로 좋은 책을 만드는 일이라면 무엇에도 타협하지 않는 '더숲'의 식구들과 또다시 함께 책을 내게 된 일을 참 기쁘게 생각합니다.

김무곤

차례

제1장 '불멸'의 인간과 함께 사는 법 – 『햄릿』 편

주요 등장인물/줄거리

제2장 지구가 자기중심으로 돈다고 믿는 사람들에 대한 경고장 - 『리어 왕』편

주요 등장인물/줄거리

제3장 '나'의 욕망을 경영하라 – 『맥베스』 편

주요 등장인물/줄거리

제4장 세상의 악당들에게 휘둘리지 않는 법 - 「오셀로」 편

주요 등장인물/줄거리

'불멸'의 인간과 함께 사는 법

『햄릿』편

주요 등장인물

- 햄릿 덴마크의 왕자
- 유령 선왕인 햄릿 아버지의 혼령
- 클로디어스 왕 덴마크의 왕, 햄릿의 숙부
- 거트루드 덴마크의 왕비, 햄릿의 어머니
- 폴로니어스 덴마크의 재상
- 오필리어 햄릿의 연인이자 폴로니어스의 딸

- 레어티즈 폴로니어스의 아들
- 호레이쇼 햄릿의 친구이자 충직한 신하
- 바나도, 마셀러스 덴마크 엘시노어 성의 근위병
- 포틴브라스 노르웨이의 왕자
- 로젠크란츠, 길든스턴 햄릿의 친구

줄거리

제1막

어두운 밤 덴마크 엘시노어 성 위의 망대. 보초병 바나도와 마셀러스는 햄릿의 친구이자 측근인 호레이쇼에게 선왕의 모습을 한 유령을 보여준다. 유령을 직접 보기 전에는 믿지 않았던 호레이쇼지만, 직접 본 후에는 "이 나라에 무언가 이상한 변고가 일어날 징조"라고 말한다. 호레이쇼는 유령에게 말을 걸어보지만 유령은 말없이 사라져버린다. 그들은 이 일을 햄릿에게 알리기로 한다.

햄릿은 아버지인 선왕이 죽은 지 두 달도 지나지 않아 숙부 클로디어스 왕과 재혼한 어머니 거트루드에게 분노한 상태다. 호레이쇼는 햄릿을 찾아가서 성의 망대 위에서 슬픈 얼굴의 선왕 모습을 한 유령을 보았노라고 말한다. 그들은 그날 밤 망대 위로 가보기로 한다. 한편 재상 폴로니어스의 아들 레어티즈는 프랑스로 떠나기 전 여동생 오필리아에게 햄릿의 사랑에 응하지도, 빠지지도 말라고 당부한다.

깊은 밤 망대에 오른 햄릿과 호레이쇼는 유령과 마주친다. 유령은 할 말이 있는 듯 햄릿에게만 오라고 손짓한다. 햄릿은 보초병들의 만류에도 불구하고 유령을 따라간다. 유령은 자신이 선왕의 혼령이며, 사실은 자신의 친동생이자 햄릿 왕자의 숙부인 클로디어스가 잠자는 그의 귀에 독약을 부어 죽게 되었으며, 효심이 있다면 복수하라고 말한다. '잘 있거라. 날 잊지 말아라.' 햄릿을 충격에 빠지게 한 유령은 그렇게 떠났다. 햄릿은 복수를 다짐한다.

제2막

덴마크의 중신 폴로니어스의 저택에서는 딸 오필리아가 겁에 질려 햄릿 왕자가 미친 것 같다고 아버지에게 알린다. 햄릿이 실성한 이유가 오필리아 때문이라고 확신한 폴로니어스는 이 사실을 왕에게 전한다. 그들은 두 남녀가 대화할 때 숨어서 엿들어보기로 한다.

선왕이 죽은 후 햄릿이 광기를 보이자 왕은 불안감을 느낀다. 그는 햄릿의 학교 동창 로젠크란츠와 길든스턴을 불러 햄릿과 얘기해보라고 명한다. 햄릿을 만난 로젠크란츠가 유랑극단의 배우들이 궁으로 오고 있다고 말하자 햄릿은 왕을 궁지로 몰아갈 아이디어를 생각해낸다. 바로 연극에서 아버지의 죽음과 어머니의 재혼을 실감나게 재현해내는 것이다. 그는 배우들에게 내일 밤 〈곤자고의 살인〉이라는 연극을 무대에 올려달라고 부탁한다.

제3막

클로디어스 왕은 계획대로 오필리아를 불러와서 햄릿 앞에서 거닐게 한다. 그때 햄릿은 '사느냐. 죽느냐. 그것이 문제다.'로 시작하는 유명한 독백을 하며 인생의 궁극적인 고민을 하고 있던 참이다. 햄릿은 마침 나타난 오필리아에게 그녀를 사랑한 적이 있었다고도, 없었다고도 황설수설하면서 여성에 대한 혐오감을 드러내고는, 그녀에게 "수녀원으로 가라"고 말한다. 햄릿의 돌연한 변화와 광기에 오필리아는 낙담한다. 둘의 대화를 엿들은 폴로니어스는 햄릿이 상사병으로 실성한 것이 아님을 확신한다. 왕은 불길함을 예견하고 그를 영국으로 보내기로 한다.

밤이 되자 궁정 안에서는 연극이 시작된다. 햄릿의 예상대로 왕과 왕비는 중간에 자리를 박차고 나가고, 연극은 곧 중단되고 만다. 왕은 방에서 홀로 참회기도를 한다. 우연히 기도를 들은 햄릿은 칼을 빼들며 복수를 하려고 했지만, 이내 단념하고 왕비의 내실로 간다.

그동안 왕비에게 하지 못했던 말을 쏟아내는 햄릿. 아버지가 죽은 지 한 달도 안 돼 숙부와 결혼을 한 왕비를 '욕망의 뚜쟁이'라 일컬으며 원망과 분노를 쏟아낸다. 바로 그때 커튼 뒤에서 인기척이 난다. 햄릿은 커튼 뒤에 숨어 있던 폴로니어스를 칼로 찔러 죽인다.

제4막

폴로니어스가 죽었다는 소식을 들은 왕은 햄릿에게 폴로니어스의 시신을 예배당에 가져다놓으라고 명령한다. 하지만 햄릿은 왕의 명령에도 아랑곳하지 않는다. 결국 왕이 햄릿을 불러들여 두 사람은 대면하게 되는데, 이때 왕은 사태의 심각성을 느끼고 서둘러 햄릿을 영국에 보내기로 결정한다. '즉각 햄릿의 머리를 자르라'는 서신과 함께.

햄릿은 영국행 배를 타러 덴마크 해안에 도착한다. 그곳에서 보잘것없는 폴란드 땅을 공격하러 가는 노르웨이 노왕의 조카, 포틴브라스의 군대를 만난다. 복수할 의지와 명분이 있음에도 망설이고 있는 자신을 돌아보고 다시 한 번 마음을 다잡는다.

아버지 폴로니어스가 죽고 햄릿까지 떠나자 오필리아는 제정신을 잃는다. 프랑스로 떠났던 폴로니어스의 아들 레어티즈는 아버지의 비고를 듣고 격분하여 궁전을 쳐들어온다. 엎친 데 덮친 격으로 미쳐버린 오필리아의 모습까지 보게 되자 복수심에 불타오른다. 클로디어스 왕은 레어티즈를 부추겨서 햄릿에게 복수할 계획을 세우게 한다.

제5막

마침 햄릿이 영국에서 돌아왔다는 소식이 전해진다. 날이 갈수록 상태가 나빠져가던 오필리아는 결국 물에 빠져 죽고 만다. 햄 릿과 호레이쇼는 함께 묘지를 지나가다가 오필리아의 장례를 치 르고 있는 왕과 왕비, 레어티즈와 마주친다. 레어티즈는 순간 격분하 여 햄릿을 공격하려 하지만 왕이 그를 진정시킨다.

한편 햄릿은 방으로 돌아와 호레이쇼에게 그간의 이야기를 들려준다. 영국행 배에서 왕의 편지를 읽게 되었는데 '햄릿의 머리를 자르라'는 내용이었다고 전 한다. 이때 신하 오즈릭이 찾아와 레어티즈를 칭송하며 왕이 시합을 열기를 원 한다고 전한다. 햄릿은 시합에 응하고 시합장에 가서 제일 먼저 레어티즈에게 사과한다. 햄릿과 레어티즈가 격렬하게 칼을 겨루던 도중, 왕이 햄릿을 죽이기 위해 만들어놓은 독술을 왕비가 마시게 된다. 왕은 당황하지만 이미 왕비는 죽 어간다. 결투의 분위기는 점점 무르익고 레어티즈가 먼저 독이 묻은 칼로 햄릿 을 찌른다. 곧 칼을 바꿔 햄릿도 독 묻은 칼로 레어티즈를 찌른다. 모든 게 음모 임을 알게 된 햄릿은 "독이여 퍼져라"라고 외치며 왕을 찌른다.

죽음이 다가오면서 햄릿은 자신도 죽으려는 호레이쇼에게 "살아남아 나의 이 야기를 전해달라"고 부탁한다. 햄릿이 죽은 후 노르웨이의 왕자인 포틴브라스 와 영국 사신들이 도착해 이 처참한 광경을 목격한다. 호레이쇼는 그들에게 햄 릿의 이야기를 해주기로 한다.

역사의 주인공이 되려는
강한 의지

당신은 그 사람을 안다고
_____ 말할 수 있습니까

아서 루이스와 노마 루이스는 뉴욕의 한 아파트에서 평범한 삶을 살고 있는 젊은 부부다. 하루는 초인종 소리가 들리고 부인 노마가 현관문을 열었는데 상자 하나가 배달되어 있다. 상자를 열어보니 그 안에는 단추를 누를 수 있는 장치가 있었다. 또 거기엔 "오후 8시에 스튜어드가 찾아올 것입니다"라는 메모도 들어 있었다. 스튜어드Steward는 영어로 집사라는 뜻이다. 노마는 혹시 이 사람이 수상한 세일즈맨이 아닐까 의심하면서도 시간 맞춰 찾아온 스튜어드의 얘기를 듣기로 한다. 그가 말했다.

"지금 우리는 간단한 실험을 하고 있는데 혹시 이 실험에 참여하지 않겠습니까? 만약 이 단추를 누르면 당신은 5만 달러를 받게 되고, 그 대신 세상의 어딘가에서 당신들이 모르는 누군가가 죽습니다."

너무나 황당한 이야기이기에 부부는 처음에는 거절했다. 특히 남편은 "말도 안 돼. 그럴 수는 없어. 이건 윤리적으로 받아들일 수 없는 일이야"라고 완강하게 거부했다. 그런데 부인의 생각이 조금씩 달라지기 시작했다.

"만약 누가 죽는다 하더라도 내가 모르는 사람이잖아. 그 사람이 아주 나쁜 사람일 수도 있고…… 돈을 받을 수 있다면 그건 나만을 위한 것이 아니야. 당신이 그토록, 아니 우리가 그토록 꿈꿔왔던 유럽여행도 갈 수 있고, 돈 때문에 미뤄왔던 아이도 가질 수 있을 거야. 이건 우리를 위한 기회야."

부인은 남편이 집에 없는 틈을 타서 상자 안의 단추를 눌러버린다. 부인은 한참 시간이 흐르고도 아무 일도 일어나지 않아서 한편으로는 안심이 되고, 한편으로는 맥이 빠졌다. 그런데 그 순간 병원에서 전화 연락이 왔다. 남편이 지하철 플랫폼에서 떨어져 지하철에 치여 죽었다는 것.

"도대체 어떻게 된 일이야? 모르는 사람이 죽는다고 하지 않았던가?" 하고 부들부들 떨고 있던 그 부인에게 불쑥 한 가지 기억이 떠오른다. 남편 이름으로 들어둔 생명보험 5만 달러! 그 순간 전화벨이 또 울렸다. 이번에는 스스로를 집사라고 불렀던 그 사람의 전화였다. 부인이 그에게 거칠게 따졌다.

"당신, 내가 모르는 사람이 죽는다고 했잖아요?"

부인의 항의를 받은 집사가 말했다.

"부인, 당신은 정말로 당신 남편을 안다고 생각하셨습니까?"

이 이야기는 미국 소설가 리처드 매서슨Richard Matheson이 쓴 「버튼 버튼Button, Button」이라는 단편소설의 줄거리다. 이 소설은 나중에 '더 박스The Box(2009)'라는 이름으로 영화화되어 유명해진 작품이다. 나는 몇 달 전 우연히 들르게 된 번역가 홍종락 씨의 블로그에서 이 소설을 알게 되어 인터넷 서점 아마존을 통해 급히 책을 구해 읽었다. 이 짧은 소설은 '우리는 우리 주위 사람에 대해 제대로 알고 있는가?' '사람을 안다는 게 무엇인가?'라는 질문을 던지고 있다. 우리는 주위의 가족과 친구를 정말 제대로 알고 있는 걸까? 우리는 상사와 부하와 동료의 참모습을 알고 있기나 한 걸까?

위의 질문을 내가 스스로에게 하는 일이 생겼다. 셰익스피어 때문이다. 그중에서도 『햄릿』이 가장 문제였다. 나는 작년에 셰익스피어 4대 비극에 푹 빠져서 '다시 읽기'를 하고 있었는데, 가장 먼저 읽은 작품이 『햄릿』이었다. 셰익스피어 비극에 등장하는 수많은 인물 중에서도 햄릿이라는 인물이 나를 아주 혼란스럽게 만들었다.

이번에 내가 다시 만난 햄릿은 중학생 때와 대학생 때 내가 책 속에서 만났던 그 햄릿이 아니었다. 전혀 다른 사람이었다. 이게 어떻게 된 일인가. 나는 당황했다. 그리고 얼굴이 화끈 거릴 정도로 부끄러웠다. 지금까지 사람 보는 눈이 그렇게 없었단 말인가.

햄릿은 수많은 문학작품과 기사와 연설 속에서 인용되며 사색형 인간, 고뇌하는 사람, 선택을 해야 할 때 결단을 내리지 못하고 번민하는 우유부단한 인물의 대명사로 묘사되어 왔고, 나도 당연히 그렇게 생각해왔다. 그러나 이번에 다시 만난 햄릿은 결코 우유부단하고 결단력 없는 서생이 아니었다. 오히려 용의주도하고, 충동적이며, 어쩌면 잔인하기까지 한 무사武士였다. 그런데 나를 포함해서 이 유명한 희곡을 여러 번 읽은 사람, 또 연극을 여러 번 보았다는 사람들조차 왜 햄릿을 오해하고 있었던 걸까? 나는 그 이유를 곰곰이 생각해보았다. 그리고 다음의 세 가지 결론을 내리게 되었다.

첫째, 책을 대충 읽었으면서 제대로 읽은 척했기 때문이다.

둘째, 책의 앞부분에 나오는 '고뇌하는 햄릿'의 이미지만을 머릿속에 고정시키고 햄릿이라는 인물이 가진 복잡한 다면성을 간과했기 때문이다. 특히 "죽느냐 사느냐 그것이 문제다"라는 너무나 유명한 독백 대사 탓에, 책을 읽기도 전에 '고뇌하는 햄릿'의 이미지가 내 머릿속에 이미 각인되어 버렸다. 햄릿 전체가 아닌 단편적인 부분에 집중한 탓에 그가 가진 여러 가지 면들을 보지 못했던 것이다.

셋째, 다른 사람이 한 말을 그대로 믿었기 때문이다. 햄릿이라는 사람을 제대로 관찰하지 않고 대충대충 흘깃흘깃 보고서는 그를 안다고 생각한 거다. 지금까지는 햄릿에 대한 다른 사람들의 평가를 비판 없이 그대로 믿어왔기 때문에 이 사람을 쭉 오해하고 있었다.

햄릿은 돈키호테와 비교되기도 하는데, 한 예로 지금은 작고한 한국의 정치인 두 사람을 흔히들 햄릿형과 돈키호테형으로 구분한다. 고 노무현 대통령이 돈키호테형 인물이고, 고 김근태 민주당 의장이 '돌다리도 두드려보고 건너지 않는' 햄릿형 인간이라는 것이다.

이 판단은 내가 생각하기에는 커다란 오해지만, 많은 기사와 칼럼 등의 글을 보면 노무현 전 대통령은 '좌충우돌'하기 때문에 돈키호테형이며, 김근태 전 의장은 '우유부단'하기 때문에 햄릿형이라는 식의 평가를 발견할 수 있다. 돈키호테가 좌충우돌하는 인물인지 어떤지는 아직 그 인물에 대해 깊이 연구해보지 않아서 모르겠지만, 노무현 전 대통령이 실제로 그런 사람인지에 대해서는 동의할 수 없다. 이 점은 이 책의 주제가 아니니 다루지 않기로 한다. 그러나 이런 평가를 보다 보면 햄릿이 우유부단한 사람이라는 것이 마치 세상 사람 모두가 그렇게 알고 있는 확정된 사실이라는 투로 느껴진다.

이런 오류는 연극·영화 전문가나 셰익스피어 연구가에게서도 나타난다. 햄릿 연극 공연을 보아도 연출가나 배우가 햄릿 왕자를 아예 '우유부단한' '사색하는' '고뇌하는' '선택을 해야 할 때 결단을 내리지 못하고 번민하는' 인물로 규정하고 있는 작품을 종종 접한다. 영화도 마찬가지다. 예컨대 영국의 저명한 셰익스피어 배우인 로렌스 올리비에(1907-1989)가 감독·제작·주연하고 1948년도 아카데미 작품상까지 받은 영화 〈햄릿〉은 '이것은 우유부단한 남자의 비극이다'라는 설명을 친절하게도 영화 첫머리에서 밝히고 있다.

로렌스 올리비에가 햄릿의 성격에만 집중해서 〈햄릿〉을 '우유부단한 남자의 비극'으로 규정해버린 데에는 낭만주의 시대의 비평가·작가들이 끼친 영향력이 크다. 그들은 그 시대의 틀에 갇혀서 햄릿을 해석했다. 희곡『햄릿』을 '지성적 인간의 비극'으로 보았던 그 시대의 대표적인 셰익스피어 연구가 콜리지Samuel Taylor Coleridge를 비롯한 거의 모든 비평가·작가들은 햄릿이 맞닥뜨리고 있던 정치적 상황은 도외시한 채 겉으로 보여진 햄릿의 성격에만 집중했다. 비평가 윌리엄 해즐릿William Hazlitt은 햄릿을 '행동력이 사고력에게 먹혀버린 남자'라고 지칭했고,[1] 영국 작가 조지 엘리엇George Eliot은 햄릿의 비극이 그 생각하는 버릇과 우유부단한 성격 때문에 일어났다고 말했다.

햄릿이 내던져진 무대, 햄릿의 존재가 처해 있는 구조를 봐야 했다. 햄릿의 주위를 둘러싸고 있는 사람들을 보라. 친부의 살인자이자 왕위 찬탈자, 그런 왕을 추대하고 추종하는 공신 그룹, 침략하려고 호시탐탐 노리는 외국의 군대들이다. 어머니는 아버지가 죽은 지 얼마 되지 않아 친부를 죽인 현재의 왕과 재혼했고, 애인의 아버지와 오빠조차 자신의 편이 아니다. 친구들도 현재의 권력 편에 붙어서 그를 배신하고 있다. 이 절체절명의 상황 속에서 어떻게 하면 복수를 완성하고 빼앗긴 왕권을 되찾아올 것인가, 햄릿 왕자는 끊임없이 생각하고 판단을 유보할 수밖에 없다. 그런데 이런 상황은 낭만주의자들의 눈에는 들어오지 않았고, 용의주도함은 우유부단으로, 고통은 우울로, 무사로서의 과단성은 광기로 묘사되었다.

그 후 지금까지 낭만주의자들이 만들어낸 이런 햄릿의 이미지가 상식처럼 널리 받아들여지게 되었다. 위에 예시한 기사의 필자들도, 로렌스 올리비에도, 나조차도 낭만주의자들이 만들어놓은 햄릿의 이

미지를 그대로 받아들인 것이다. 왜 그랬을까. 외부에서 주어진 대로 생각하면 편하기 때문이다. 남들이 만들어놓은 도식을 벗어나 스스로 생각하기 시작하면 머리가 복잡해지기 때문에 우리는 쉬운 길을 택한다.

이것은 단순히 햄릿을 바라보는 눈에만 국한되지 않는다. 우리는 자기의 외부 세계와 타인을 단순화·정형화시키는 경향이 있다. 남자 친구도, 여자 친구도, 자식도, 부모도, 정치인도, 정당도, 야구팀도, 연예인도. 그런데 세상과 타인은 우리가 생각하는 것보다 훨씬 복잡하고 복합적이다. 이 복잡성을 인지하는 데 드는 생각의 수고를 회피하려면 사물과 대상을 단순하게 줄여서 생각하면 된다. 그러면 오래 생각해야 하는 수고가 덜어진다. 가장 쉬운 방법이 생각해야 할 대상을 둘로 나누는 것이다. 왼쪽-오른쪽, 나쁜 사람-좋은 사람, 잘생긴 사람-못생긴 사람, 가진 자-못 가진 자, 햄릿-돈키호테, 천사-악당. 이렇게 나누면 아주 편하고 모든 것이 간명해진다. 그러나 과연 세상의 모든 것을 둘로 나눌 수 있을까? 예를 들어 전면적으로 나쁘다거나, 완벽하게 좋은 사람이 과연 존재할까?

마음의 평온을 추구하기 위해 이런 식으로 세상과 사람을 제대로 보는 일을 허투루 한다면, 내 존재가 타인의 의도대로 휘둘리게 된다. 내가 내 인생의 주인공이 되는 것이 아닌, 다른 사람이 짜놓은 각본에 자신의 인생을 맞추게 된다.

지성인은 타인이 던지는 것을 그대로 받아들이지 않는다. 지성인이란 소문을 그대로 믿지 않는 사람, 다른 사람이 만들어놓은 허상과 타협하지 않는 사람이다. 물론 깨어 있기 때문에 종종 오해받고, 아직 잠에 취해 있는 사람들에게 때로는 받아들여지지 않을 수 있다. 그러나 적어도 남의 말, 남의 신념에 도취된 꼭두각시가 되지는 않는다.

자신의 판단이 아닌 외부의 해석이나 설득이나 선전에 휘둘리지 말고, 세계와 타인과 자신을 스스로의 힘으로 판단해야 한다. 그 길이 아무리 피곤하고 힘들다 해도, 우리는 스스로 주인공이 되는 노력을 멈추어서는 안 된다. 끊임없이 진리를 찾는 사람만이 아집과 무지와 편견으로부터 해방될 수 있기에.

삶과 말과 행동을 규정하는 씨알,
_____ 생각의 중심

사람은 입체적이고 복잡한 존재다. 그런 사람을 어떻게 하면 제대로 볼 수 있을까? 사람의 진면목을 보는 방법은 과연 있는 걸까? 회사건 학교건 우리가 사는 사회는 사람이 모여 사는 곳이다. 어떤 사람을 사귀고, 어떤 사람을 곁에 두고, 어떤 사람과 함께 일하느냐에 따라 우리의 운명이 크게 달라질 수 있기 때문에 사람을 제대로 판단하는 눈을 가지는 일은 아주 중요하다.

이와 관련해서 공자가 사람의 진면목을 알아보는 방법을 말한 구절이 있다. "視其所以(시기소이) 觀其所由(관기소유) 察其所安(찰기소안) 人焉廋哉(인언수재)."가 논어의 위정爲政 편에 나와 있는 말이다.

이는 "그가 하는 바를 보고, 그 행동이 비롯된 이유를 관찰하고, 그 사람이 무엇을 편안해 하는가를 자세히 살펴서 성찰하면, 어찌 그 사람됨이 감춰질 수 있겠는가?"라는 뜻이다. 보는視 것은 관찰觀하는 것만 못하고, 관찰하는 것은 성찰察하느니만 못하다. 사람의 행동에는 패턴이 있으므로 그 반복되는 패턴을 관찰하면 왜 그런 행동을 하였는가를 알 수 있고, 그 사람이 어떤 때, 무엇을 좋아하는지를 곰곰이 살펴서 생각해보면 그 사람을 알게 된다는 것이다.

이런 과정을 통해 간파한 어떤 사람의 진면목을 이제부터 '생각의 중심'이라 부르자. 〈글을 시작하며〉에서 이미 언급했듯이 생각의 중심이란 그 사람의 삶과 말과 행동을 규정하는 씨알이다. 그 사람이 가장 중요하게 생각하는 것, 그 사람의 삶의 방식, 일의 순서, 기쁨과 노여움, 그리고 삶과 죽음에 대한 철학에도 이 생각의 중심이 작용한다. 결심을 결단력 있게 행동에 옮기도록 하는 가장 중요한 단서, 그것이 생각의 중심이다.

우리는 좋든 싫든 많은 사람들과 더불어 살아야 한다. 다른 사람들의 생각을 제대로 파악하고, 사람들과의 관계를 주도적으로 맺어나가야 한다. 그러나 현대사회는 우리의 판단과 결정에 영향을 주려는 수많은 잡음으로 가득 차 있다.

광고와 선전이 설득과 왜곡으로 끊임없이 '나'의 생각에 영향력을 미치려고 시도하고, 선입견과 편견과 고정관념이 나의 올바른 판단을 가로막는다. 그럴수록 외부의 잡음에 휘둘리지 않고, 세상과 타인을 섣불리 판단하지 않는 일이 무엇보다 중요하다.

생각의 중심을 알면 사람이 보인다. 사람을 알게 되면 그 사람을 이해하게 되고, 나아가 그 사람의 말과 행동을 해석하고 예측할 수 있다.

한 사람의 생각의 중심을 간파하려면 첫째, 타인이 이미 해놓은 기존의 평가에 의존하지 말고 어디까지나 자신의 눈으로 판단해야 한다. 그래야 선입견이나 고정관념, 편견을 가지지 않는다.

둘째, 그 사람이 가진 한 단면만 보지 말고 여러 측면을 관찰해야한다. 이때 양지만 보지 말고 음지도 보아야 한다. 성공했을 때와 실패했을 때, 기뻐할 때와 슬퍼할 때, 얻었을 때와 빼앗겼을 때, 평온할때와 위급할 때, 올라갈 때와 내려올 때를 두루 고려해야 한다.

셋째, 그 사람의 언행과 그것이 반복되는 유형을 오래 잘 관찰해야한다. 물론 말과 행동 중에서 더 진실에 가까운 것은 행동이다. 그 사람의 말은 그 사람을 대표하지 않는다. 말은 너그러우면서 행동은 각박하거나, 말은 진보적으로 하면서 행동은 아주 보수적인 사람도 있고, 말은 굉장히 까다로운 사람인 것처럼 하면서 행동은 매우 자유로운 사람도 있으리라. 그러나 제대로 보고, 오래 보면 결국 알게 된다. 헝가리 소설가 산도르 마라이는 그의 소설 『열정』에서 주인공 헨릭 장군의 입을 빌어 다음과 같이 말하고 있다.

"중요한 문제들은 결국 언제나 전 생애로 대답한다네. 그동안에 무슨 말을 하고 어떤 원칙이나 말을 내세워 변명하고 이런 것들이 과연 중요할까? 결국 모든 것의 끝에 가면, 세상이 끈질기게 던지는 질문에 전 생애로 대답하는 법이네. 너는 누구냐? 너는 진정 무엇을 원했느냐? 너는 어디에서 신의를 지켰고, 어디에서 신의를 지키지 않았느냐? 너는 어디에서 용감했고, 어디에서 비겁했느냐?"[2]

넷째, 그 사람이 결코 양보하지 않는 가치가 무엇인가를 보면 그 사람이 보인다. 돈이라면 어떤 경우에도 누구에게도 양보하지 않는 사람이 있고, 돈은 양보할 수 있으나 명성이나 사회적 평가 같은 명예에 관련된 사안은 절대로 양보하지 못하는 사람도 있다. 가족이 온통 생각의 중심에 있는 사람이 있고, 가족보다는 자신의 취미가 생각의 중심에 더 몰려 있는 사람도 있다. 연애나 이성(異性)이 생각의 중심을 차지하고 있는 사람도 있을 것이다. 속칭 말하는 끼가 많은 사람들이다. 지금 이 책을 읽고 있는 여러분들의 친구들 중에도 예쁜 여자나 멋진 남자가 있다고 하면 자다가도 부르면 뛰쳐나오는 친구가 있을지도 모른다. 평소에는 여자들끼리의 우정을 강조하다가도 남자가 생기면 친구와의 약속 따위 바로 헌신짝처럼 버리는 친구도 있을지 모른다. 만약 그런 친구가 있다면, 그 사람은 나쁜 사람이라기보다 생각의 중심이 우정보다 연애에 치우쳐 있는 사람일 것이다.

생각의 중심에 이념이나 주의가 공고하게 자리 잡고 있는 사람들도 있다. 개중에는 목표나 이념을 위해 목숨까지도 버릴 수 있는 사람도 있다. 생각의 중심에 신앙이나 종교가 있는 사람들도 그것을 위해서라면 다른 모든 것을 희생할 수 있다.

자, 이제 나와 함께 햄릿의 생각의 중심에 가까이 다가가보자.

햄릿은
_____ 우유부단한 사람인가

같은 햄릿을 두고도 바라보는 사람에 따라 '지성적 인간(콜리지)' '고결하며 지극히 도덕적인 인간(괴테)' '분열된 자아(블래들리)' '모친에 대한 콤플렉스를 가진 인간(프로이트)' 등 실로 다양한 정의가 내려지게 되면서 햄릿은 하나의 속성으로 설명할 수 없는 복잡한 근대의 아이콘이 된다.

서구인들에게 햄릿의 영향력은 막강하다. 윌리엄 해즐릿은 "햄릿은 바로 우리다"라고까지 말한다. 톨스토이, 빅토르 위고, 에즈라 파운드, 키르케고르, 프로이트 등 셀 수 없이 수많은 문학자·철학자가 그의 영향을 받았고, 또 그와 씨름하고 그를 칭송하고 그를 비판했다.

현대에 와서도 햄릿의 그림자는 사그라들지 않는다. 1990년 프랑코 제피렐리 감독이 연출한 영화 〈햄릿〉에서 햄릿 왕자를 연기한 호주 배우 멜 깁슨은 "그(햄릿)의 고민이 나의 고민이 됐다"고 말하고, 아카데미 주연 남우상을 수상한 영국 출신 배우 다니엘 데이 루이스는 햄릿 역에 몰입한 나머지 "아버지의 유령을 보았다"라고 까지 말했다.

12세기 덴마크 왕가를 극중 배경으로 한 『햄릿』의 저술 시기는 1601년쯤으로 알려져 있다. 따라서 이 작품에는 인간성과 윤리에 대한 16세기 유럽의 생각이 반영되어 있다. 그럼에도 이 작품이 오늘날까지 면면히 살아남아 지금도 지구 곳곳에서 영화로 연극으로 문학작품으로 그 모습을 달리하면서 여전히 사람들의 마음을 뒤흔드는 이유는 무엇일까.

이 작품과 등장인물들이 시대와 사회를 뛰어넘는 보편성을 지니고 있기 때문일 것이다. 예컨대 삶과 죽음, 정의와 불의, 진실과 거짓에 맞닥뜨리고, 매순간 선택을 강요받는 햄릿의 체험은 평범한 사람이라도 어느 시대의 누구라도 살면서 만날 수 있는 일이다. 그래서 지금도 지구 곳곳에서 셰익스피어 극이 계속해서 만들어지는 것이리라.

그런데 문제는 작품을 제대로 읽지 않고 햄릿을 오해하는 경우가 참 많다는 데 있다. 『햄릿』을 꼼꼼하게 읽어보면 '우유부단한 인간' '고뇌하는 인간'의 전형을 넘어 훨씬 더 복잡하고 입체적인 인물을 만나게 된다. 햄릿은 물론 상당히 감성적이고 감정적인 사람이다. 그러나 결코 우유부단하고 결단력 없는 사람은 아니다. 용의주도한가 하면 우유부단하고, 주저하는가 하면 과감하고, 순수한가 하면 잔인한 사람을 보게 된다. 햄릿의 다음 세 가지 장면을 다시 떠올려보자.

첫 번째 장면.

햄릿은 국왕을 살해하는 사건을 다룬 연극을 왕과 왕비 앞에서 무대에 올린다. 그런 다음 그들의 반응을 염탐하고 연극을 보는 사람들의 반응을 통해서 사건의 진상을 확실히 알게 된다. 그리고 어머니를 추궁한다. 그때 오필리아의 아버지이자 왕의 충직한 신하인 폴로니어스가 커튼 뒤에서 햄릿과 왕비의 대화를 엿듣게 된다. 그런데 이 두 사람의 대화가 왕비의 안전이 염려될 만큼 격해지자 충성스러운 폴로니어스가 소리를 지르고, 햄릿은 칼을 뽑아서 소리가 난 쪽을 향해 푹 찔러버린다. 물론 이것은 소리가 난 쪽에 왕이 있는 줄 알고 저지른 행동이다. 게다가 폴로니어스의 시체는 암매장해버린다. 여기에 '고뇌하는 햄릿'이 어디 있는가? 고뇌하는 햄릿은커녕 주저하지 않는 킬러의 모습을 우리는 보게 된다.

두 번째 장면.

"햄릿이 뭔가 이상하다. 왕위 찬탈에 뜻이 있다"라고 의심한 왕 클로디어스가 햄릿을 제거하기 위해 햄릿의 친구 둘을 불러서 작전을 짠다. 편지를 보는 즉시 햄릿을 죽이라는 내용이 담긴 서신과 함께 햄릿을 영국 왕에게 사신으로 보내는 것이다. 그러나 햄릿은 이 사실을 알고, 왕의 칙서를 훔쳐 봉인을 조작해서 오히려 배신자가 된 두 친구들을 죽게 만든다. 그는 긴박한 상황 속에서도 명확한 상황판단을 한다. 판단뿐만 아니라 행동까지 신속하다. 이는 우유부단한 지식인이 아니라 전략가의 풍모다. 그뿐인가. 고민하지 않고 죽여 버리고 뒤처리까지 깔끔하게 하는 과단성 있는 무사의 모습까지 그에게서 볼 수 있다. 여기서 햄릿은 명석한 상황판단과 과감한 작전을 구사하는 전략가이며 배반을 용서치 않는 잔혹한 리벤저다.

세 번째 장면.

햄릿이 숙부인 왕을 죽이려다가 마는 그 대목이다. 햄릿은 왕이자 숙부인 클로디어스가 혼자 있는 걸 알고 죽이려고 다가간다. 그런데 클로디어스가 기도하는 모습을 보고 그때는 죽이지 않기로 한다. 이 부분이 햄릿의 우유부단한 모습으로 보일 수도 있지만 사실은 반대다. 아버지의 원수 클로디어스가 기도하다가 죽으면 천당에 갈 수도 있기 때문에, 악을 행하고 있을 때 죽여서 지옥에 확실하게 제대로 보내야 한다는 논리다. 매우 신중하고 계산된 행동임을 알 수 있다. 단순히 육신을 죽이는 걸로는 성에 차지 않고, 영혼까지 파멸시키겠다는 햄릿의 각오에서 매우 집요하고도 치밀한 복수의 화신이 엿보인다.

앞서 말한 이 모든 것들이 우유부단한 사람의 생각이고 행동일까? 우리가 지금까지 햄릿이라는 사람을 잘못 알아왔던 건 아닌가? 우리가 지금까지 알고 있었던 햄릿에 관한 지식은 다른 사람의 흐린 안경을 통해서 얻은 왜곡된 지식이 아닐까?

텍스트를 스스로의 힘으로, 좀 더 꼼꼼히, 좀 더 파고들어가서 읽어보자. 지금까지 믿고 있었던 많은 것들을 두 눈으로 확인해보자.

햄릿은
_____ 고독한 철학자인가

『햄릿』은 햄릿 왕자와 클로디어스 왕 사이에 벌어지는 왕권을 둘러싼 정치극이기도 하다. 원래 자신이 이어받아야 할 왕좌를 '뺏겼다'는 생각을 가지고 있는 왕자와 세련된 언사를 구사하는 노회한 정치가 클로디어스 왕과의 한판 싸움이다.

다음 대사를 보자. 클로디어스 왕이 햄릿을 죽이라는 사명을 주고 영국으로 동행시킨 길든스턴과 로젠크란츠가 죽었냐고 호레이쇼가 햄릿에게 물어본다. 그들은 햄릿의 계략과 기지로 인해 오히려 햄릿 대신 영국 왕에게 죽임을 당했다. 햄릿은 그들의 자업자득이니 양심에 거리끼지 않는다고 대답한 후, 그들이 죽은 원인이 사실은 "두 거물이 치고받는 싸움에 끼어든 잘못" 때문이라고 말한다. 두 거물이란 바로 햄릿과 클로디어스 왕이다. 그는 현재 덴마크 정치 갈등의 핵심이 클로디어스 왕과 자신, 두 사람의 정치투쟁임을 잘 인식하고 있었다.

호레이쇼 그러니 길든스턴과 로젠크란츠는 죽었군요.

햄릿 이봐, 그 친구들이야 그 일을 자청해서 맡았잖아.

그러니 내 양심에는 저촉되지 않네.

그놈들이 파멸한 건

그놈들이 쓸데없이 참견해서 일어난 거니까.

거물들이 치고받는 싸움에

하찮은 자들이 끼어드는 건 잘못이었어.

(5막 2장)

햄릿은 클로디어스가 왕관을 찬탈했다고 말하지만, 클로디어스가 왕이 된 것은 왕비와 대신들의 합의에 의한 추대였다. 이 사실은 1막 2장의 첫 부분에 등장하는 클로디어스의 연설을 보면 쉽게 알 수 있다. 이 연설은 왕비와 폴로니어스를 포함한 중신들, 폴로니어스의 아들 레어티즈, 햄릿, 그 외의 사람들 앞에서 이루어졌다.

> **왕** 나의 친형인 돌아가신 햄릿 왕의 기억이
> 아직도 생생한데, 가슴에 모두 슬픔을 안고
> 왕국 전체가 비탄의 얼굴로
> 찡그리고 있음이 마땅하지만
> 분별심이 인정을 이겨낸 결과
> 과인은 형님을 슬프게 애도하면서도
> 우리도 잊지 않았습니다.
> 그렇기 때문에 전운이 감도는 이 나라의 왕권을 나와 같이
> 이어갈 사람으로 한때는 형수요 지금은 왕비인 사람을
> 아내로 맞이함에 완전치 못한 기쁨으로
> 한 눈에는 환희를 또 한 눈에는 눈물을 담고
> 축가로 장례식을 장송곡으로 결혼식을 거행하니
> 환희와 비탄을 똑같은 무게로 저울질하면서
> 아내로 맞아들였소. 또 과인은 이 일에 대해
> 경들의 슬기로운 충고를 막지 않았고
> 충분히 상의해서 결정했으니 이 모든 일에 감사할 뿐입니다.

(1막 2장)

　우리는 이 연설에서 첫째, 클로디어스의 즉위는 선왕이 죽은 후 오
필리아의 아버지인 폴로니어스를 비롯한 중신들의 추대로 이루어졌

다는 사실, 또 그런 결정이 내려지는 과정에서 왕비 거트루드와의 결혼이 중요한 비중을 차지했음을 짐작할 수 있다.

『햄릿』의 텍스트만으로만 보면 클로디어스 왕이 어떤 과정을 밟아서 선출되었는지, 일반 백성들의 지지를 받았는지 등을 명확히 알 수는 없다. 그러나 당시 덴마크에는 적어도 왕위계승이 꼭 세습만으로 이루어져야 한다는 원칙은 존재하지 않았던 듯하다. 또 연설 내용을 보면, 부왕 햄릿에서 동생 클로디어스로 이어지는 왕위계승에 관한 중신들의 모종의 합의가 있었다는 사실도 짐작할 수 있다. 아마 클로디어스왕과 햄릿의 어머니 거트루드 왕비의 결혼도 중신들과 상의를 했고 그들에게 허락 또는 추인을 받았으리라 추측된다.

우리나라의 조선시대나 영국·일본 같은 왕위세습제에 익숙해져 있는 눈으로 보면, 햄릿이 왕이 되지 않고 선왕의 동생인 클로디어스가 왕이 된 일은 정상적인 일이 아니다. 만약 세습군주제였다면 당연히 아들인 햄릿 왕자가 왕권을 계승하였을 것이다.

그런데 이 시대의 덴마크 왕국은 왕이 죽으면 자식이나 후손이 뒤를 잇는 세습군주제가 아니라 선정군주제選定君主制였다는 주장이 있다. 일본의 저명한 셰익스피어 연구자 가와이 쇼이치로 도쿄대 교수는 그의 저서 『햄릿의 수수께끼를 풀다』에서, 당시 덴마크는 일반 백성들의 추대를 받은 사람이 왕으로 뽑히는 선정군주제였기 때문에 햄릿 왕자가 아닌 클로디어스가 선출될 수 있었다고 주장한다[3].

그런데 정확한 사전적 의미로 얘기하자면 선정군주제는 '군주가 지명한 후계자에게 군주의 지위가 계승되는 체제'다. 즉 다음 왕을 현재의 왕이 지명하는 제도다. 따라서 이 제도를 택하고 있는 나라에서는 왕의 후손이 자동적으로 왕위를 계승하지 않는다. 왕자나 공주가 아니더라도 현재의 왕이 지명하는 사람이 왕이 될 수 있는 제도이기 때문이다.

그렇다면 클로디어스 왕이 1막 2장의 연설에서 "경들의 슬기로운 충고를 막지 않았고 충분히 상의해서 결정"하였다고 감사 인사를 하는 이유는 무엇일까. 클로디어스가 왕이 된 것은 단지 선정군주제에 의해 뽑혔기 때문만이 아니라, 왕비와 폴로니어스를 비롯한 중신들로 구성된 궁중 권력공동체의 묵인으로 이루어진 것이기 때문이 아니었을까.

죽은 햄릿의 부왕이 동생인 클로디어스를 생전에 미리 차기 왕으로 지명했을 리는 없다. 왕위계승자는 아마 선왕 햄릿의 유일한 아들인 햄릿 왕자였을 것이다. 그런데 햄릿 왕자에게 와야 할 왕관이 선왕의 암살과 왕비와의 결혼이라는 과정을 통해 클로디어스에게로 넘어가 버린 것이다. 햄릿이 왕권을 탈취 당했다고 느끼는 이유가 여기에 있다. 그런 햄릿의 생각은 여러 장면에 나온다. 그중 하나인 다음 대사를 보자.

햄릿 악한 왕의 본보기,
　　　선반에 올려둔 귀중한 왕관을 훔쳐서
　　　제 주머니에 처넣은 국가와 통치권의 도둑놈!

(3막 4장)

우리는 지금까지 햄릿 왕자를 '고뇌하는 철학자'라는 틀에 너무 쉽게 가두어온 건 아닐까. 일반 독자뿐만 아니라 프랑스의 문호 빅토르 위고 같은 사람도 저서 『윌리엄 셰익스피어William Shakesphere』에서 햄릿 왕자가 왕권 같은 것에는 전혀 관심이 없고, 오히려 왕권을 우습게 생각했다고 적고 있다. 그런데 이것은 오해다. 햄릿은 왕위를 빼앗겼다고 생각하고 있다. '선반에 올려둔 귀중한 왕관'이란 표현에서 알 수 있듯이 '자신에게 이미 예약되었던 자리'라고 느끼고 있는 것이다.

5막 2장에서 햄릿이 측근 호레이쇼에게 말하는 다음 대사를 보자.

햄릿 아버지를 죽이고 어머니를 매춘부로 만들고,

국왕 선출에 불쑥 끼어들어 내 희망을 빼앗고,

비열한 수작으로 낚싯줄을 던져서 내 이 목숨까지 노린 놈이야.

이 손으로 저놈의 숨을 끊어야 양심상 떳떳한 것이 아닌가?

인간성을 좀먹는 해충 같은 저놈이

나쁜 짓을 계속하도록 놔둔다면 그건 저주받을 일 아닌가?

(5막 2장)

햄릿은 클로디어스가 아버지를 죽이고, 어머니를 타락시켰을 뿐 아니라 본디 '내 희망'이었던 국왕의 자리를 빼앗았다고 말하고 있다. 햄릿은 왕이 되기를 희망하고 있었던 것이다. 햄릿의 왕권에 대한 남다른 애착을 보여주는 에피소드는 또 있다. 그는 부왕의 옥새 원본까지 자기 지갑에 넣고 다닌 사람이다.

클로디어스 왕이 햄릿을 죽일 계획으로 햄릿에게 서찰을 들려서 영국 왕에게 사신으로 보낸 바 있다. 그 편지의 내용은 편지를 보는 즉시 그것을 가지고 온 자들을 참회할 시간조차 주지 말고 살해하라는 내용이었다. 그런데 햄릿은 자신이 가지고 다니던 옥새의 사본을 이용해 클로디어스 왕이 영국에 보낸 서찰을 바꿔치기하고, 살해 계략에서 살아남는다. 왕권에 대한 집착이 없는 사람이 옥새의 사본을 가슴속에 품고 다닌다? 있을 수 없는 일이다. 햄릿은 왕이 되고자 하는 의지가 강한 사람이었다.

다음 장면은 측근 호레이쇼가 햄릿에게 클로디어스 왕이 준 서찰의 내용물을 어떻게 몰래 바꿔치기할 수 있었는지 묻고 햄릿이 대답하는 장면이다.

호레이쇼 어떻게 봉인하셨죠?

햄릿 글쎄, 바로 그것도 하늘이 도우셨어.
덴마크 옥새의 복사본인 부친의 반지 도장이
내 지갑 속에 있었단 말일세. 난 그 편지를
똑같은 모습으로 접어서 서명하고 도장을 찍고
아무도 몰래 놓아뒀지.

(5막 2장)

사실 클로디어스는 다음 왕위계승자로 이미 햄릿을 지정한 바 있다. 그러나 햄릿은 그것을 믿지 않는다. 다음 장면은 3막 2장이다.

로젠크란츠	왕세자 전하. 요즘 그토록 우울하신 이유가 무엇이옵니까? 괴로운 심정을 친구에게조차 털어놓으시길 거절하신다면, 그건 명백하게 자유로운 삶을 스스로 묶어버리는 일이옵니다.
햄릿	이봐. 난 출셋길이 막혔네.
로젠크란츠	별말씀 다 하십니다. 국왕께서 직접 왕자님을 덴마크의 왕위계승자로 삼는다고 말씀하셨지 않습니까.
햄릿	그랬지. 그랬지만 '이삭 자라기를 옆에서 기다리다 굶어죽는다'는 낡아빠진 속담도 있잖은가.

(3막 2장)

"난 출셋길이 막혔네." 이 말은 다분히 자조적인 어투이긴 하지만, 햄릿은 상황을 나름 냉정하게 파악하고 있었다. 클로디어스 왕이 자신을 왕위계승자로 지명하긴 했지만 그 약속이 지켜질 리 없다고 생각하는 것이다.

햄릿 왕자, 이 사람을 고뇌하는 철학자라는 틀로만 바라보아서는 안 된다. 그도 정치인이다. 자신이 국왕이 된다고 믿었던 사람이고, 더구나 자기한테 왔던 국왕 자리를 빼앗긴 데 대한 정치적 복수를 노리는 사람이다.

햄릿은 왜 우리를
____ 뒤흔드는가

"사느냐, 죽느냐. 그것이 문제다." 『햄릿』에 등장하는 이 독백은 희곡을 읽거나 연극을 보지 않은 사람도 대개는 어디선가 들어서 기억할 정도로 유명한 구절이다. 전체 구절을 읽어보자.

햄릿 사느냐, 죽느냐. 그것이 문제다.

어느 쪽이 더 고결한가.

가혹한 운명의 돌팔매와 화살을 참아내야 하나.

아니면 거친 바다에 맞서서 무기를 집어들고

달려들어 끝장내야 하나? 죽는다는 건 곧 잠드는 것.

한번 잠들어 가슴의 고통과

타고난 수많은 고뇌를 끝장낼 수 있다면

이거야말로 열렬히 바라 마지않는 결말이 아닌가.

죽는 건 잠드는 것. 잠든다는 건 아마도 꿈꾼다는 것

아 여기서 걸린다.

왜냐면 이번 생의 굴레를 겨우 벗어났을 바로 그때

그 죽음이라는 잠 속에서 어떤 꿈이

또다시 찾아올지 모르므로 우리는 결행을 주저할 수밖에.

이것이야말로 인간의 불행이 오래오래 살아남는 이유가 아닌가.

그렇지 않으면 그 누가 이승의 채찍과 모욕을 견뎌낼 수 있겠는가.

독재자의 압제를, 잘난 놈의 오만을,

멸시당하는 사랑의 아픔을, 법 집행의 지연을,

관리의 무례를,

인내의 대가로 형편없는 놈들에게 퇴짜 맞는 수모를.

단검 한번만 휘두르면

스스로 끝낼 수 있는데.

누가 무거운 짐 지고 피곤한 인생을 투덜거리며 땀 흘리겠는가?

다만 죽음 이후의 두려움이 결행을 막는구나.

죽음. 그 어떤 여행자도 돌아온 적 없는 미지의 나라.

알 수 없는 그곳으로 날아가기보다는

익숙한 아픔을 참아내게 하는구나.

그렇다. 이런 생각 때문에 우리 모두는 비겁해지고

선명한 결단은 창백한 사색으로 바뀌어서 병들어버리니,

절정의 순간을 위한 위대한 계획도 흐름이 끊기고,

행동이라는 이름을 잃게 되는구나.

(3막 1장)

　　사실 이 대사는 서구사회에서 '근대적 인간'의 탄생을 알리는 중요한 단서다. 셰익스피어가 『햄릿』을 쓸 시기의 서구사회는 신神에 의존하지 않고 인간 스스로 세상과 사람과 사물을 판단하고자 하는 시도가 이제 겨우 움틀락말락 하던 시기였다. 바로 이 시기에 비록 연극 안의 등장인물이긴 하지만, 한 개인이 (그것도!) 삶과 죽음의 문제에 대해 신의 지휘 없이, 스스로 질문을 던졌다는 그 자체가 아주 놀라운 일이었다. 이른바 근대적 인간의 탄생이라 할 만하다. 그러므로 이 독백이 표현한 생각의 혁명은 이후의 서양 사회에 커다란 영향을 끼치게 된다.

어쨌든 위의 독백은 그 유명세에 걸맞게 햄릿이라는 남자를 이해하는 데 가장 중요한 단서가 된다. 시적으로 대구對句를 맞추어 쓴 위의 문장은 뜻의 해독이 어려울 수도 있겠다. 이 독백을 지금의 우리말 풍으로 바꾸어보면 아마 다음과 같은 내용이 되리라.

관객 여러분, 주인공 햄릿입니다. 제가 삶을 택하는가, 죽음을 택하는가, 이것이 이 연극의 주제이자 제 인생 절체절명의 관건입니다. 죽는 것과 사는 것, 어느 쪽이 더 고결한 삶일까요? 내게 주어진 험난한 운명을 받아들이고 돌팔매와 화살을 참아내면서 살아남아야 하나요? 아니면 두려움을 극복하고 죽음이라는 미지의 세계로 몸을 던져야 하나요?

인간에게 숙명처럼 깃든 수많은 번뇌를 끝장낼 수 있다면, 죽음이야말로 최고의 해피엔딩이겠지요. 그런데 죽는 게 잠드는 거라면 잠들면 아마도 꿈을 꾸겠지요? 아, 여기서 걸립니다. 왜냐면 우리가 만약 죽어서 이 삶의 굴레를 겨우 벗어났을 바로 그때, 그 죽음이라는 이름의 잠 속에서 또 다른 어떤 꿈을 다시 꿀지 모르기 때문에 우리는 죽음을 결행하는 일을 주저할 수밖에 없습니다. 이것이야말로 사람들이 죽음만이 최선의 해법이라는 것을 알면서도 살아서 겪는 많은 불행을 참으면서까지 오래오래 살아야 할 수밖에 없는 까닭입니다. 그렇지 않다면 우리가 살아있기 때문에 견뎌야 하는 질책과 모욕을 그 누가 참아낼 수 있겠습니까.

여러분도 겪으셨겠지요? 독재정치의 폐해, 잘난 놈들의 오만함, 사랑한다는 이유로 받아야 하는 모욕, 느려터진 사법제도, 무례한 공무원들, 점잖게 참으면 오히려 손해보는 세상 등등. 이 모든 고통도 죽어버리면 한번에 사라질 수 있는데…… 아까 말씀드린 그 이유 때문이 아니라면, 이 벅차고 피곤한 인생을 땀 흘리고 투덜거리며 살아갈 이유가 어디 있겠습니까?

단지 죽음 이후에 우리가 알지 못하는 세계에 대한 두려움이 자결의 결심을 막을 뿐입니다. 한번 죽은 자는 그 누구도 살아 돌아온 적이 없으므로 우리는 죽음 후의 상태가 어떤지 알 수가 없습니다. 그래서 우리는 죽음이라는 미지의 세계를 쉽사리 선택하지 못하고, 이미 겪어봐서 익숙해져 있는 고통을 참으며 살아가고 있는 것입니다. 그렇습니다. 바로 이런 생각 때문에 우리 모두는 비겁해집니다. 확실히 죽음을 결단했다가도 이 생각만 하면 이러지도 저러지도 못하게 되어버리고, 죽으려는 큰 계획을 세웠다가도 흐름이 끊겨서 행동에 이르지 못하게 됩니다.

독백이란 연극에서 배우가 관객에게 자기 마음속을 알리기 위해, 대화 상대 없이 혼자 말하는 대사다. 그 혼잣말이 관객에게는 들린다는 전제다. 그러므로 "사느냐, 죽느냐. 그것이 문제다. 어느 쪽이 더 고결한가"라고 하는 것은 "관객 여러분. 제가 삶을 택하는가, 죽음을 택하는가, 이것이 이 연극의 주제이고 제 삶의 관건입니다"라고 관객들에게 선언하는 것이라고 보아도 좋지 않을까.

그리고 햄릿은 관객 또는 독자에게 질문을 던진다. "죽는 것과 사는 것, 어느 쪽이 더 고결한 삶일까요? 나에게 주어진 험난한 운명을 받아들이고 돌팔매와 화살을 참아내면서 살아남아야 하나요? 아니면 두려움을 극복하고 죽음이라는 미지의 세계로 몸을 던져야 하나요?" 이 질문은 복수에 관한 질문이 아니라 존재방식에 관한 질문이다.

햄릿은 여기서 이 연극의 주제와 주인공으로서 자신의 세계관을 관객과 독자들에게 직접 토로한다. 자신의 존재가 사느냐, 죽느냐To be, or not to be의 두 가지 선택 앞에 놓여 있다는 것, '죽는' 것이야말로 자신이 선택해야 할 유일한 해법임에도 자신이 삶을 이어나갈 수밖에 없는 이유를 우리(관객, 독자)에게 설명한다.

'사느냐, 죽느냐'에 너무 집중하지 말고, 햄릿이 왜 삶과 죽음의 양자택일을 고민하였는가에 눈을 돌려보자. 햄릿이 삶과 죽음의 선택지 중에 고민하는 이유는 '고결한 삶'이라는 목표 때문이다. 햄릿은 삶과 죽음 중에서 어떤 쪽이 더 '고결noble한가?'라고 묻고 있다. 이 질문은 햄릿이 어떤 사람인지, 햄릿의 생각의 중심은 무엇인지 그 의문을 푸는 열쇠가 된다. 『햄릿』이 만약 많은 평론가들이 말해온 바와 같이 복수극이라면, 햄릿이 주저하고 우유부단한 성격을 지닌 건 참 이상한 일이다. 복수가 목적이라면 왜 주저하겠는가. 그러나 『햄릿』의 지향점을 절대적 선, 또는 보다 큰 가치에 관한 지향, 즉 '불멸'로 바라본다면, 햄릿의 주저와 우유부단을 이해할 수 있다.

여기서 잠시 『햄릿』의 텍스트로부터 빠져나가자. 이 책에서는 원전에 집중하기 위해서 가능한 한 다른 사람의 말을 인용하지 않는 것을 원칙으로 하고 있지만, 이 대목이 너무나 중요하므로 여기서 다른 이의 말을 잠시 인용하는 것을 양해해주기 바란다.

덴마크 철학자 키에르케고르는 『햄릿』을 심미적 작품이 아닌 종교적 작품이라고 말했다. 그는 "심미적 영웅은 '이기는' 것으로, 종교적 영웅은 '괴로워하는 것'으로 위대해진다"라고 하였다. 심미적 영웅이 승리하는 삶을 이룬 자라면, 종교적 영웅은 절대적 가치를 위해 자신의 삶을 송두리째 바친 자다. "햄릿은 뭔가 위대한 존재가 되려 하고, 그것을 위해 괴로워하는 일종의 자학하는 자[4]"이며, 따라서 의미도 없이 자꾸 일을 미루는 바보가 아닌 종교적인 영웅이다.

여기서 심미審美란 예술작품을 작품으로서 완성하는 미학적 완결성을 말한다. 또한 '종교적'이란 성경이나 부처님의 말씀에 충실하고자 노력했다는 뜻이 아니라 어떤 진리나 절대 가치, 절대 선善을 위해 헌신하고자 하는 것이라 해석하면 되겠다.

좀 더 쉽게 이야기 해보자. 알렉산더 대왕이나 나폴레옹, 소프트뱅크의 손정의 회장이나 알리바바의 마윈 회장 같은 경우는 자신의 인생에서 성공을 이룸으로써 영웅이 되었다. 그러나 석가나 예수 또는 김대건 신부 같은 순교자들은 절대적 가치를 위해 자신의 삶을 바침으로써 민중의 마음속에서 영웅이 되었다. 햄릿 또한 그런 순교자적 삶을 지향했던 것은 아닐까. 만약 햄릿이 복수극이라면 우리는 다음 두 가지 질문에 대답하기 곤란해진다.

햄릿의 목표가 성공이었다면 그는 왜 빨리 클로디어스를 죽이지 않

있는가? 그는 왜 빨리 클로디어스를 처단해서 왕위를 되찾고 오필리아와 결혼하지 않았는가?

햄릿은 성공을 통해 완성되는 심미적 영웅이 아닌, 절대적 가치를 추구하고 지킨 종교적 영웅으로 자신을 자리매김하였기 때문에 자신을 '수난자'로 위치시키려 했던 것이다. 다음 대사를 보자.

> **햄릿** 나사 빠진 시대다. 오, 이 무슨 저주받은 운명이란 말이냐, 내가 그것을 고치기 위해서 이 세상에 태어났다니!
>
> (1막 2장)

여기서 '빠져버린 나사를 고치는 일'이란 헤라클레스에게 맡겨야 할 만큼 어려운 일을 의미한다고 한다. 햄릿은 헤라클레스와 같은 영웅이 되려 하는데, 그렇게 되기 위해서는 '헤라클레스의 선택'을 해야만 한다.[5]

프로디코스의 우화 『갈림길에 선 헤라클레스』에는 다음과 같은 이야기가 나온다. 젊은 시절의 어느 날, 헤라클레스는 꿈인지 생시인지 자신이 두 갈래의 갈림길에 서 있는 모습을 보았다. 한쪽 길은 '앵초꽃 길'이라고 불리는 쾌락을 향한 길이고 다른 한쪽은 길고 험난하고 자갈이 굴러다니는 험한 길, '미덕을 향한 길'이다. 앵초꽃 길에서 예쁘게 생긴 여자가 그에게 오라고 손짓했다. 그녀는 자기와 함께 가는 길은 고통이 없고, 육체적 욕망을 포함한 욕구를 마음껏 채울 수 있다고 말했다. 또 다른 길에선 몸가짐이 단정한 여자가 그에게 오라고 손짓했다. 그녀는 이 길은 자갈이 굴러다니고 험한, 고통스럽고 힘든 길이지만 정의로운 길이며, 진정한 행복을 얻을 수 있는 '미덕의 길'이라고 말했다.

고민하던 헤라클레스는 길고 험난하고 자갈이 굴러다니는 길을 택했다. 여기서 바로 '헤라클레스의 선택'이라는 말이 유래했다고 한다. 인생에 있어 쉽지만 타락한 길이 아니라, 거칠고 힘들지만 정의의 길을 택한다는 어려운 결단을 의미하게 되었다.

햄릿이 헤라클레스를 얼마나 자신의 이상형으로 생각하는지는 숙부 클로디어스와 결혼한 어머니를 원망하며 클로디어스를 평가하는 다음 장면에서 알 수 있다.

> **햄릿** 내 아버지의 동생, 그러나 아버지와는 너무도 다르다.
> 나와 헤라클레스의 차이만큼이나.
>
> (1막 2장)

햄릿은 자신의 영웅(헤라클레스)에 가까이 다가가려 한다. 이는 세속적으로 성공하거나(왕이 되거나), 복수를 완성하는 것을 넘어서서, 스스로 악을 바로잡는 정의의 사도가 되고 인생 전체에서 오직 '고결함'을 추구해야만 비로소 이룰 수 있는 목표다. 이런 햄릿의 마음을 읽지 못하고 복수의 완결만을 바라는 관객이나 독자에게는 햄릿의 행동이 우물쭈물하고 우유부단한 것처럼 보일 수밖에 없다.

햄릿에게 '고결한 삶'이란 절대적 선을 지향하는 정신을 버리지 않는 삶, 자신이 믿는 가치를 위해 헌신하는 삶이다. 그는 그런 삶을 스스로 연출하겠다는 의지를 굽히지 않는다. '고결함'이 목적인 햄릿에게는 죽음도 두려움을 주지 못하니, 고결하게 죽을 수 있다면 죽음 또한 '불멸'의 삶으로 다가가는 첩경이 될 수 있기 때문이다.

> **햄릿** 참새 한 마리 떨어지는 데도 신의 섭리가 있어.
> 만약 지금 죽음이 찾아온다면 나중에 오지 않겠지.
> 나중에 오지 않으면 지금 오겠지.
> 그리고 지금 오지 않는다고 해도 언젠가는 오기 마련이고,
> 마음의 준비가 전부야. 어차피 남은 인생이 어떨지는
> 아무도 모르는 법인데 좀 일찍 떠나게 된들 뭐가 그리 아쉽겠나.
> 그냥 맡겨두고 있는 거지. 이렇게 그냥 순리대로 하는 거지.
>
> (5막 2장)

진실이란
_____ 때로 섬뜩하다

햄릿의 마지막 부분에는 햄릿의 둘도 없는 친구이자 충직한 신하인 호레이쇼가 독검에 베여 죽어가는 햄릿을 따라 자결하려고 남은 독배를 마시려 하는 장면이 나온다. 이때 튀어나오는 햄릿의 대사는 햄릿이 어떤 사람인지, 이 사람의 생각의 중심이 어디에 있는지 우리에게

너무나 선명하게 알려준다.

햄릿   호레이쇼, 이젠 틀렸어. 불쌍한 어머니 안녕히 가세요.

이 참변을 보고 창백해져 떨고 있는

이 연극의 대사 없는 배우나 관객 여러분들

나에게 시간이 있다면 – 냉혹한 죽음의 사신이

매정하게 나를 독촉하지만 않는다면

– 아, 못 다한 말도 많은데–

그러나 나머진 될 대로 되라지. 호레이쇼, 나는 가네.

자네는 살아남아 이 일을 잘 모르는 사람들에게

나와 내 명분을 올바르게 전해주게.

호레이쇼 그렇게 믿는다면 오산입니다. 저도 덴마크인이라기보다는

옛 로마인입니다. 여기 아직 독이 든 술이 남아있네요.

햄릿   자네가 사나이라면.

잔을 내게 주게. 손을 놔. 이리 달라니까.

오, 맙소사. 일이 제대로 알려지지 않고 이대로 끝난다면

호레이쇼, 어떤 누명이 남을지도 몰라.

자네가 진정으로 나를 위한다면

천상의 기쁨일랑 잠시 미루고

이 거친 세상에 사는 고통을 참고

내 얘기를 전해주게.

(5막 2장)

나는 위에 나오는 햄릿의 대사가 햄릿 이 사람의 생각의 중심을 보여주는 가장 핵심적인 메시지라고 생각한다. 죽기 직전의 마지막 메시지, 즉 유언과 같은 말이기 때문이다.

햄릿이 독이 묻은 칼로 클로디어스 왕을 찌른 후 왕이 죽자, 레어티즈가 자신이 햄릿을 벤 칼에 미리 독을 발라놓은 사람이 왕이라는 사실을 밝히고, 화해를 제안하면서 죽는다. 햄릿은 죽어가면서 호레이쇼에게 말한다. 나는 죽지만 너는 살아남아서 이 일을 잘 모르는 사람들에게 이번 일의 줄거리와 나 햄릿의 대의명분을 '올바르게' 전해달라고. 즉 지금까지의 스토리/서사를 나=햄릿 중심으로 구성해서 전파하라고 부탁한다.

그는 삶의 마지막 순간에 호레이쇼의 역할을 명확하게 규정하고 있다. 그는 지금까지 계속해서 호레이쇼를 '친구'라고 불러왔다. 그러나 이 부분에서 우리는 이 극에서 햄릿이 생각하고 있는 호레이쇼의 역할이 무엇이었는지 알 수 있다. 즉 햄릿의 본심이 드러난다. 그의 의도를 보다 알기 쉽게 설명하자면 이런 문장이 될 것이다.

"내가 이 연극의 주인공이고, 덴마크 역사의 주역이다. 호레이쇼. 너의 존재 이유는 나, 햄릿 중심의 역사를 만드는 데 기여하는 것이다."

간담이 서늘해진다. 죽음의 순간에 이르러 햄릿의 본심이 한 치의 흐트러짐도 없이, 그 어떤 수사법도 없이 직설적으로 튀어나왔다.

그런데 호레이쇼는 바로 이 장면에서 절친한 친구이자 주군인 햄릿에게 저항한다.

"날 믿지 마소서. 나도 덴마크인이라기보다는 옛 로마인입니다. 여기 아직 독이 든 술이 남아 있네요."

호레이쇼의 이 말은 이 연극의 처음부터 끝까지 호레이쇼가 한 대사 중에서 유일하게 햄릿의 말에 거역하는 것이다. 지금까지 단 한 번도 햄릿의 말에 토를 달지 않았던 호레이쇼다. 그런 그가 반발한다. 여기서 "옛 로마인입니다"라는 말은 고대 로마의 정치가들인 브루투스나 카토가 그랬던 것처럼 정치적으로 패배했을 때 굴욕을 견디지 않고 자결하는 길을 택하고 싶다는 말이다.

위 대사 중 호레이쇼의 대사를 햄릿은 다음과 같이 해독했을지도 모른다.

'아니야. 나도 살기 싫어. 내가 끝까지 네 말에 복종할 거라고 생각하지 마. 햄릿, 넌 마지막까지도 혼자만 주인공을 하려고 하는구나. 난 네 부속품이 아니야. 나도 다 생각이 있어. 네가 죽고 나만 살아남아서 뭘 하겠어. 이렇게 된 마당에 나도 고대 로마의 브루투스나 카토처럼 명예롭게 자결해서 내 이름이라도 남길 테야. 봐. 독이 든 술이 아직 남았네. 에잇. 나도 이거 마시고 죽을래.'

이때 호레이쇼의 심정은 그를 중심으로 다룰 때 그의 입장에서 다시 해석해보도록 하자.

어쨌든 이 말을 들은 순간 햄릿이 당황하는 건 당연한 일. 독이 든 술이 든 잔을 뺏으며 말한다.

"오, 맙소사. 일이 제대로 알려지지 않고 이대로 끝난다면 호레이쇼, 어떤 누명이 남을지도 몰라."

절친 호레이쇼가 죽으려 하는 것이 안타까운 게 아니라, 호레이쇼가 죽으면 자신의 정당성이 왜곡되어 알려질까 그것이 두려운 것이다. 햄릿의 상상할 수 없을 정도로 차갑고 이기적인 면모가 드러난다. 이번에도 번안해보자.

"호레이쇼, 내 친구. 미안해. 그렇지만 너는 내가 유일하게 믿는 진짜 사나이잖아? 지금 와서 제발 그러지 마, 응. 그 잔을 빨리 내게 줘. 제발, 그 손 좀 잔에서 떼줘. 왜 이래 정말? 만약 너까지 죽어버려서 '덴마크 궁정의 비극'이 나 햄릿 중심으로 알려지지 않고, '클로디어스 왕의 슬픈 사랑이야기'로 9시 뉴스에 나가거나, '햄릿의 쿠데타 실패' '미친 햄릿, 존속 살해' 등등 다른 제목으로 신문 1면에 난다면 지금까지 내가 해온 일들이 뭐가 되는 거야? 그건 절대로 안 돼. 너는 날 위해서 산다고 말했잖아. 내가 제일 좋다고 그랬잖아. 제발 네가 정말 날 사랑한다면 갑자기 삐쳐서 그러지 말고 내 중심의 스토리를 써줘."

죽어가는 햄릿이 마지막으로 당부한 말이 자기 중심의 스토리를 써달라, 나를 역사의 주인공으로 만들어달라는 것이다. 왜? 불멸하기 위하여. 역사 속에 주인공으로 길이길이 남기 위하여.

햄릿, 이 사람에게는 사랑도 우정도 중요한 가치가 아니다. 자신이 목표로 삼은 고결한 삶을 사는 일, 자신의 정당성을 인정받는 일, 역사의 주인공으로 기록되는 일, 오직 그것만이 덴마크 왕자 햄릿의 생각의 중심이다. 이런 사람은 자기 뜻대로 고결한 영웅으로 기록될지는 몰라도, 이런 사람과 함께 일하는 사람들, 친구, 가족, 연인은 매우 힘든 삶을 살게 되리라.

이제 햄릿에게서 우리 자신의 이야기로 돌아와보자. 지금까지 갖고 있던 선입관을 털어내고 우리 주위 사람을 천천히 꼼꼼히 들여다 보자. 내가 지금까지 알던 사람과 전혀 다른 사람이 당신 앞에 있을지도 모른다. 순진하다고만 생각했던 친구의 모습에서 냉철한 전략가의 풍모를 보았는가? 그저 어머니라고만 생각했던 사람에게서 '여자'의 모습을 보았는가? 섬뜩한가? 진실이란 때로 섬뜩하다. 그러나 아무리 어렵고 귀찮고 힘들더라도, 우리는 허상에 휘둘리는 맘 편한 길 대신 용모와 말과 태도의 뒤에 숨은 진면목을 발견해내야 한다. 허상 속에서 진실을 찾으려는 노력의 과정, 그것이 바로 지성이다.

호레이쇼형 인간

누구나 곁에 두고 싶은
치밀하고 합리적인 전략가

호레이쇼는
＿＿＿ 누구인가

호레이쇼, 그는 『햄릿』에서 햄릿 왕자의 곁을 지키고 그를 지지·위로 해주며 힘을 실어주는, 친구이자 최측근이다. 『햄릿』에서 그의 이름이 무려 152번이나 등장하는 건 이 극에서 그가 맡은 역할의 중요성을 말해준다.

그런데 이 호레이쇼라는 인물이 도대체 어떤 사람인가에 대해서는 알려진 바가 거의 없다. 무엇보다도 이 극 내용 중에는 나이도 국적도 직업도 확실하게 기록되어 있지 않기 때문이다. 묘지 장면을 보면 햄릿의 나이가 30세라고 나오는데, 호레이쇼는 그 햄릿의 동창이므로 대개 동년배가 아닐까 추측할 뿐이다. 그런데 그가 극의 초반 1막 1장에서 망루에 나타났을 때 왕자의 최측근인데도 보초들이 오래 친하게 지낸 친구처럼 허물없이 대한다. 성벽의 경계를 서는 병사들과 어울리는 걸 보면 군인 같기도 한데, 정말 그런지, 그렇다면 지위나 계급은 어느 정도인지도 확실한 건 없다.

햄릿과 호레이쇼는 극에서 비텐베르크 대학교의 동창이라고 명기되어 있다. 비텐베르크 대학교라면 독일 북부에 있던 유명한 신학교다. 지금의 마르틴 루터 할레-비텐베르크 대학교Martin-Luther-Universität Halle-Wittenberg의 전신이다. 현재 명칭은 1502년에 세워진 비텐베르크 대학교와 1694년에 세워진 할레 대학교가 1817년에 합쳐진 이름에다 이 학교 교수로서 종교개혁을 이끌었던 마르틴 루터의 이름이 1933년에 덧붙여져서 만들어졌다고 한다. 햄릿은 지금 말로 하면 해외유학을 다녀온 셈이다.

그렇다면 호레이쇼가 덴마크 사람인지 아닌지도 의문이다. 햄릿과 동창이지만 같이 배운 학교는 해외인 독일에 있는 학교다. 호레이쇼는 햄릿이 유학 가서 만난 외국인 친구인지도 모른다. 실제로 햄릿이 성벽 위에서 호레이쇼에게 덴마크의 악습에 대해 설명하는 다음 장면은 호레이쇼가 덴마크인이 아닐지도 모른다는 생각이 들게 한다.

호레이쇼 그게 관습인가요?

햄릿   아. 진정 그렇네.

하지만 내 생각에는, 나도 이 나라 태생이라

저런 악습을 타고났는지도 모르지만

저런 관습은 지키기보다는 깨는 것이 더 나을 것 같아.

저렇게 우둔하게 퍼마시니까 세상이 다 우릴 비방하고

다른 나라 사람들에게 욕을 먹는 거야.

그 사람들이 우리를 주정뱅이라 부르고

추잡한 말투로 우리 명성을 깎아내리는 거야.

(1막 4장)

    성 위의 망대에서 요란한 나팔소리와 대포소리를 들은 호레이쇼가 "이게 무슨 뜻입니까"하고 물어보자 햄릿이 말하기를 왕이 잔치를 열어서 밤늦도록 먹고 마시고 있으며, 방금 난 그 소리는 왕이 라인산 포도주로 축배를 들 때마다 알리는 소리라고 대답한다. 그러자 호레이쇼가 다시 이것이 이 나라의 관습인지 물어본다. 음, 이 대목을 보면 호레이쇼는 덴마크 사람이 아닌 것 같다.

    그렇지만 또 한편, 망루에서 유령을 본 호레이쇼가 "이 나라에 무언가 이상한 변고가 일어날 징조인 것 같아.[6]"라고 말하는 걸로 보거나, 애초에 성벽 위의 병사들이 자기 나라 왕의 모습을 한 유령의 실체를 판단하는 역할을 과연 외국인에게 맡겼을까 하는 생각에까지 이르면, 쉽사리 어떤 결론을 내리기가 힘들어진다. 따라서 지금 우리가 그의 정체에 대해 내릴 수 있는 판단 근거는 많지 않다. 그러나 적어도 호레이쇼가 보초병들에 비해서는 선왕에 대한 정보가 많은 사람이므로 그곳에 불려갔을 것이라는 점에는 누구든 동의할 수 있을 것이다.

그런데 햄릿이 유학한 비텐베르크 대학교가 마르틴 루터가 이끈 종교개혁의 발상지였다는 건, 셰익스피어가 이 극을 쓰고 상연할 당시의 관객들도 모두 알고 있던 주지周知의 사실이었던 모양이다. 그렇다면 왕자인 햄릿이 왜 성직자를 양성하는 신학교, 그것도 종교개혁파의 본산에서 유학한 걸까. 그 이유에 대해서도 이 극의 어디에도 나와 있지 않기 때문에 섣불리 추측할 수 없다. 여러 가지 설이 있긴 하지만, 여기서는 앞에서도 말했듯이 햄릿이 지극히 종교적인 인간이라는 점에서 그 이유의 일단을 짐작해보는 데서 그치자.

그런데 호레이쇼가 햄릿의 동창이라면 그도 성직자가 아닐까. 그것을 뒷받침하는 증거랄까 하나의 장치는 영어 이름 호레이쇼Horatio가 라틴어로 오라토리오, 즉 기도라는 의미라는 것. 혹시 호레이쇼가 유령 감정을 위해서 성벽의 보초병들에게 불려간 이유는, 선왕의 모습에 정통하다기보다는 신학자이므로 억울한 망자의 넋과 악령을 구분할 능력을 기대할 수 있었기 때문일까?

마셀러스 당신은 학자야. 말을 걸어봐. 호레이쇼.

바나도 선왕의 모습 그대로 아냐? 잘 봐. 호레이쇼.

호레이쇼 꼭 닮았어. 두렵고 놀라워서 간담이 서늘해져.

바나도 말 걸어주기를 바라는 것 같아.

(1막 1장)

보초병들은 왜 호레이쇼가 유령으로 추정되는 존재에게 말을 거는 것이 낫다고 생각한 걸까. 보초병들은 자신들의 눈앞에 먼저 나타난 유령 같은 물체에 대한 판단을 호레이쇼에게 위탁하고 있다. 그들이 호레이쇼를 경험 많고 사물을 잘 판단하는 사람으로 대우하고 있는 걸 보면 호레이쇼는 나이가 많은 사람일까.

위의 대사에서 마셀러스는 호레이쇼를 '학자'라고 부르며 그에게 유령에게 말을 거는 일을 위탁한다. 여기서 학자scholar라는 것은 신학생이라는 뜻이다. 햄릿과 동창이라는 데서 언급했듯, 호레이쇼는 신학神學을 가르치는 비텐베르크 대학을 다니다가 '선왕의 장례식에 참가하기 위해서' 덴마크에 온 사람이다.

이 장면에 대해 호레이쇼가 신학자이기 때문에 라틴어에 정통했을 것이고, 엑소시즘(악령퇴치술)에 쓰이는 말이 라틴어이기 때문에 보초들이 호레이쇼에게 말을 걸라고 했을 것이라는 설이 있다[7]. 마셀러스가 호레이쇼를 지명한 이유는 만약 그 존재가 악령과 같은 마귀와 관련된 존재로 판명된다면, 그것을 퇴치하는 주문은 라틴어여야 하고 라틴어를 할 수 있는 사람이 신학자인 호레이쇼였기 때문이라는 것. 호레이쇼는 실제로 마치 퇴마사처럼 유령에게 명령한다.

마셀러스 질문해봐. 호레이쇼.

호레이쇼 너는 대체 무엇이기에

서거하신 덴마크 국왕 폐하가 행군하시던

그 멋지고 당당한 자태를 하고 이 오밤중에 튀어나왔느냐?

하늘의 이름으로 너에게 명하노니, 말하라!

(1막 1장)

마지막 말인 "하늘의 이름으로 너에게 명하노니, 말하라!by heaven I charge thee, speak!"는 의심할 여지없이 사제가 퇴마의식을 거행할 때 하는 말투다. 호레이쇼가 사제 또는 종교적 권위를 가진 인물이라는 것은 이제 대충 짐작을 할 수 있게 되었다. 그렇다면 나이는?

셰익스피어는 대개 극의 진행에 어느 정도 큰 역할을 하는 주요 인물에 대해서는 관객이 대사를 통해 바로 그 인물의 나이를 가늠할 수 있도록 쓰고 있다. 이 극에서도 폴로니어스에게는 '백발' '노쇠'와 같은 나이를 알 만한 단어를 반복해서 쓰고 있다. 물론 비중이 적은 역할이나 단역에 대해서는 그렇게 하지 않았다. 왜냐하면 셰익스피어가 이 극을 쓰던 당시나 지금이나 극단 사정상 조연이나 단역배우는 그때그때 사정에 따라 바뀔 수도 있기에 배역 배정에 유연하게 대처하기 위해서다.

그런데 주인공 햄릿 왕자의 절친이고, 극의 맨 처음부터 끝까지 152번이나 등장하는 중요 인물인 호레이쇼에 대해서 그런 설명을 하지 않았다는 것이 이상하다. 더 이상한 일은 호레이쇼가 극의 처음부터 끝까지 맨 처음 만난 보초병들을 제외하면 햄릿 이외의 주요 등장인물들과 기의 대화를 하지 않는다는 점이다. 선원으로부터 편지를 받거나, 묘지기에게 시비거는 일을 제외하고는 다른 사람과 어울리거나 교섭하는 일도 별로 없다.

이건 셰익스피어가 호레이쇼를 오직 햄릿과의 관계 속에서만 의미 있는, 살아있는 인물로 그렸기 때문이 아닐까. 따라서 호레이쇼는 관객과 햄릿의 연결고리로만 기능할 뿐이어야지 자기 자신을 드러내지 않아야 하고, 그래서 셰익스피어는 호레이쇼의 개성을 최대한 드러내지 않으려고 했던 건 아니었을까 하는 생각이 든다.

셰익스피어는 호레이쇼를 극의 전반부에서는 극의 스토리 이해를 위해 알아야 할 기본 전제들을 관객에게 설명하는 장치로서, 후반부에서는 햄릿의 본심을 관객들에게 전달하기 위해 꼭 필요한 도구로 활용하고 있다. 호레이쇼는 햄릿이 독백하지 않을 때도 그의 진실을 관객에게 전해주는 유일한 대변자이며, 관객들에게 햄릿이라는 사람을 보증하는 보증인 역할을 한다. "호레이쇼가 햄릿을 신뢰하기 때문에 우리도 햄릿을 믿는다. 만약 호레이쇼가 없었다면 우리는 햄릿이 과연 제정신으로 그런 말을 하는 건지 믿을 수 없었을 것이다. 그가 유령을 보았기 때문에 우리는 햄릿이 영혼을 본 사실을 믿는다.[8]"

호레이쇼, 이 사람은 매력적이지만 여전히 미스터리에 둘러싸인 인물이다. 국적도 나이도 직업도 모호하지만 이 극에 152번씩이나 등장한 인물이다. 셰익스피어가 아무리 숨기고 싶다하더라도 우리는 그의 정체를 밝혀내야 하고 밝혀낼 수 있다. 호레이쇼, 도대체 당신은 누구인가. 당신의 생각의 중심에 있는 것은 무엇인가.

진실한 친구로서의
호레이쇼

호레이쇼는 햄릿이 진심을 털어놓을 수 있는 진정한 친구이자 유일한 친구다. 이것은 의심할 수 없는 사실 같다. 햄릿은 그를 좋아하고 존경하고 신뢰하며, 호레이쇼도 햄릿을 사랑한다. 햄릿이 호레이쇼를 존경하는 이유는 호레이쇼가 자기가 가지지 못한 덕목을 가지고 있기 때문이다.

햄릿이 하는 독백을 제외하면, 관객들이 햄릿 왕자의 본심과 감정을 파악할 수 있는 건 오직 햄릿과 호레이쇼의 대화에서뿐이다. 햄릿은 왜 마음속의 모든 것을 털어놓을 수 있는 유일한 사람으로 호레이쇼를 선택했을까. 다음 대사에서 햄릿의 입을 통해 그 이유가 직접 밝혀진다.

햄릿　　호레이쇼. 여태껏 사귀어 온 사람들 중에서
　　　　　자네만큼 좋은 올바른 사람은 없었네.

호레이쇼　오, 전하.

햄릿　　아냐, 과찬이라고 생각하지 말게.
　　　　　훌륭한 성품 이외엔 먹고 입을 방편도 없는 자네에게
　　　　　내가 무슨 덕을 볼 게 있나? 가난뱅이에게 뭣 때문에 아첨을 해?
　　　　　그래. 다들 이득이 있는 곳에서 알랑거리라지.
　　　　　사탕발린 혓바닥으로 부조리한 권력을 핥고,

무릎을 자유자재로 굽혔다 폈다 하라지.
듣고 있나? 내 영혼이 선택의 주체가 되고
사람을 알아보는 분별력을 갖게 된 이래,
내 사람이라고 점찍은 사람은 그대뿐일세.
왜냐면 그대는 숱한 고난을 입으면서도 아픔을 나타내지 않고
운명의 여신으로부터 시련을 받건 혜택을 입건
똑같이 감사하는 마음으로 대하는 사람이니까.
감정과 분별력이 알맞게 잘 조화되어
운명의 여신이 제 멋대로 부는 피리*가 되어
휘둘리지 않는 사람은 복 받은 거야.
열정에게 노예로 사로잡히지 않는 남자,
또 누가 있는지 알려주게나.
만약 그런 사람이 또 있다면 내 맘 한가운데에, 암.
내 마음 깊은 곳에 간직하겠어. 그대처럼.
아, 이 말은 좀 지나쳤군.

(3막 2장)

햄릿에 의하면 호레이쇼는 힘들다고 칭얼대지 않고, 어려울 때나
잘나갈 때나 똑같이 겸손하며, 감정과 분별력을 고루 갖추고, 주어진
운명에 굴복하지 않는, 그렇다고 감정 때문에 일을 그르치지도 않는

* 운명에 휘둘리는 약한 사람을 지칭한다.

사람이다. 햄릿은 그런 인격자 호레이쇼를 "맘 한가운데, 깊은 곳에 간직하고" 있음을 고백했다가 이내 부끄러워한다. 햄릿은 호레이쇼를 제대로 보았다. 그는 당당하고, 단호하고, 합리적인 사람이다. 그가 1막 1장에 처음 등장했을 때를 떠올려보자. 그는 귀신 앞에서도 당당하게 할 말을 다한다. 유령을 처음 본 날 유령과 마주서서 '이 나라의 앞날에 무슨 일이 있을지 알고 있으면 말하라(1막 1장)'고 다그칠 정도로 강심장이고, 아무리 위급한 순간에도 상황에 휘둘리거나 감정에 매몰되지 않고 자기 할 일을 하는 사람이다.

햄릿이 호레이쇼를 좋아하는 건 그가 햄릿이 가지지 않은 것을 가졌기 때문이다. 햄릿은 위의 대사에서 호레이쇼를 칭송하면서 사실은 자기 얘기를 한 것이 아닐까. 즉, 햄릿은 스스로를 '운명의 여신에게 휘둘려서 고난과 시련에 처한, 그래서 감정이 분별력을 누르고 있기 때문에 괴로운 감정의 노예'로 규정하고, 자기에게는 없는 부러운 덕목들을 고루 가진 호레이쇼를 칭송한 게 아닐까.

햄릿과 호레이쇼는 절친한 친구이지만 정말 다른 종류의 인간이다. 다음은 엘시노어 성 위의 바다와 맞닿은 절벽에서 선왕의 유령을 만나고 있는 와중에 호레이쇼와 햄릿이 한 대화의 일부다.

호레이쇼 오. 세상에나. 이건 놀라울 정도로 생소합니다.

햄릿 그러니 나그네인 양 저것을 환영해주게. 호레이쇼여, 이 세상에는 철학 따위로는 도저히 꿈도 못 꿀 많은 일이 있다네.

(1막 5장)

유령을 받아들이는 태도부터가 햄릿과 호레이쇼는 다르다. 호레이쇼는 유령이라는 존재를 두 번이나 눈앞에서 확인했지만, 그렇다고 해서 그 사실로 자신이 지금까지 믿어왔던 생각의 틀이 바뀌지는 않는다. 그는 합리적인 사람이다. 그에게 '유령 현상'은 자기 눈앞에 두 번이나 나타났음에도 여전히 "놀라울 정도로 생소wondrous strange"한 일이다. 그는 유령의 존재를 얼른 인정하지 않는다.

그런데 햄릿은 유령이 낯설기는 하지만, 그것을 낯선 존재, 즉 나그네로서 있는 그대로 받아들이자고 권유한다. 햄릿은 유령이 나타나고, 자기들이 유령을 보고 있는 사실 자체를 철학, 즉 인간의 인식체계가 지닌 한계를 깨닫게 하는 현상으로 받아들이고 있다. 따라서 세계heaven and earth를 더 잘 이해하기 위해서는 인간의 합리적인 생각으로는 받아들일 수 없는 현상까지도 포용해야 한다고 제안하고 있는 것이다.

둘은 이렇게 다른 사람이다. 자기가 가지지 않은 것을 가진 사람에게 질투를 느끼지 않고 매력을 느낀다면? 그게 바로 친구다. 호레이쇼가 햄릿에게 품은 감정도 햄릿이 호레이쇼에게 가진 그것과 마찬가지였으리라. 호레이쇼는 가난하지만 당당하고 냉철한 합리주의자. 그러한 그가 이 고귀하고 순결하고 열정적인 남자, 그러나 깨질 듯 예민하고 흔들리는 영혼을 가진 왕자에게 빠지지 않을 까닭이 없다.

탁월한 정치인으로서의
_____ 호레이쇼

호레이쇼가 성직자든 아니든 그가 정치적 인물이라는 사실은 의심할 여지가 없다. 그는 덴마크 궁정에서 정치적으로 선왕파(햄릿파)의 중심적 인물이다. 앞에서도 말했지만 이 극중에서 덴마크는 클로디어스파와 선왕파로 나누어져 있다. 현재의 왕인 클로디어스파가 여당이고, 야당인 선왕파는 햄릿 왕자를 비롯한 선왕 추종세력들이다.

지금 권력은 막 출범한 집권 여당에 집중될 수밖에 없다. 폴로니어스를 비롯한 중신들과 레어티즈 등의 신진 세력, 왕비 거트루드 등이 클로디어스 현 국왕을 지지하는 현 정권의 핵심 세력이다. 당파의 우두머리인 선왕이 죽고 햄릿은 왕위계승을 하지 못했으니 선왕파는 당연히 지리멸렬 상태일 것이다. 클로디어스가 왕위에 오른 지 얼마 되지 않은 시점이다. 노무현 전 대통령이 사망한 직후, 노무현 전 대통령의 측근 정치인들이 "친노는 폐족廢族이 되었다"라고 자조적으로 말하던 그때의 상황과 비슷한 시점이리라.

이 시점에서 선왕파의 정치적 영향력은 국민의 사랑과 지지가 있다고는 하지만, 사실상 미미하다고 보는 게 맞을 거다. 그런데 바로 그때, 선왕의 모습을 한 유령이 나타났다. 노무현 전 대통령을 닮은 유령이 여의도 국회에 출몰했다고 생각해보라. 요즘에야 유령이 흔하겠는가. 유령 대신에 노 전 대통령의 심정과 충격적인 고백, 그리고 저간의 사정이 담긴 새로운 유서가 발견되었다고 생각해보자. 그 정치적 충격은 상상을 초월할 것이다. 경우에 따라서는 여론의 방향을 확 바꾸어서 정국을 소용돌이로 몰고갈 만한 메가톤급 뉴스다. 햄릿의 시대는 중세시대다. 이 시대는 종교와 영혼의 시대다. 대중들에게 유령은 충분히 받아들여진다. 그러므로 이건 단순한 심령현상을 넘어 커다란 정치적 사건이다. 이 큰 정치적 사건의 발생과 전개과정에 중추적 역할을 맡은 인물이 바로 호레이쇼다.

햄릿이 정치극이라는 건 앞에서 말했다. 이 정치극의 중요한 열쇠가 선왕의 망령이다. 즉 선왕의 망령이 자신의 죽음에 대한 진실을 밝히고 햄릿에게 복수를 명했(다고 되어 있)기에 햄릿의 정치적 입장은 새로운 국면을 맞이한다. 즉 '왕관을 도둑맞고' 정치적으로 거의 실각한 상태였던 그가 정치적 정통성과 함께 정권을 타도할 도덕적 근거까지 획득하게 된 것이다.

엘리노어 성의 성벽에 나타난 '어떤 영적인 존재'를 처음 본 사람들은 마셀러스를 비롯한 망루의 보초병들. 이들은 호레이쇼와 주고받는 정치적 대화나 햄릿과의 친분성 등등으로 보아 햄릿과 가까운 선왕파 군인들이라 생각된다. 호레이쇼는 그들의 '은밀한' 연락을 받고 엘리노어 성의 성벽으로 와서 유령의 존재를 함께 확인한다.

마셀러스 그것이 선왕 같지 않았나?

호레이쇼 자네가 자네를 닮은 격이야.

　　　　　선왕께서 저 야심만만한 노르웨이 왕하고 결투할 때

　　　　　입었던 갑옷을 그대로 입고 계셨어.

담판을 하다가 화가 나서 썰매를 탄 폴란드 병사들을
빙판 위에서 박살냈을 때의 그 찌푸린 표정 그대로였어.
이상한 일이야.

(1막 1장)

호레이쇼는 망령이 선왕과 똑같이 생겼지 않느냐고 물어보는 보초
병의 말을 '인가'한다. 또 유령의 존재를 확인하는 데 그치지 않고, 그
형체가 노르웨이 왕과 결투했을 때 선왕의 모습과 비슷하다고 상세히
묘사한다. 엘리노어 성의 망루에 나타난 유령에 대한 호레이쇼의 정
의는 '무장하고 화가 나 있는 선왕의 망령'이다. 오밤중의 심령현상은
호레이쇼에 의해 정치적 색채를 띠게 되었다. 그뿐 아니다. 그는 유령
이 출몰한 이유를 설명하기까지 한다.

호레이쇼 뭐라 꼭 짚어서 말할 순 없지만 내 짐작으로는 이건
　　　　　이 나라에 무언가 이상한 변고가 일어날 징조인 것 같아.

(1막 1장)

또한 호레이쇼는 성의 망루에서 군인들끼리의 가십으로 끝날 수도
있었던 이상 현상을 햄릿 왕자에게 알리자고 주장한다. 보초병들은
선왕파 군인들이다. 그러니 당연히 동의할 수밖에.

호레이쇼 내 권고대로 오늘밤 우리가 본 것을 왕자에게 전하세.

맹세하건데 이 영령이 우리에게는 벙어리지만,

그에게는 입을 열 거야.

알려주는 게 우리 우정에 필수고

우리 의무에도 적합하다는 건 자네들도 동의하지?

마셀러스 그렇게 하지. 난 오늘 아침에 왕자님이 어디에 계신지도

잘 알고 있어.

(1막 1장)

호레이쇼는 부왕을 닮은 유령 출몰을 햄릿 왕자에게 알려서 햄릿 왕자가 부왕의 망령을 만나게 함으로써, 현왕 클로디어스에 대한 복수를 결심하게 만든다. 그는 햄릿을 만난 자리에서도 확신에 찬 목소리로 그 유령 같은 물체가 햄릿의 부친임을 강조한다.

호레이쇼 저는 왕자님 부친을 압니다.

이 두 손보다 더 닮았습니다.

(1막 2장)

호레이쇼의 인도로 선왕의 망령을 만난 햄릿은 아버지가 동생인 현왕에게 살해당했으며, 자신에게 복수를 호소했다고 말한다. 이 일련의 과정을 통해 선왕파는 중대한 정치적 공세에 나설 막강한 근거와 절호의 명분을 손에 쥐었다. 호레이쇼는 엘리노어 성에 나타난(혹은 나타났다고 되어 있는) 하나의 심령현상을 중대한 정치적 의미로 전환

시킨 탁월한 스핀닥터spin doctor다.9)

이런 필자의 생각을 뒷받침하는 근거는 선왕의 망령이 아무에게나 보이지 않는다는 데 있다. '망령이 보이는 그룹'은 햄릿과 호레이쇼, 그리고 망루의 군인들뿐. 이들은 모두 선왕파(=햄릿파)다. 배우자였던 거트루드 왕비조차 선왕의 망령이 눈앞을 지나가도 전혀 보지 못한다. 망령을 보는 그룹과 보지 못하는 그룹을 가르는 기준은 선왕파냐 현왕파냐 하는 기준뿐이다. 현왕파인 클로디어스나 폴로니어스에게는 유령이 보이지 않는다. 하기야 보일 필요가 없다. 그들에게는 유령의 존재가 정치적으로 마이너스이므로.

그런데 여기서 호레이쇼가 유령의 증인이라는 사실은 매우 중요한 의미를 안고 있다. 같은 정보라도 말하는 사람이 누구냐에 따라 메시지의 신뢰성이 더해지거나 감해지는 메신저 효과가 나타났기 때문이다. 호레이쇼는 감각과 경험에 의해 검증된 사실만을 수용하는 합리주의자다. 만약 증인이 다른 사람이었다면 믿지 못했을 이 일을 호레이쇼가 증언함으로써 엘리노어 성의 보초병들, 햄릿, 그리고 우리 관객과 독자들 모두가 유령의 존재를 받아들이게 된다.

호레이쇼는 엘리노어 성에 나타난 초상현상超常現象을 선왕 유령의 출현으로 선언하고, 이 현상이 심령현상을 넘어 국가적 변란을 예언하는 징조라 정치적 정의를 내려줌으로써 현 정권의 정통성에 커다란 타격을 줄 정치적 자산을 확보하게 만든다. 의도했건 의도하지 않았건, 호레이쇼의 주도로 진행된 정치 플랜은 햄릿 왕자가 궁정 쿠데타를 일으키는 데 불을 붙였다. 호레이쇼, 신학자이자 햄릿의 영원한 친구다. 그러나 나는 이 사람의 생각의 중심에서 치밀한 정치 전략가의 모습을 본다.

극의 마무리에 마지막으로 등장하는 그의 모습 또한 지극히 정치적이다. 햄릿이 죽은 직후, 포틴브라스, 즉 덴마크 정권을 인수하게 될 새 권력 앞에서 그는 덴마크 궁정에서 일어난 참극의 모든 진상을 자신의 정치적 입장에서 설명하는 기회를 얻는다.

호레이쇼 아무것도 모르고 있는 세상 사람들에게

이런 일이 어떻게 일어났는지 설명하게 해주세요.

그러면 음탕하고 피비린내 나고 천륜을 어긴 행위,

우연한 판단, 우발적 살인, 교활한 술책으로 인한 죽음과

음모자의 머리에서 떨어져 빗나간 흉계에 대해

들으실 수 있을 겁니다. 제가 이 모든 사정을

진실하게 전하오리다.

(5막 2장)

호레이쇼는 폴란드를 정복하고 이제 막 덴마크로 입성한 노르웨이의 포틴브라스 왕자, 그리고 역시 방금 도착한 영국 사신 앞에서 '음모자' '천륜을 어긴' '교활한 술책' 등의 말로 정적政敵 클로디어스의 도덕성과 정통성을 한꺼번에 부정한다. 그것은 클로디어스와 정치적으로 가장 반대편에 있던 당파, 즉 죽은 햄릿과 살아있는 자신이 속한 선왕-햄릿파를 정치적으로 부활시키려는 시도다.

그는 덴마크 정계의 주요 거물들이 거의 모두 쓰러진 시체더미 위에서 홀로 '정치적 사실'을 독점한다. 정치는 규정전the battle of definition이다. 위의 말이 호레이쇼 입에서 나간 순간부터 덴마크의 역사교과서는 개정되게 되었다. 클로디어스는 악인이 되고 햄릿은 전설이 된다.

그는 역사 기록자의 역할에 그치지 않았다. 포틴브라스가 덴마크 왕권을 순조롭게 인수하는 데 결정적으로 기여한다.

> **포틴브라스**　나는 이 왕국의 계승권을 좀 가지고 있다는
> 　　　　　　사실을 잊지 않고 있소.
> 　　　　　　나는 이번 기회에 그것을 주장할 생각이오.
> **호레이쇼**　그 문제에 대해서도 말씀드릴 겁니다.
> 　　　　　　그것도 당신이 지지를 받도록
> 　　　　　　그분(햄릿 왕자)의 입에서 나온 말씀으로 해야죠.
> 　　　　　　그러나 방금 말씀드린 일부터 먼저 처리해야겠습니다.
> 　　　　　　음모와 실수에 더해서 어떤 불상사가 생길지도 모르니까.
>
> 　　　　　　　　　　　　　　　　　　　　　　　(5막 2장)

왕과 왕비와 왕위계승자의 시체를 아직 수습하지도 않은 덴마크 궁정에서 포틴브라스는 너무도 빨리 야심을 드러낸다. 겉으로는 애도의 뜻을 표하지만 속으로는 회심의 미소를 짓는다. '아, 덴마크는 이제 내 거다.' 포틴브라스는 덴마크의 일부가 예전에 자기 아버지가 햄릿 왕자의 아버지에게 뺏긴 땅이었고, 그래서 자신이 덴마크 왕국을 삼

킬 명분이 있다는 속내를 쉽게 드러낸다.

그런데 그런 포틴브라스에게 호레이쇼가 호응한다. 더구나 햄릿 왕자의 입에서 포틴브라스에게 유리한 말이 나왔다는 걸 슬쩍 암시한다. 물론 그건 사실이다. 햄릿은 임종 직전 덴마크의 차기 왕으로 포틴브라스를 지명한 바 있다. 그러나 증서가 있는 것도 아니고 녹취록이 있는 것도 아니다. 호레이쇼의 증언 외에 어떤 증거도 없다. 호레이쇼는 이때 포틴브라스가 덴마크 정계 또는 덴마크 국민의 지지를 받아 순조롭게 왕관을 접수하려면 어떻게 해야 하는지를 넌지시 알려준다.

즉, '포틴브라스, 당신이 큰 잡음 없이 덴마크를 인수하려면 햄릿 왕자가 당신을 지명했다는 사실을 알려야 하고 그것을 나 호레이쇼가 해주겠다'고 제의한 것이다. 그러나 그러려면 이 참극의 진상부터 명백하게 밝혀야 한다고 말한다. 이 말은 "전왕 클로디어스는 덴마크 왕국의 비열한 찬탈자이자 비도덕적인 악당이며, 정통성을 가진 왕위계승권자 햄릿이 잘못된 일을 바로잡으려다 희생되었다. 그 사실을 먼저 공식화해야만 햄릿의 정통성이 인정된다. 그래야 햄릿이 차기 왕으로 지명한 당신의 정통성도 인정되어 지지를 받을 수 있다"라는 뜻이다. 그의 뛰어난 정치 감각과 일급 참모의 기질이 유감없이 발휘되는 순간이다.

포틴브라스가 호레이쇼의 뜻을 재빨리 알아듣는다.

포틴브라스 네 명의 부대장이

무사의 예를 갖춰 햄릿 왕자의 유해를 단상으로 모셔라.

그분이 만약 왕위에 오르셨다면

명군이 되셨을 분이다. 또한 그분의 서거를 애도하는

군악을 연주하고 조포를 크게 울리도록 하라.

(5막 2장)

호레이쇼, 무서운 사람이다. 바로 직전까지만 해도 그는 치명상을 입은 햄릿의 뒤를 따라 자결하려고 시도했던 사람이다. 참혹한 살육의 현장을 목격하고 자신도 생과 사의 경계에 섰던 사람이 이토록 커다란 임무를 담담하게 빈틈없이 해치우다니.

그는 사랑하는 친구이자 주군인 햄릿을 따라 죽으려고 했다. 그러나 사망 직전에 햄릿에게 중요한 임무를 부여받고 자살을 포기한다. 이때 햄릿이 부여한 과제는 첫째, 살아남아서 이 참극의 진상을 세상에 알릴 것, 즉 햄릿 중심으로 역사를 서술할 것, 둘째, 햄릿이 덴마크 차기 왕권계승자로 포틴브라스를 지명했다는 사실을 알릴 것, 이 두 가지다. 그는 살아남아 두 가지 사명을 모두 완수했다. 죽기로 결심했을 때 호레이쇼의 말을 다시 한 번 들어보자.

호레이쇼 절 믿지 마소서. 저도 덴마크인이라기보다는

옛 로마인입니다. 여기 아직 독이 든 술이 남아 있네요.

(5막 2장)

주군 햄릿을 따라 죽으려 한 이 사람의 순수성을 의심할 필요는 없다. 대개 패배한 권력자의 측근세력은 제거되곤 한다. 햄릿의 오른팔인 호레이쇼가 햄릿 사후 살아남을 가능성은 거의 없었다고 보아야한다. 탁월한 정치인 호레이쇼는 스스로 목숨을 끊는 것만이 유일한 해법임을 알고 있었던 것인지도 모른다. 호레이쇼는 자기 앞에 닥친 사태를 정확하게 판단했다. '왕자님, 이제 모두 끝났습니다. 왕자님이 없으면 저도 살아남을 필요가 없습니다. 적들에게 잡혀 치욕을 당하느니 고대 로마의 브루투스나 카토처럼 명예롭게 자결하겠습니다. 저도 이 독이 든 술을 마시고 따라 죽겠습니다.'

당황한 햄릿. 그러나 햄릿도 호레이쇼 못지않게 노회한 정치인이다. 더구나 그는 호레이쇼가 가지지 않은 것을 가진 사람. 죽음의 순간에도 자신의 정치적 자산을 꺼내 그것을 활용한다. 바로 왕위계승권 카드다. 자신은 포틴브라스가 덴마크 왕위에 선출되는 것을 지지하며, 이 사실을 호레이쇼가 알릴 것을 지시한다. 이는 햄릿이 포틴브라스에게 선물을 안겨준 것이라기보다는, 친구이자 동지인 호레이쇼의 살 길을 마련해준 것이라고 본다. 왕위계승권을 호레이쇼의 손에 들려 포틴브라스에게 주면 호레이쇼는 살 수 있다. 호레이쇼가 살아야 죽은 햄릿도 불멸한다. 호레이쇼는 자결을 포기하고 햄릿의 뜻에 따른다. 그리고 햄릿의 임종을 돌본다.

호레이쇼 고귀한 심장이 드디어 멈췄구나.
　　　　　사랑하는 왕자님, 고이 잠드세요.

천사들의 노래를 들으며 편안히 쉬세요.

(5막 2장)

호레이쇼, 진실한 친구이자 충직한 참모. 내면에 예리한 판단력과
냉철한 현실정치 감각을 감춰둔 탁월한 정치가이기도 했다. 그를 알
아보고 곁에 둔 햄릿이 부럽다. 호레이쇼가 없었다면 햄릿도 없었다.

지구가 자기중심으로 돈다고 믿는 사람들에 대한 경고장

『리어 왕』 편

주요 등장인물

- **리어 왕** 브리튼의 왕
- **고너릴** 리어 왕의 첫째 딸
- **리건** 리어 왕의 둘째 딸
- **코딜리아** 리어 왕의 셋째 딸
- **올바니** 고너릴의 남편
- **콘월** 리건의 남편
- **프랑스 왕** 코딜리아의 남편

- **버건디** 코딜리아의 구혼자
- **글로스터** 리어 왕의 신하
- **에드거** 글로스터의 적자
- **에드먼드** 글로스터의 서자
- **켄트** 리어 왕의 신하
- **광대** 리어 왕이 데리고 다니는 궁정 광대
- **오스왈드** 고너릴의 심복

줄거리

제1막

　브리튼의 왕 리어는 왕권을 이양하고 은퇴해야겠다고 마음먹고 세 딸과 두 사위를 부른다. 그러고는 재산과 권력을 딸들에게 나눠주기 전에 아비를 얼마만큼 사랑하는지 말해보라고 한다. 큰 딸 고너릴은 자신이 표현할 수 있는 최상의 찬사로 아버지 리어 왕에 대한 사랑을 말하고 자신의 몫을 챙긴다. 둘째 딸 리건도 언니 못지않은 찬사로 영토의 일부를 차지한다. 그러나 리어 왕이 제일 아꼈던 막내 딸 코딜리아는 무슨 영문인지 '자식이 아버지를 사랑하는 꼭 그만큼만 사랑한다'는 퉁명스러운 대답을 해서 리어 왕의 분노를 사서 재산을 하나도 받지 못하게 된다. 코딜리아의 사윗감을 고르는 자리에서 리어 왕은 자신의 권력과 땅을 받게 되지 못할 코딜리아를 데려가고 싶다면 기꺼이 주겠다고 한다. 버건디 공작은 왕에게 버림받은 공주를 거절하지만, 프랑스 왕은 코딜리아를 받아들여 코딜리아는 프랑스로 향한다. 이 와중에 오랜 충신이었던 켄트는 리어 왕에게 직언을 올리다가 추방당한다. 리어 왕은 왕위만 보유하고 모든 권력을 두 사위에게 이양한다.

　한편 글로스터 백작에게는 두 아들이 있다. 형 에드거는 적자이고, 동생 에드먼드는 서자다. 평소에 자신의 처지에 대한 콤플렉스가 있고 아버지가 자신을 탐탁지 않게 여긴다는 것을 아는 에드먼드는 형 에드거를 모함한다. 에드거의 필체를 빌려 '아버지를 죽이면 땅을 얻을 수 있다'는 내용의 편지를 받은 척한다. 편지의 내용을 보게 된 글로스터 백작은 에드거를 배은망덕한 자식으로 알고 진노한다. 에드먼드는 아무것도 모르는 에드거에게 당분간 아버지를 피해 집에 숨어 있으라 하고, 영문을 모르는 에드거는 에드먼드의 충고를 듣는다.

충신 켄트는 변장하고 리어 왕의 주변에서 보좌한다.

큰 딸 고너릴은 리어 왕이 아직도 국정을 간섭을 하는 데 불만을 느끼고, 리어 왕이 들어와도 본 척도 하지 않는다. 마음에 상처를 입은 리어 왕은 수하들을 이끌고 큰 딸 고너릴에게 찾아가지만 믿었던 큰 딸에게 수모를 당한다. 고너릴을 저주하면서 둘째 리건의 집에 가기로 한다. 리어는 켄트를 시켜 리건에게 편지를 보내고, 고너릴도 신복 오스왈드를 시켜 이 상황을 설명하는 서신을 보낸다.

제2막

에드먼드가 짠 계략에 속은 에드거는 결국 부친 살해를 기도한 패륜아로 몰려 글로스터에 의해 수배당하고 현상금이 붙게 된다. 에드거는 뒤늦게 상황을 파악하고 거지 톰으로 위장해 신분을 감춘다.

에드먼드는 리어 왕의 둘째 딸 리건과 그녀의 남편 콘월 공작에게 신임을 얻어 중용된다. 리건의 집에서 마주친 오스왈드와 켄트는 말다툼 끝에 칼싸움을 시작한다. 콘월은 전모도 듣지 않고 리어 왕의 사신인 켄트에게 차코를 채운다. 뒤이어 도착한 리어 왕은 켄트가 차코에 묶여 있는 것을 보고 분노하여 딸 리건을 부르지만, 그녀도 고너릴과 마찬가지로 냉담한 태도를 보인다. 뒤따라온 고너릴은 동생과 합세하여 시종의 숫자를 줄이라고 리어 왕을 몰아세우고, 이에 충격을 받은 리어 왕은 폭풍 속으로 말을 내몬다.

제3막

리어 왕의 목숨이 위험하다는 것을 감지한 켄트는 그를 구하기 위해 프랑스에 있는 코딜리아에게 밀사를 보낸다.

리어 왕을 옹호하다가 모든 권한을 뺏긴 글로스터 또한 아들 에드먼드에게 국왕의 두 사위들 사이에 분열이 있고, 그들을 무찌르기 위한 군대 일부가 이미 상륙했으며, 자신은 국왕의 편을 들겠다고 말하고 옛 주군 리어를 구조하러 떠난다. 에드먼드는 아버지의 지위와 재산을 차지할 마음을 품고 콘월 공작에게 아버지를 고발한다.

한편, 켄트는 어릿광대 하나만 데리고 거친 폭풍우 속을 방황하던 리어 왕을 움막으로 인도하고, 거지로 변장한 에드거를 만난 리어 왕은 실성한 듯 신세 한탄을 한다.

얼마 후 프랑스 군이 몰려왔다는 소식을 들은 콘월 공작은 글로스터 백작을 끌고 와서 두 눈알을 뽑는다. 글로스터 백작이 아들 에드먼드를 애타게 찾자 콘월은 "너를 고발한 사람을 찾느냐"라고 말한다. 글로스터는 그때서야 에드먼드가 계략을 짜서 에드거를 몰아냈다는 사실을 깨닫는다. 그 장면을 지켜보던 한 하인이 참지 못하고 콘월과 대적하다가 콘월에게 큰 상처를 입힌다.

제4막

글로스터 백작과 거지로 변장한 큰 아들 에드거가 만난다. 하지만 에드거는 자신의 정체를 숨긴 채 자신의 처지를 비관해 자살하려는 눈 먼 아버지를 부양한다.

한편 에드먼드에게 연정을 품은 리어 왕의 큰 딸 고너릴은 심복 오스왈드를 시켜 연애편지를 전한다. 둘째 리건 또한 에드먼드를 마음에 두고 있으므로 언니와 에드먼드 사이를 경계한다.

하인의 칼에 찔렸던 콘월은 앓다가 죽는다.

한편, 아버지의 소식을 들은 막내 딸 코딜리아가 프랑스 군대를 이끌고 브리튼으로 진군해 온다. 마침 리어 왕의 두 사위 올바니와 죽은 콘월의 군대도 프랑스로 진격하고 있다.

드디어 아버지를 만난 코딜리아는 미쳐버린 리어 왕의 모습에 가슴 아파한다. 리어 왕은 지난 행동을 후회하며 코딜리아에게 용서를 구한다.

에드거는 고너릴의 심부름을 가던 오스왈드를 죽이고 고너릴의 편지를 손에 넣는다. 에드거는 고너릴의 남편 올바니에게 그녀의 행태를 고발하러 떠난다.

제5막

에드거는 오스왈드로부터 뺏은 편지를 올바니에게 전한다. 그리고 전쟁이 승리하면 나팔을 불어 자신을 부르라고 얘기한다.

코딜리아 군대와 두 언니들의 군대가 전투를 벌이고 코딜리아 쪽이 패배하고 만다. 코딜리아와 리어 왕은 포로로 잡히고 에드먼드는 몰래 그 둘의 살해를 명령한다.

승리를 거둔 뒤 리어 왕과 코딜리아의 처리 문제를 두고 올바니와 에드먼드가 대립하자 고너릴과 리건은 모두 에드먼드의 편을 든다. 그때 올바니는 나팔로 에드거를 부른다. 무장하고 등장한 에드거는 칼을 뽑아 에드먼드와 대결하고 에드먼드는 에드거의 칼에 맞아 쓰러진다.

고너릴은 에드먼드에 눈이 멀어 동생이자 연적인 리건에게 독을 먹여 죽인 뒤 자신도 스스로 죽는다. 자신을 지지해주던 고너릴과 리건이 죽자 에드먼드는 지금까지의 악행을 모두 자백한다. 리어 왕과 코딜리아를 살해하라는 명령도 자신이 내렸다고 털어놓는다. 놀란 올바니는 리어 왕과 코딜리아를 찾지만 리어 왕은 이미 싸늘하게 식은 코딜리아의 시체를 안고 등장한다.

리어 왕은 사랑하는 딸 코딜리아의 죽음 앞에서 통곡하다가 결국 그 슬픔에 묻혀 죽는다. 올바니와 켄트, 에드거는 리어 왕을 애도한다.

아집에서 벗어나고 싶은 사람들의 반면교사

리어 왕은 왜 그런
_____ 이상한 퀴즈를 냈을까

브리튼의 왕 리어는 세 딸에게 왕국을 나눠주고 노후의 편안한 은퇴 생활을 누리기로 결심하고, 후계구도를 정하기 위해 면접시험을 실시한다. 왕위는 형식적으로 보존하되 실제적 통치권은 이양한다고 선언하고, 세 딸에게 자신을 얼마나 사랑하는지 말해보라는 어이없는 퀴즈를 낸다.

사랑의 크기를 말로 표현하라니? 자신에 대한 사랑을 어떻게 표현하는가를 봐서 영토와 권력을 차등해서 배분하겠다니? 리어 왕의 이 발상은 가족의 유대가 결국 재산에 속박되어있다는 점을 드러내면서 가부장제의 폭력적 속성을 고발한다. 재산(=권력)을 독점하고 있는 가족 구성원이 다른 구성원들에게 재산분할을 담보로 사랑을 표현하라고 요구하고 있는 것이다.

"누가 짐을 가장 사랑하는지 말해보라." 딸들이 왕인 자신을 사랑한다는 건 당연한 일이니 누가 가장 사랑하는지 겨루어보라는 뜻이다. 마치 부품 창고의 재고를 체크하는 사장처럼, 보유하고 있는 사랑의 재고在庫를 내놓아보라고 리어 왕은 요구한다. 그러나 사랑은 반도체도 아니고, 무기고의 칼과 창도 아니다. 저울로 달 수도 없고, 자로 잴 수도 없다. 그러므로 이 질문은 비대칭적이다 못해 폭력적이다. 이 시험의 점수는 응시자의 실력과 사실상 관계가 없고, 오로지 채점자의 주관에 달려 있는 엉터리 퀴즈다. 요컨대 권력 이양의 시기와 방법도, 부녀간의 사랑을 가늠하는 기준도 자기 맘대로 적용하겠다는 심사다.

이런 막중한 미래가 걸린 시험에 이런 식의 문제를 내다니! 리어 왕은 딸들이 자기를 정말로 '사랑'한다고 믿은 모양이다. 여든 살 노인에다 왕이니 순진하다고는 못하겠고, 어리석기 이를 데 없다고 말할 수밖에 없다. 더구나 이 자리는 중신들과 사위들, 그리고 예비 사위이긴 하지만 외국 국가원수인 프랑스 왕이 보는 앞에서다. 이미 약간 치매가 온 걸까. 아니라면 일인지배체제를 오래 누려온 독재자의 자기과시 습성일까.

리어 왕의 나이 여든이 넘었으니 아마 재위기간도 길었을 테고, 정치판에서도 전쟁터에서도 산전수전 다 겪어본 사람이리라. 글로스터 백작이나 켄트 백작 같은 중신들이 두 딸에게 정권이 넘어간 뒤에도 끝까지 그에게 충성을 다하는 모습을 보라. 리어는 군주로서의 자질도 갖추고, 주위 사람에게 의리도 베푸는 사람일 것으로 충분히 짐작되는 인물이다. 그런데 왜 리어 왕은 이런 어리석은 질문을 했을까?

리어 이제 나의 숨은 계획을 말하겠노라. 거기 있는 지도를 이리 다오. 나는 왕국을 이미 삼등분해두었다.

늙은 이 몸의 근심 걱정을 훌훌 다 털어버리고, 젊고 기운 있는 사람들에게 국사를 넘겨주고 죽는 날까지 홀가분한 마음으로 지내고 싶도다.

내 사위 콘월, 그리고 똑같이 사랑하는 사위 올바니. 짐은 이제 두 딸의 지참금을 발표하고자 한다. 이렇게 해두어야 후일 분쟁을 막을 수 있지 않겠느냐.

내 막내딸의 애정을 서로 차지하기 위해 구애차 이 궁정에 장기 체류하고 있는 프랑스 왕과 버건디 공은 오늘 그 대답을 듣기로 되어 있다.

자, 내 딸들아. 짐은 이제 통치권과 영토 소유권과 국사의 근심 걱정을 모두 양도할 작정이다. 너희들 중에서 누가 나를 가장 사랑하느냐? 말해다오. 효성 있고 자격을 갖춘 딸에게 가장 큰 상을 내리겠다. 고너릴, 네가 맏이니 먼저 말해보아라.

(1막 1장)

위 대사는 이 극에서 리어 왕이 하는 첫 대사다. 이 첫 대사부터 그의 성격이 드러난다. 그가 왕국을 삼등분해서 나눠주겠다고 결심한 이유는 자신의 노후를 편안하게 지내기 위해서란다. 그러나 "근심 걱정을 덜기 위해" 골치 아픈 정사는 자식과 사위들에게 맡긴다고 했음에도 불구하고 권력 이양의 시기와 방법, 모양새는 중신들을 비롯한 그 어느 누구와도 의논하지 않았음을 알 수 있다. 여기서 우리는 리어 왕이 모든 것을 자신 중심으로 생각하는 습성을 갖고 있고 그것은 습성을 넘어 성격으로까지 자리잡았음을 짐작할 수 있다. 그러니 이런 해괴한 퀴즈를 내는 것이다.

그런데 이 질문은 딸들의 마음을 떠보는 질문이라기에는 답이 너무 뻔하고 쉽다는 데 문제가 있다. 이건 출제자가 원하는 답을 말하는 문제이지 대답하는 사람의 진심을 묻는 문제가 아니다. 말하자면 시청자들에게 사은품을 나눠주려고 누구나 답할 수 있는 문제를 내곤 하는 라디오 오후 프로그램의 ARS 퀴즈 같은 것. "다음 중 올림픽 개최지가 아닌 것은? 1)런던 2)서울 3)동두천. 자, 이 중 정답은 몇 번 일까요?" 이런 수준의 퀴즈다. "너는 내가 얼마만큼 좋아?" 하고 물어보면 "하늘만큼 땅만큼!" 하면 끝나는 그런 뻔한 질문. 리어 왕의 질문 또한 그냥 답에 관계없이 나눠주려는 것이었다.

그런데 세 명에게 한꺼번에 물어보면 될 것을 왜 순서대로 따로 따로 물어봤을까? 왜 코딜리어에게 가장 나중에 물어봤을까? 아마 앞의 두 딸의 대답보다 더 크게, 더 멋지게 말할 수 있는 기회를 주려고 그런 것이리라. 두 딸 중에 한 명이 "하늘만큼"이라고 대답하고 또 한

딸은 "땅만큼"이라고 대답한다면, "지구보다 태양보다 우주보다 더 크게 사랑해요" 하고 더 멋지게 대답할 수 있도록 말이다.

코딜리아의 두 언니 고너릴과 리건도 아버지가 코딜리아를 가장 예뻐한다는 사실을 알고 있다. 사실 그 자리에 있는 사람들 누구나 알고 있었으리라. 그런데도 코딜리아는 아버지의 그런 작전을 수포로 돌아가게 만들어버렸다.

리어 왕이 딸들에게 듣고자 했던 말은 진실이 아니고 정답이었다. 정답은 이미 정해져 있었다. 절대 권력자 리어 왕은 평생을 듣고 싶은 말만 듣고 살아온 사람. 이런 전제군주 앞에서 정답 외에 다른 대답을 시도하는 건 어지간한 각오로는 있을 수 없는 일이다. 만약 왕이 기대하는 정답과 다른 대답을 한다면? 왕의 진노가 가벼우면 파직, 기분이 많이 안 좋을 때라면 죽음, 운이 아주 좋으면 켄트처럼 추방형에 처해질 수도 있을 것이다.

리어 왕이 지금까지 정권을 잡아오는 동안 모두가 리어 왕의 마음에 들려고 안달이었을 터다. 오랜 긴 세월 아버지를 지켜보아왔던 두 딸도 아버지가 어떤 사람인지 알기 때문에 어떤 대답을 해야 아버지가 좋아할지도 잘 알고 있다.

리어 왕은 진심을 듣고 싶어했을까. 오랜 기간 절대 권력자로 살아온 리어 이 사람은 눈에 보이지 않고, 들리지 않는 것까지 고려해야 하는 입장이 아니다. 다른 사람의 진심이 무엇인지 알기 위해 전전긍긍하는 건 언제나 아랫사람, 약한 사람, 더 많이 사랑하는 사람들뿐이다. 리어 왕 같은 사람은 진심에는 관심이 없다. 그냥 자기가 낸 문제에 대해 '정답'을 듣고 싶을 뿐이다. 그래서 이런 사람이 위에 있는 조직의 구성원들은 누군가 진심을 말하면 불편해지고, 그냥 정답을 말해버리면 모두가 편안해진다.

특히 그 자리에는 리어 왕의 세 딸들 말고도 신하들, 사위들 그리고 코딜리아와 결혼하려는 두 구혼자가 있었다. 리어 왕은 근사한 한 편의 드라마처럼 코딜리아에게 가장 좋은 땅과 권력을 넘겨주려고 이 무대를 만든 것이다. 리어 왕은 두 언니들만큼만 말하면, 정답만 말하면 코딜리아에게 다 주려고 했는데, 가장 믿었던 코딜리아가 자기한테 물벼락을 끼얹은 것이다. 이것은 리어 왕으로서는 용서할 수 없는 일이다.

리어 왕은 아마 오래전부터 이 순간을 꿈꾸어왔을 것이다. 그리고 가장 극적인 장면을 연출하려고 했을 터이다. 그래서 그 계획을 무참히 깨뜨린 코딜리아가 더 괘씸했을지도 모른다.

결국 리어 왕은 "애비가 원하는 대답마저 못해주는 것이냐. 배은망덕한 것. 다 필요 없어" 하고 추방해버린다. 듣고 싶은 대답이 있는데 그 말이 나오지 않으니까 리어 왕은 견딜 수가 없다. 답을 알고 있으면서 말을 안 하는 것을 리어 왕은 참을 수가 없다. 리어 왕에게 진실은 자신이 정한 말을 하는 것. 자기가 원하는 대답이 아닌 말은 아무리 바른 소리라도 진실이 아니다. 진심은 아무 상관없다. 자기가 원하는 것, 그것만이 진실이고 진심이다.

독불장군
_____ 오너의 아집

『리어 왕』은 리어라는 인물에 집중하면 스스로 왕권을 던진 왕의 몰락과 굴욕의 이야기로 읽힌다. 권력은 빼앗거나 빼앗기는 것이지 스스로 던져주는 것이 아님을 그는 왜 몰랐을까. 왕이 왕권을 내놓을 때는 죽을 때나 힘이 약해서 어쩔 수 없이 뺏길 때 그때뿐이다. 조선의 태조 이성계도, 그 다음 보위를 이은 정종도 태종 이방원에게 빼앗겼지 스스로 내준 건 아니다.

그런데 이 당연한 사실을 리어는 모른다. 아니 알려고도 하지 않는다. 리어는 마치 이 세상에 혈연이나 사랑에 근거한 무조건적인 신뢰 관계가 존재하는 걸로 착각했다. 이 세상에 절대적으로 신뢰할 수 있는 관계라는 것이 존재하며, 그것이 언어로 표현될 수 있다고 생각하는 사람이다. 그러나 인간관계에 절대적인 게 있을까. 사람 사이에 권력이나 재산이나 다른 사람이 끼어들면 관계의 형태는 바뀌고, 관계의 온도도 변화하는 법.

미래에셋 노후연구소장 김경록은 노년에 가진 재산을 다 물려주는 일의 위험성에 대해 다음과 같이 말한다.

"노년에는 가능성이라는 시간 가치는 거의 사라지고 자산이나 지금까지 쌓아 둔 사회적 관계와 같은 가치가 대부분을 차지한다. 그래서 냉정한 시각으로 보면 노년에 들어서는 주로 가지고 있는 것에 의해 평가받는 것이다. 가지고 있는 것을 모두 주어 버리면 자신의 가치도 사라져 버린다."[10]

리어 왕의 처지에 그대로 들어맞는 말이다. 리어 왕은 자신의 현재 가치를 과대평가했다. 그는 부모 자식 간의 '사랑'이라는 것이 자산 가치로서 유효하다고 착각하고 행동하는 실수를 저질렀다. 그 때문에 권력을 스스로 내놓은 후에도 마치 자신이 그렇게 할 권리라도 있는 것처럼 계속 왕으로서 행동했다. 그러나 그런 행동을 현재 권력자인 두 딸은 용납하지 않았고, 리어는 두 딸에게 쫓겨나 폭풍이 휘몰아치는 황야를 헤매는 신세가 된다. 더구나 그는 그것이 스스로 자초한 일이란 것도 자각하지 못한다.

충신 켄트가 나라를 쪼개서 두 딸과 사위에게 나누어주려는 리어의 이런 행동에 대해 "최대한 심사숙고하여 끔찍하게 경솔한 그 행동을 멈추십시오(1막 1장)"라고 충언하자 리어는 그 말을 경청하기는커녕 화를 내고 내쫓아버린다. 켄트의 충언에 대해 리어가 응답한 다음 대사를 보자.

리어 듣거라, 이 시건방진 놈아! 충절을 지키려면 명령에 복종하라.
난 지금껏 한 번도 내 결정을 번복한 적이 없다.
그런데 너는 나를 변절자로 만들려 하고 있구나.
건방지게도 내 결정과 권위를 침범하려 하였으니
내 천성으로 보나 지위로 보나 참을 수 없는 일이다.

왕의 권위가 어떤 것인지, 너는 벌을 받아봐야 알겠구나.

세상으로부터 받을 재난을 피할 수 있도록

닷새 동안의 여유를 주겠다.

그러나 엿새째에는 그 밉살스런 등을 돌려

이 나라를 떠나도록 하라.

만약 열흘째가 되어 추방된 그대의 몸이 짐의 영토에서 발견되면

그땐 사형이다.

자, 가라. 조브 신에 걸고 맹세하건대,

이 결정은 절대로 취소할 수 없다.

(1막 1장)

"명령에 복종하라""한 번도 내 결정을 번복한 적이 없다""내 결정과 권위를 침범하려 한다""절대로 취소할 수 없다"는 말로 자신의 생각과 행동 앞에 철조망을 치는 리어 왕. 너무 단단하고, 너무 강하다. 다른 사람의 조언이나 충고가 끼어들 여지가 없다. 세상의 해가 자기중심으로 뜨고 진다고 생각하는 독불장군 오너의 모습 그대로다.

처음부터 그랬을까. 켄트나 글로스터 같은 충신들이 주위에 포진해 있는 걸 보면 신하들이 따를 만한 무언가 큰 매력이 있는 사람이었으리라. 켄트가 "신이 언제나 국왕으로 존경하고 어버이로 사랑하였으며 주인으로 따랐고 제 기도의 커다란 후계자로 생각했던 리어 왕이시여(1막1장)"라고 호명하며 "당신의 안전 때문이라면 죽는 것도 안 두렵다(1막1장)"라고 말한 리어 왕이다. 그런 리어 왕 역시 세월의

힘 앞에서는 어쩔 수 없었던 걸까? 안타깝게도 켄트의 다음 대사는 리어의 어리석은 행동의 주범이 노화라는 혐의를 짙게 해준다.

> **리어** 활시위는 당겨졌다. 화살을 피해라.
> **켄트** 리어가 미쳤을 땐 켄트가 무례하지요.
> 이 늙은이. 어쩌려고?
> 권력자가 아첨에게 절할 때 신하가 무서워서 말 못할 줄 알아요?
> 임금이 어리석을 땐 직언이 명예로운 법이오.
>
> (1막 1장)

켄트는 리어가 코딜리아를 내치고 두 사위에게 갑작스럽게 권력을 나눠주려는 행동을, 미쳤다고 의심할 만큼의 어리석은 행동이라고 생각하는 듯하다. 또 그런 행동들이 리어의 노화에서 비롯되었다고 짐작하는 듯하다. 그렇지 않다면 주군에게 감히 늙은이라고 부르겠는가. 켄트의 이 도발은 왕을 모욕할 의도로 뱉은 말이 아니다. 신하로서 존경해마지 않는 왕, 전에는 현명하던 그 왕이 노화로 인해 어리석은 행동을 한다는 사실이 안타깝고 비통해서 튀어나온 말일 것이다.

그럼에도 리어는 자신의 어리석은 행동을 깨닫지 못한다. 깨달았을 때는 이미 너무 늦었다. 권력과 재산을 물려준 두 딸들에게 괄시당하고 나서야 자신의 어리석음을 알아차리고 탄식한다.

> **리어** 오, 지극히 작은 허물이여,

어찌하여 그것을 코딜리아가 했을 때는

그리도 추악하게 보였을까!

그 작은 결함이 고문도구처럼 나의 타고난 천성을 비틀어버리고,

내 마음에서 인간의 정을 뽑아낸 후에

가혹한 마음만을 덧붙였구나.

오, 리어, 리어, 리어야!

어리석음을 불러들이고, 소중한 판단력을 몰아낸

이 문을 때려 부숴라! (자신의 머리를 때린다.)

(1막 4장)

리어는 자신의 머리를 때릴 정도로 후회하지만, 그렇다고 타고난 성격이 변하지 않는다. 그는 자기 잘못의 원인을 자신의 외부에서 찾는 데 익숙해 있는 사람이다. 맏딸 고너릴이 자신을 홀대하자 잘못된 결과의 원인을 고너릴에게 돌리고 독한 저주의 말을 내뱉는다.

리어 배은망덕한 너. 대리석 심장의 악마여.

네가 내 친자식의 모습으로 나타날 때엔

바다의 괴물보다 더 무섭구나!

(1막 4장)

그러나 딸들을 괴물로 만든 건 다른 누구도 아닌, 그들의 아버지인 리어 자신이다. 여기서 두 딸 고너릴과 리건의 대화를 들어보자. 둘의

이 대화 하나만으로도 성질 급하고 화를 잘 내고 변덕이 심한 아버지 밑에서 전전긍긍하고 살아온 날이 하루이틀이 아니었음을 알 수 있다. 더구나 딸들로서는 권력을 양도받았지만 아직 안심할 만한 단계가 아니다.

> **고너릴** 아버지를 계속 봐왔지만, 나이 때문에 변덕이 점점 더 심해져가고 있어. 언제나 코딜리아만 가장 예뻐하더니 갑자기 내쫓아버리는 건 또 뭔 놈의 우라질 판단인지 모르겠네.
>
> **리건** 늙어빠져서 그런 거지 뭐야. 자기는 그걸 별로 눈치 채지 못한 것 같지만.
>
> **고너릴** 옛날에 제일 잘나갈 때도 저렇게 성급했는데 영감이 나이가 들어도 하나도 안 바뀌었어. 그러니까 이제 우리는 긴 세월 응고된 저 변덕뿐만 아니라 늙은이 특유의 제멋대로 하는 버릇과 성마른 성질머리에도 잘 대응해야 해.
>
> **리건** 갑자기 내처진 켄트 공처럼 우리도 언제 저 화딱지의 희생양이 될지 몰라.
>
> **고너릴** 좋아. 협력하자. 아버지가 앞으로도 저렇게 권력을 휘두른다면 이번 일도 우리에게 성질부릴 거리가 될지도 몰라.
>
> (1막 2장)

성질 급하고 화 잘 내는 아버지, 게다가 셋째 딸 코딜리아만 편애하는 아버지다. 두 딸의 마음이 편했을 리 없다. 권력을 이양한 후의 냉대는 두 딸의 복수일지 모른다. 또 아버지가 나라를 물려주었다고 하지만 아버지란 사람은 생각이 언제 변할지 모르는 변덕쟁이. 두 딸의 입장으로서는 마음은 불안하고 미래는 아직 불확실하다. 불안을 잠재우고 불확실성을 제거하기 위해서는 아버지의 권력을 약화시키고 주위의 병력들과 측근들을 차단하는 데 주력할 수밖에 없다.

두 딸의 '배신'으로 인해 자존심이 센 데다가 발끈하는 성격의 리어왕은 끊임없이 상처받고, 자신이 서서히 고립되어가고 있다는 걸 느낀다. 아픈 마음이 광기로 바뀌는 것은 시간문제다. 자각은 늦었지만 파멸은 빠르게 다가온다.

리어는 자신의 처지를 이렇게 만든 게 마치 신神의 책략인 양 계속 화를 내고 울부짖지만, 그것은 신이 예비한 운명이 아니라 자기가 놓은 올가미에 자기가 걸린 것일 뿐이다. 운명은 신의 영역이지만, 리어왕의 비극은 리어 스스로가 자기 목에 건 밧줄이었다.

> **리어** 신들이여, 여기 서 있는 불쌍한 늙은이를 보소서.
> 나이의 숫자만큼 많은 슬픔을 가누지 못하는 노인을.
> 딸들의 마음을 충동질해서
> 아비를 배반하도록 만든 것이 당신 뜻이라면
> 이건 저를 너무 우롱하는 것입니다.
> 바보처럼 가만히 참도록 내버려두지 마소서.
> 고귀한 분노를 내려주소서.
> 여자의 무기인 눈물이 남자의 두 뺨을 더럽히지 않게 하소서.

에잇, 이 짐승 같은 년들, 너희 둘에게 무서운 복수를 할 테다.
그렇게 해서 온 세상이 다 – 그렇지, 난 반드시 복수할 거야 –
어떻게 할 건지는 아직 알 수 없지만 그건
지상의 공포가 되리라.
너희들은 내가 눈물을 흘릴 거라고 생각하겠지만, 난 울지 않아.
울 만한 이유는 충분히 있지만 (멀리서 폭풍우 소리)
이 심장이 천 갈래 만 갈래로 찢겨지기 전에는 울지 않으련다.
오. 광대야. 나 이제 미치련다.

(2막 4장)

울음은 가장 인간적인 행위다. 그러나 리어는 울지도 못한다. 내면이 완전히 무너져서 자존심을 잃은 사람은 눈물이라는 인간적인 면모조차 보여줄 여유가 없다. 다만 유일하게 남은 무기는 신에게 호소하거나 자신의 운명을 저주하는 일뿐. 그러나 만약 신이 있어 이 모든 일을 보고 있다 하더라도 비극의 주인공을 구하기 위해 날아오는 신은 없다.

입술을 깨물며 다짐하는 복수의 맹세도 늙고 힘없는 노인에게는 실속 없는 허세일 뿐이다. 힘이 남아 있어야 복수든 뭐든 할 터인데, 이미 그에게는 육체적인 힘도 정치적인 힘도 거의 남아 있지 않다. 스스로 선택한 행위의 결과가 바로 자기 눈앞에 펼쳐졌는데도 여전히 자신의 실수를 인정하기보다는, 두 딸의 배신에 치를 떠는 데 영혼을 소진할 뿐이다. 다음 대사를 보자.

리어 불효막심한 배신!

그것은 음식을 날라다준 손을 입이 깨물어버리는 것과 같은 일이
아닌가?

철저하게 벌을 주고야 말 테다.

아니, 이젠 눈물을 흘리지 않겠다.

이같이 캄캄한 밤에 나를 들판으로 내쫓다니!

억수같이 퍼붓는 빗속에서도 나는 참아낼 것이다.

이런 밤에도!

오, 리건, 고너릴! 나이 많고 자애로운 이 아비를—

아낌없이 모든 것을 양도해주었건만.

아아, 이런 생각을 하고 있으니 미칠 것 같구나.

그 생각은 말자. 그런 생각만은 그만두자.

(3막 4장)

두 딸의 배신, 그리고 자신의 실각은 신이 예비한 것도, 다른 사람
이 강요한 것도 아니고, 사실상 리어 왕 스스로 저지른 일이다. 분노
와 배신감에 아무리 치를 떤다 해도, 효성 깊은 딸과 충신을 쫓아내고
배신자들에게 아랫목을 내준 건 바로 자기 자신이다.

나락으로 떨어진 사람이 다시 일어나서 그 나락으로부터 빠져나오
려면 무엇보다도 철저한 자기 성찰과 치밀한 전략이 필요하다. 그러
나 리어는 반성도 전략도 없이 오직 화내고, 울부짖고, 미워할 뿐이다.
그렇다 보니 관객도 독자도 리어 왕을 무조건 동정하거나 그 처지에

몰입할 여지가 크지 않다. 이제 리어는 자신의 잘못과 불행을 타인 탓으로 돌리면서 탄식하는 늙은이일 뿐이다.

　그리스 비극이 운명극이라면 셰익스피어 비극은 성격극의 특징이 강하다. 물론 주인공들에게 주어진 운명의 탓도 있지만, 그것을 맞이하는 인물들의 성격이 상황을 비극으로 치닫게 하는 윤활유가 된다는 점에서 『오이디푸스 왕』과 같은 그리스 비극과는 본질이 다르다. 『리어 왕』 또한 그러하다. 리어 왕의 노년을 비극으로 내몬 주범은 사물을 언제나 자기중심적으로만 생각하는 사고방식, 즉 아집에 다름 아니다. 자신의 능력 정도면 권력을 내놓아도 괜찮다고 생각한 리어, 그것은 아집에서 온 큰 착각이었다.

태종 이방원에게는 있고, _____ 리어 왕에게는 없는 것

조선 3대 왕 태종 이방원은 리어 왕과 달랐다. 그는 1418년 8월, 당시 스물두 살이던 충녕대군(세종)에게 왕위를 물려주고 상왕으로 물러앉는다. 태종은 이 승계 작업을 성공시키기 위해 비상한 각오로 밑그림을 그려왔다. 우선 세종에게 양위하기 2개월 전에 장자이던 양녕대군을 세자의 자리에서 폐위시킨다. 그리고 그보다 3년 전인 1415년, 세자를 끼고 권력을 휘두른다는 이유로 아내 원경황후 민씨의 친정 4형제를 연달아 모두 죽인다.

당시 의정부를 비롯해서 조정의 관리들이 조선 왕조의 지속적 발전을 위해 양녕대군을 폐위시키라고 상소했다. 사실 조정 관리들의 입장에서 세자를 폐위하라고 요구한다는 것은 위험천만한 일이다. 만약 실패하면 큰 사단이 난다. 정국의 흐름에 따라서는 그야말로 일족이 멸문을 당할지 모를 일이었다. 그러므로 이 상소의 배경에 국왕인 태종의 입김이 있었다고밖에 볼 수 없다. 태종은 여론과 대의를 빌미로 후계자 교체의 정당성을 강조했고 그것을 실행했다. 그러나 아무리 냉철한 리얼리스트인 그도 아버지다. 조선왕조실록은 양녕을 동궁의 자리에서 폐위시킨 후 "임금이 통곡하여 흐느끼다가 목이 메었다"고 기록하고 있다.

그런데 이 사람 이방원, 리어 왕과는 정말 다르다. 왕위는 물려주었지만 세종이 서른 살이 될 때까지 군사는 직접 챙기겠다고 선언한다. 내정은 새 왕에게 일임하였지만 실제 권력의 지휘봉인 군권만은 내어주지 않겠다는 뜻이었다. 즉 왕위는 내주지만, 권력은 내놓지 않겠다는 뜻이었다.

상왕으로 물러난 태종은 셋째 아들로서 왕이 된 세종의 유약한 입지를 우려했다. 특히 세종이 왕이 되는 데 공을 세운 공신들인 심온과 강상인, 류정현 등으로 권력이 몰리는 것을 극히 경계한 것으로 보인다. 이들 중에서도 태종이 가장 경계한 사람이 바로 세종의 장인인 영의정 심온이었다.

그런데 이즈음 병조참판 강상인이 태종을 제치고 세종에게 직접 보고하는 사건이 일어났다. 태종으로서는 불감청고소원不敢請固所願, 즉 일부러 청하지는 못하지만 마음속으로는 간절히 바랐던 일이었을지도 모른다. 아래 글은 조선왕조실록 〈세종 1권, 즉위년(1418) 8월 25일(임인) 3번째 기사〉이다.[11]

상왕이 병조참판 강상인과 좌랑 채지지를 잡아 의금부에 가두라고 명하였다. 이때 임금은 장의동 본궁에 있었는데, 병조는 매양 군사에 관한 일을 상왕에게 아뢰지 아니하고 먼저 임금에게 아뢰므로, 임금이 그럴 때마다 이를 물리치면서,

"어찌하여 부왕께 주상하지 않느냐."

고 말하였다. 상왕이 이러한 사실을 알고, 그의 소위를 시험해보고자 상인에게 물었다.

"상아패와 오매패는 장차 어디에 쓰려고 한 것인가."

하니, 상인이 대답하기를,

"이것으로 대신을 부르는 데 쓰나이다."

하였다. 상왕은 이 말을 듣고 곧 상아패와 오매패를 꺼내어서 상인에게 주며 말하기를,

"여기서는 소용이 없으니, 모두 왕궁으로 가져가라."

고 하였다. 상인은 곧 이를 받들고 주상전으로 가지고 갔다. 임금이 묻기를,

"이것은 무엇에 쓰는 것이냐."

하니, 상인이

"이것으로써 밖에 나가 있는 장수를 부르는 데 쓰는 것입니다."

라고 대답하였다. 임금이 말하기를,

"그러면 여기에 두어서는 안 된다."

고 하고, 곧 상인으로 하여금 다시 가지고 가서 도로 바치게 하였다. 상왕은 상인이 거짓을 꾸며 면대하여 속이는구나 하고, 곧 우부대언 원숙과 도진무 최윤덕을 불러 임금에게 선지를 전하여 말하기를,

"내 일찍이 교서를 내려 군국의 중요한 일은 내가 친히 청단하겠노라고 말하였는데, 이제 상인 등이 모든 군에 관한 일을 다만 임금에게만 아뢰고 나에게는 아뢰지 않았으며, 또 전일에 상인에게 명하여, '벼슬시킬 만한 사람을 적으라'고 하였더니, 상인은 자기의 아우 강상례를 적어 주상에게 아뢰어 사직의 벼슬을 내리게 하고, 와서 사례하기를, '주상께서 신의 아우 상례로서 사직을 삼으셨나이다'고 하였으니, 이는 임금을 속이는 것이다."

또 최한을 의금부에 보내어 이르기를,

"처음에 내가 유후사에서 주상에게 이르기를, '너는 장차 나의 근심을 물려받게 되리니, 내 비록 덕이 없으나, 오래 왕위에 있어서 아는 사람이 많으니, 군국의 중요한 일은 내가 친히 청단하겠노라'고 하였는데, 이제 병조는 궁정에 가까이 있으면서, 다만 순찰에 관한 일만 아뢰고 그 밖의 일은 모두 아뢰지 않았으니, 내가 군사를 듣기로서니 무엇이 사직에 관계되겠느냐. 이런 의논을 먼저 낸 자가 누구인지 물어볼 것이요, 만일에 숨기고 말하지 아니하거든 마땅히 고문을 해야 할 것이다."

라고 하였다. 이리하여 병조는 대죄하고 있으며, 환관 노희봉에게 명하여 군사를 점검하게 하고, 지병조사 원숙은 병조에 입직하게 하였다.

세종의 입장에서는 왕이 되긴 했으되 왕이 아니다. 모든 권력은 아직 모두 상왕 태종에게 있고, 일거수일투족을 늘 감시당하고 있다. 매일매일 얼마나 노심초사했겠는가. 권력이란 이런 것이다. 부자간이라도 나누지 못한다. 자신의 가신이던 강상인이 신왕 세종에 붙으려는 것을 눈치 챈 상왕 태종이 "군사는 나의 것이다"라고 왕에게 주의를 주고, 자신의 권력에 조금이라도 금이 가게 할 가능성을 보인 사람은 처절하게 내친다.

어쨌든 태종은 이를 빌미로 강상인을 관노로 삼고, 박습은 귀양을 보내버린다. 세종에게 왕위를 물려준 지 불과 보름 만에 일어난 일이다. 이 일이 일어난 후 심온이 사은사로 명나라로 출장을 가게 되는데, 왕의 장인이자 당대의 세도가인 그를 전송하고 눈도장을 찍으려는 사람들로 배웅하는 무리가 인산인해를 이루는 일이 발생하게 된다. 이 사건 때문에 심온은 결정적으로 상왕 태종의 블랙리스트에 오르게 된 듯하다. 때마침 심온과 사이가 좋지 않던 박은이 강상인의 일을 꺼내어 그 배후에 심온이 있다고 무고해버린다.

강상인은 이 일로 다시 끌려와서 국문을 당하게 된다. 고문을 견뎌내지 못한 그는 박습, 심온의 아우 심정과 함께 군사를 모으려고 했다고 거짓 자백하게 된다. 또 심온과 친분이 있었다는 이유로 잡혀온 전 이조참판 이관도 역모를 주도한 사람이 심온이라고 허위 자백을 하고 만다. 결국 강상인은 서울 종로 네거리에서 만조백관이 지켜보는 가운데 말수레에 의해 사지가 찢어지는 거열형에 처해지고, 심정과 박습은 참수를 당한다. 심온도 명나라 출장에서 귀경하던 중에 의주에서 체포되었고, 국문을 받자마자 모든 것을 포기하고는 태종이 원하는 대로 거짓 자백을 하고 자결로 생을 마감한다.

이후 태종은 사냥도 즐기고 권력도 뺏기지 않고 잘 누리다가 쉰여섯의 나이에 세상을 떠났다. 그가 죽은 날이 1422년(세종 4년) 5월 10일이었는데 왕위를 물려준 지 채 4년이 되지 않은 때였다. 그가 얼마나 적절한 때에 과감하게 승계 작업을 마무리하였는지 알 수 있다. 역사에 가정은 없다지만, 만약 그가 끝까지 왕좌에 앉아 있다가 갑자기 죽었다면 어떻게 되었을까. 자신의 외척과 여러 왕자들의 외척, 그리고 군웅할거하는 중앙세력들과 지방토호세력으로 인해 조선왕조는 설립 초기의 유동성을 견디지 못하고 몰락했을지도 모른다.

태종이 죽은 후 그가 세운 후계자 세종의 대에 많은 치적이 이루어지고, 이후 조선왕조가 500년 이상을 누렸음은 모두가 아는 일이다. 태종은 사병혁폐를 밀어붙여서 중앙집권의 기틀을 세우고, 육조설치 등 행정제도를 개혁하고, 호적법 등 제도를 정비하여 조선왕조의 기틀을 세운 사람으로 평가받고 있다. 그러나 무엇보다도 그의 의지와 능력이 빛나는 지점은 후계 승계를 아주 치밀하게 밀어붙여서 성공했다는 점이다.

리어 왕 이야기를 하다가 태종의 후계 승계 작업에 대해 꽤 길게 얘기하는 이유는 다음과 같다. 나라든 기업이든 후계 승계 작업은 지난한 과제다. 당대에 절대적인 권력이나 경영권을 누리던 탁월한 지도자는 많지만, 자신의 노후를 안정적으로 보전하면서 후계 승계 작업도 제대로 한 그런 지도자는 의외로 적다. 자신의 욕망과 후계자의 자질, 그리고 주변 힘의 향배를 냉철하게 판단해내는 혜안이 없으면 이루어질 수 없는 과제이기 때문이다. 리어는 이것이 없었다.

바보는 리어인가,
_____ 광대인가

다시 리어 왕으로 돌아오자.

사실 리어가 품었던 가장 큰 착각은 왕권을 놓아버려도 왕처럼 군림할 수 있으리라는 생각이었다. 그러니 겉으로는 권력을 놓아도 마음속으로는 놓은 게 아니었다. 그러나 일단 권력을 손에서 놓아버리면 어떤 신세가 되는지는 오직 리어 왕 자신만 몰랐다. 바보 광대조차도 다 알고 있었던 것을.

여기서 잠시 광대에 대해 이야기해보자. 광대는 『리어 왕』에 등장하는 많은 인물 중에서 매우 흥미로운 인물 중 하나다. 예전의 우리나라에서도 그랬지만, 리어 왕 시대의 광대도 비주류 중의 비주류에다 가장 미천한 존재 중의 하나였으리라. 광대는 영어원문에서 풀fool이다. 풀fool의 사전적 의미는 1번이 바보, 2번이 어릿광대다. 광대는 바보기 때문에, 광대가 하는 말은 바보의 말이기 때문에, 오히려 광대의 발언권은 특권을 가진다.

광대는 리어 왕이나 고너릴·리건 같은 왕족, 켄트 같은 고관대작들을 비웃고, 조롱하고, 직설적인 언어를 쏟아부어도 목이 잘리지 않는다. 광대에게는 '해서는 안 될 말'이 없다. 무언가 잘못된 조직, 잘못되어가고 있는 사회일수록 진실과 충언은 종종 해서는 안 될 말, 주변을 긴장시키고 얼어붙게 하는 말이 된다. 진실과 충언을 하는 역할이 바보 광대에게만 허용되는 사회, 그것이 단지 리어의 시대에만 있는 일은 아닐 것이다.

그런데 광대는 이 극에서 리어를 편견없이 가장 제대로 바라본다. 광대는 왜 리어를 이토록 잘 알까. 첫째, 리어의 과거를 잘 알고 있기 때문이다. 그렇기에 리어의 변화 또한 누구보다 잘 알 수 있다. 둘째, 리어와 가장 가까운 데 있기 때문이다. 리어의 기쁨과 탄식, 좋은 점과 나쁜 점을 늘 곁에서 볼 수 있다. 셋째, 리어를 사랑하기 때문이다. 광대의 리어 왕에 대한 사랑은 다음 대사에 나타난다.

> **광대** 이익을 따르려고 모시고
> 겉만 보고 따르는 놈들
> 비가 오기 시작하면 짐 싸들고
> 폭풍 속에다 당신을 버려도
> 난 기다려. 이 광대는 남는다고.
>
> (2막 4장)

또 광대는 『리어 왕』의 등장인물 중에서 가장 똑똑한 인물일지도 모른다. 어쩌면 메시지 속에 사랑, 결핍, 욕망을 섞어넣지 않고도 진실을 말할 수 있는 자는 광대 한 사람뿐일지도 모른다. 광대는 리어 왕에게 아무것도 더하지 않고 아무것도 빼지 않은 '진실'만을 말한다. 예를 들면 리어 왕이 얼굴을 잔뜩 찌푸리고 들어오는 딸 고너릴에게 왜 요즘 이맛살을 찌푸리고 다니느냐고 묻자, 대뜸 광대가 이렇게 말한다.

> **리어** 어찌 된 일이냐, 얼굴을 그렇게 찌푸리고 있으니! 요즘엔 계속 이맛살을 찌푸리고 있구나.
>
> **광대** 딸이 이맛살을 찌푸려도 신경 쓸 필요가 없었을 때 아저씨는 상팔자였죠. 지금 당신 신세는 숫자도 붙지 않는 0의 신세예요.
>
> (1막 4장)

리어 왕에게 진실을 알려주고 싶은 관객을 대신해서 광대는 한 방 날려준다. 광대의 말은 결정적인 순간에 촌철살인으로 날아오기에 관객과 독자들에게 때때로 해방감을 선물한다. 리어 왕의 어리석음에 애가 닳은 관객들은 두 딸의 아첨, 켄트의 충성심을 리어에게 전하고 싶다. 에드거의 진심을 글로스터가 알아주면 좋겠다고 생각하는 것처럼.

그러나 리어 왕은 암호나 수수께끼로 되어 있는 광대의 말을 못 알아듣거나, 알아들어도 한 귀로 듣고 한 귀로 흘려버린다. 리어는 자기가 믿고 싶은 대로 믿고, 자기가 생각한 것만 사실인 줄 아는 사람. 숨은 뜻을 찾고자 노력하거나 남의 말을 경청하는 사람이 아니다.

주위의 어느 누구에게도 분풀이할 대상이 없어진 리어가 광대에게 분풀이를 한다. 그러자 이번에는 광대가 변화구 아닌 직구를 날린다.

'당신 리어가 비참한 신세가 된 이유는 단 하나, 지혜가 없기 때문'이라고.

> **광대** 당신이 금관을 두 토막 내서 양쪽 토막을 다 줘버렸을 때,
> 당나귀를 둘러메고 진흙길을 걸어가는 신세가 된 거야.
> 금관을 줘버린 건 당신 골통 속에 지혜가 없어서이지.
>
> (1막 4장)

이름조차 없이 그냥 바보로 불리는 이 광대는 자신이 바보라는 걸 알고 있기 때문에 바보를 초월한다. 그런데 리어 왕은 자신이 바보란 걸 모른다. 이 극에서 바보 역할을 끈질기고 충실히 수행하는 건 오히려 리어 왕이다.

> **광대** 당신하고 당신 딸들은 정말 피붙이인가요.
> 딸들은 내가 진실을 말한다고 채찍질하려고 대들고,
> 당신은 내가 거짓말을 하면 매질한다고 으름장을 놓거든요.
> 말을 안 하면 말을 안 한다고 매 맞을 테지?
> 그러니 이젠 무슨 짓을 해먹든 바보 광대는 면해야겠어요.
> 그래도 아저씨, 당신만은 안 될래요.
> 당신은 머리 양쪽을 잘라버리고
> 중간에는 아무것도 남겨놓지 않았거든요.
>
> (1막 4장)

광대가 이런 대사를 하면 객석은 썰렁해진다. 객석(사회)을 썰렁하게 해도 되는 건 동서고금에 광대의 특권이다. 그 썰렁함이 객석(사회)으로 번져서 관중(민중)의 가슴을 서늘하게 한다. 관중은 깨닫는다. '오히려 광대만 제정신이고 나머지 모두가 바보구나!' 비극의 양쪽 끝으로 치닫고 있는 극중 인물들 중에 어쩌면 광대만이 제정신이라는 건 셰익스피어가 우리에게 깨우쳐준 위대한 역설의 미학이다.

미셸 푸코는 그의 저서 『광기의 역사』에서 광기狂氣는 근대 사회의 정기正氣를 비춰주는 거울이라고 말했다. 제정신을 가진 사람은 너무 당연해서 드러나지 않는다. 일상세계의 진실은 비일상 세계와 대비되었을 때 그 실체가 드러난다. 밤이 없으면 낮이 없듯, 셰익스피어 극의 광대 또한 그의 어두움, 낮음, 천함, 비일상성을 통해 밝음, 높음, 고귀함, 일상성의 실체를 드러낸다.

『리어 왕』에서는 오직 광대만 진실을 이야기한다. 리어 왕은 다 뺏기고 광야로 쫓겨나기 전에는 진실을 모른다. 글로스터도 눈을 뽑히기 전에는 진실을 보지 못한다. 그런데 광대는 처음부터 모든 것을 알고 있다. 무엇 때문에 그럴 수 있었을까? 광대는 영적靈的인 능력자인가? 아니다. 사랑에 눈멀지 않았기 때문에, 권력에 욕심이 없기 때문에, 야망이 없기 때문에 모든 것이 제대로 보이는 거다. 객관적이고 어느 것에도 집착하지 않으므로 아집에서 벗어날 수 있는 것이다.

어쩌면 광대는 리어의 분신일지도 모른다. 리어가 왕이고, 제정신이며, 고귀하고 현명했을 때 그는 리어의 어두운 면을 대변했으리라. 그러나 리어가 왕관을 뺏기고, 미치고, 몰락하고, 어리석어졌을 때, 그는 밝은 곳으로 나와서 미친 리어 대신 깨어 있는 리어, 어리석은 리어 대신 현명한 리어를 대표하게 되었다. 광대가 또 하나의 리어이기 때문에 광대는 리어 앞에서 무슨 말을 해도 표현의 자유가 보장된다.

리어 말버릇 나쁜 바보 같으니라고!

광대 아저씨. 말버릇 나쁜 바보와 말버릇 좋은 바보의 차이가 뭐야?

리어 모르겠어. 말해봐.

광대 당신 땅을 양도하라고 조언한 그 양반을

　　나한테 데리고 와서 그 자의 역할을 당신이 해 봐.

　　말버릇 나쁜 바보와 말버릇 좋은 바보가 누군지 바로 보일걸.

　　얼룩무늬 옷을 입은 바보는 여기 있고

　　또 한 사람은 거기에 있네.

리어 이놈아, 나를 바보 취급 하는 거냐?

광대 글쎄, 다른 칭호는 다 양도해버렸잖아. 바보는 태어날 때부터고.

(1막 4장)

이 극에서 광대가 진실을 말하는 수법은 마치 수수께끼 풀기와도 같다. 원래 광대의 역할은 왕을 웃게 하는 것. 그러나 리어 왕은 지금, 웃기에는 너무나 심각한 사태에 직면해 있다.

광대가 낸 수수께끼는 "말버릇 나쁜 바보와 말버릇 좋은 바보의 차이가 뭐야?"다. 리어는 "모르겠어. 말해봐"라고 솔직히 말한다. 여기서 광대는 '얼룩무늬 옷'을 입은 광대가 말버릇 나쁜 본래의 광대이고, 리어 왕 당신은 '말버릇 좋은' 광대에 지나지 않는다고 말한다.

무슨 말인지 의아해하는 리어에게 "다른 칭호는 다 양도해버렸잖아. 바보는 태어날 때부터고"라고 설명해준다. 리어는 왕권을 내던지고 여기저기 떠도는 '아무것도 아닌' 광대처럼 되어버린 상태인데도 아직도 그 사실을 자각하지 못했다. 그는 아직도 자신이 왕인 줄 착각하고 있다. 또 그 착각 때문에 두 딸의 골칫덩이가 된 사실 또한 모르고 있다.

리어는 지금 세 가지 의미에서 바보다. 첫째, 리어 자신이 왕으로 행세하기 위한 절대조건이 왕권임에도 그것을 생전에 양도해버린 점, 둘째, 지금 자신이 광대처럼 두 딸들에게 부양되고 있다는 사실을 자각하지 못한다는 점, 셋째, 그 자각이 없기 때문에 딸들의 궁정에서조차 왕처럼 행세하고 있다는 점.

정작 진짜 광대는 광대로서 자신의 역할과 처지를 인식하고 있다. 그것이 말버릇 나쁜 광대다. 왕은 자신이 광대와 똑같은 신분이면서도 그 진실을 모르고 있기 때문에 광대이긴 한데 풍자할 줄 모르는 광대, 즉 '유순한 광대'일 뿐이다.

'내가 누구인지
_____ 말해줄 사람은 누구인가'

리어는 좀처럼 아집에서 깨어나지 못한다. 아니, 깨어나려고 하지 않는다. 하지만 그를 흉볼 것도 없다. 사실 대부분 사람이 다 이렇지 않겠는가. 리어의 질긴 아집을 확인하는 이 순간, 나의 아집을 돌이켜보면 된다.

아집은 자아에 대한 집착이다. 아집이 강한 사람은 자아를 타자와 확실히 구별하고 자아 밖으로 나오려 하지 않는다. 그는 리얼한 실재의 세계로부터 점점 멀어질 뿐이다. 그러나 아집이 쌓아올린 가상 세계와 실재 세계 사이의 거리는 결국 자아의 밑바닥에 불안을 일으키고 고통을 불러온다.

자아에 집착하는 아집형 인간은 내면의 고통을 피할 길이 없다. 그래서 고통의 원인을 자기 외부에 투사하여 도처에 적을 만든다. 아집의 세계를 유지하는 데 많은 에너지를 쏟아야 하기 때문에, 내면의 고통을 바깥으로 돌리고자 적을 많이 만들고, 적을 자주 공격하는 것이다.

기독교의 "진리가 너희를 자유케 하리라"는 말은 아집으로부터 벗어난 자아만이 다른 사람의 말을 경청할 수 있다는 뜻이리라. 불교도 아집으로부터 벗어남을 해탈이라 하여 인간과 종교의 궁극적 목적으로 삼고 있다. 인간은 아집 때문에 탐욕·분노·어리석음 같은 고통에 묶이게 되므로 아집으로부터의 해방을 해탈, 곧 구원으로 보았다. 그런데 해탈은 외부에서 주어지는 것이 아니라 스스로 지혜의 바다를 노 저어 건너 도달해야 하는 목표다.

리어는 진실이 바로 눈앞에 있는데도 깨달음을 구하려 하지 않고 눈을 돌렸다. 오히려 자기 안에 있는 아집의 세계를 강화하는 데 더 많은 에너지를 쏟아부었다. 하기야 그는 한때 절대 권력자였다. 인생의 정점에 서 본 사람이었다. 한 조직이나 한 분야에서 큰 성취를 이루었다고 스스로 믿는 사람 중에서 자신이 살아온 방법, 자신이 믿어온 생각을 어느 한순간에 송두리째 부정할 수 있는 사람이 얼마나 되겠는가. 더구나 리어는 이미 고령의 팔십 노인이다.

리어는 딸들의 핍박으로 황야에서 풍찬노숙하는 신세가 되고나서야 결국 두 딸들로부터 버려진 자신의 처지를 깨닫게 된다. 그러나 그것조차 단번에 받아들이지 못한다. 그는 권력과 재산과 시종들을 소유하던 때, 딸들이 자신을 사랑하는 줄 알고 있었을 때와는 전혀 다른 자신을 발견하고, 처음으로 '내가 누구인지'를 묻는다.

> **리어** 여기 있는 사람들 가운데 나를 아는 자가 있느냐?
> 여기 있는 이 사람은 리어가 아니다.
> 리어가 이렇게 걷더냐? 이렇게 말을 하더냐?
> 리어의 눈이 어디 있느냐?
> 그의 생각이 둔해졌거나 판단력이 잠자고 있거나 둘 중의 하나다.
> 하아! 이게 생시인가? 그렇지 않다.
> 내가 누구인지 말해줄 사람이 있는가?
> **광대** 리어의 그림자지.
>
> (1막 4장)

리어는 진리를 움켜쥐어서 자유를 얻는 대신, 오히려 자기 자신을 부정함으로써 그 깨달음으로부터 도망치려 했다. 그러자 광대는 그것조차 용납하지 않는다. 리어는 "여기 있는 이 사람은 리어가 아니다"라고 자신을 부정한다. 과거 왕이었던 자신이 리어이고 지금의 자신은 리어가 아니라는 것이다. "내가 누구인지 말해줄 사람이 있는가?"라는 리어의 질문에 광대는 "리어의 그림자지"라고 대답한다. 아직도 아집의 그림자 세계를 만들어서 그 속에 살고 있는 리어를 날카롭게 직격한 것이다.

리어도 아니고, 다른 사람도 아닌 '리어의 그림자'는 대체 무엇인가. 현명했던 과거의 리어가 아닌 현재의 어리석은 리어, 현명함과 분별이 빠진 리어, 리어는 리어인데 왕이 아닌 리어, 그래서 광대는 현재의 리어를 '리어의 그림자'라고 부른 것이다.

아집이 만든 가상 세계에 머무르는 일에 익숙해진 사람이 현실의 실체와 마주서면 자아의 근저가 흔들리고 엄청난 고통이 찾아온다. 그 고통을 견디지 못하면 미쳐버리는 게 아닐까. 리어는 벼락, 섬뜩한 천둥, 포효하는 비바람의 신음소리가 들리는 광야에서 두 딸의 배신에 몸서리치며 절규한다.

> **리어** 바람아 불어라, 네 뺨이 터지도록! 세차게! 불어라!
> 너 폭풍우여, 쏟아져라.
> 물길을 내뿜어 첨탑을 물에 적시고,
> 탑 위의 바람개비를 물속에 잠기게 하라!
> 천둥의 뜻을 급히 전하는 유황의 불이여,

참나무를 쪼개는 벼락의 선구자인 번개여,

내 백발을 태워라! 너. 만물을 진동시키는 천둥이여,

이 세상 모든 둥근 배를 쳐서 납작하게 만들어라!

배은망덕한 인간을 태어나게 하는

모태를 깨뜨려버리고, 종자를 없애버려라.

(3막 2장)

그야말로 과격하다. 전 재산을 아낌없이 나누어주었던 두 딸이다. 동일한 대상에 대한 감정이 마치 손바닥 뒤집듯 완전히 바뀌었다. 이분법의 인간이다. 신뢰 아니면 불신, 칭송 아니면 저주다. 두 딸의 배반에 화가 치민 그는 인간을 태어나게 하는 모태, 즉 세상의 여자를 모두 없애버리라고 울부짖는다. 체념도, 반성도, 아니면 복수의 작전을 세우지도 못하고, 끓어오르는 분노를 오직 자신의 외부에 투사하면서 울부짖는 노인이여. 애처롭구나.

"너도 춥니,
나도 춥다"

그러나 이 직후, 리어의 내면에 작지만 중요한 변화가 일어난다. 여전히 두 딸을 증오하고, 배신을 용서할 수 없는 리어 왕이지만, 모든 것을 다 잃고 거센 바람과 추위에 떨면서 그는 비로소 다른 사람의 고통에 겨우 눈을 뜨게 된다.

> **리어** (광대에게) 이리와. 얘. 너도 춥니? 나도 춥다.
>
> (켄트에게) 여보게. 그 헛간은 어디 있나?
>
> 궁핍이란 이상한 힘이 있어 천한 것을 귀하게 여기게 하는구나.
>
> 자. 움막으로 가자.
>
> 불쌍한 광대야. 네 녀석이 불쌍하다는 생각이
>
> 아직은 좀 남아 있구나.

(3막 2장)

리어가 광대에게 한 "너도 춥니, 나도 춥다"라는 말, 그 다음에 나오는 "궁핍이란 이상한 힘이 있어 천한 것을 귀하게 여기게 하는구나"라는 말은 이게 정말 리어가 한 말인지 관객의 귀를 의심하게 만든다. 리어는 추위와 배고픔을 겪고 나서야 주위 사람의 고통에 공감하는 마음을 갖게 된 걸까.

비바람 몰아치는 폭풍의 들판에서 '피부까지 파고드는' 추위를 참으면서 리어는 같은 처지에 있는 광대의 고통을 불쌍히 여긴다. 이윽고 그는 자기연민을 넘어, 자신의 측근에 대한 공감을 넘어, 가난하고 헐벗은 사람들 모두에 대한 측은지심을 느끼는 단계에까지 이른다. 처음으로 모든 타인에 대한 공감과 삶을 되돌아보는 경지에 도달한 것이다.

다음은 리어가 황야의 움막에서 무릎 꿇고 기도하는 장면이다.

리어 이 몰인정한 폭풍우를 견디는 가엾고 헐벗은 사람들아,

어디에 있든 머리 하나 누일 곳 없이,

굶주린 허리를 졸라매고, 구멍이 숭숭 뚫린 누더기를 걸친 채

이 시간을 어떻게 견디려느냐?

나는 그동안 이런 일에 소홀했구나!

사치여, 치료를 받아라. 네 몸을 드러내고

가난한 자의 비통함을 깨달아보아라.

남는 것이 있거든 이들에게 떼어주어라.

하느님의 공평함을 보여줄 수 있도록.

(3막 4장)

리어는 가졌던 모든 것을 다 잃고 나서야 다른 사람들의 존재를 느끼고, 다른 사람의 고통에 공감할 수 있게 된다. 고통은 괴롭고 힘든 경험이지만, 어떤 의미에서는 축복일 수도 있다. 나치 치하를 산 많은 유태인들이 자신들을 박해하고 차별하는 자들의 비합리성과 폭력성에 노출되고 나서야 인간과 세상의 참 모습을 보게 되었다고 말한다. 그들은 자신과 똑같은 생김새를 하고, 똑같은 음식을 먹는 이웃들이 그토록 쉽게 거짓 선전에 넘어가고, 더 나아가 이웃을 죽이는 데 앞장서는 모습을 목도하면서 인간에 대한 인식의 지평을 크게 넓힌다. 박해는 인간을 나락으로 떨어뜨리는 고통을 주지만 인간 해방의 기쁨을 선물로 끼워준다. 그러나 타인에게 고통을 준 자는 영원히 그 기쁨을 알지 못하고 평생을 아집 속에 살다가 간다.

그러나 '철들자 이별'이라는 말처럼 세월은 리어를 기다려주지 않았다. 깨달음의 시간은 너무 늦게 찾아왔다. 『리어 왕』의 결말은 안 그래도 비극인 이 연극을 더 이상 갈 데 없는 무간지옥으로 몰고간다. 도대체 결말을 이렇게까지 할 필요가 있나 하고 눈살을 찌푸릴 정도의 무참함이다. 프랑스 왕비가 되어 아버지를 구하기 위해 돌아온 코딜리아는 전쟁에 패하고 잡혀서 목매달려 죽고, 이에 낙심한 리어도 세상을 뜬다. 악역들도 마찬가지. 고너릴은 에드먼드를 잃기 싫어서 동생 리건을 독살하고, 자기도 결국 스스로 목숨을 끊는다.

코딜리아가 다시 등장하기까지 부친에 대한 두 딸의 박해가 절정을 향해 달려가고 있었으므로, 연극 『리어 왕』은 사실상 코딜리아의 죽음이 아니더라도 비극으로서의 면모는 얼추 갖춘 셈이었다. 그러나 셰익스피어는 코딜리아까지 죽음으로 몰고감으로써 이 비극을 더 비장한 것으로 만들려고 결심한 듯하다. 죽은 코딜리아를 안고 울부짖는 리어 왕의 아래 대사는 연극사상 가장 비통한 절규이리라.

> **리어** 아, 불쌍한 내 광대를 목 졸라 죽이다니! 생명이 없어, 없어, 없어!
> 개도 말도 쥐도 살아있는데,
> 너는 어째서 입김조차 없느냐? 너 결코 돌아오지 못하리.
> 다시는, 다시는, 다시는, 다시는!
>
> (5막 3장)

그런데 이상하다. 죽은 사람은 코딜리아인데 리어는 왜 죽은 이를 광대라고 부르는가. 이에 대해 영문학자들 간에 여러 설이 있다. 셰익스피어가 급히 쓰느라 혼동했다는 설, 리어가 가장 사랑했던 두 사람을 동시에 가리켰다는 설, 3막 6장에서 "난 정오에 잠자러 갈 거야"라는 아리송한 말을 하고 갑자기 사라졌던 광대를 리어가 마지막 순간에 기억에서 부활시켰다는 설 등이다.

모두 일리 있는 이야기지만, 나는 '불쌍한 내 광대'가 틀림없이 코딜리아를 가리키는 말이라고 생각한다. 앞에서 나는 광대를 지칭하는 풀fool의 첫 번째 사전적 뜻이 바보fool라고 밝힌 바 있다. '딸의 진심을 몰라보고 쫓아내버린 무정한 아버지임에도 그 아버지를 구하겠다고 프랑스 왕비의 화려한 삶을 유보하고 달려와서 결국 죽임을 당한 이 바보!'라는 뜻이 아닐까. 만약 리어가 어릿광대라는 뜻으로 광대라는 단어를 썼다 해도 마찬가지다. 죽었으니까 '불쌍한' 것이고, 사랑하므로 '광대'다. 어쨌든 리어 왕은 자신의 임종에 코딜리아와 광대, 진심으로 사랑하는 두 사람을 다 불러모았다. 하나는 목숨이 없고, 하나는 이름이 없지만.

셰익스피어는 리어에게 왜 이리도 잔인했을까. 친딸들에게 처절한 배신을 당하게 하고, 여든 노인인 그를 폭풍우 속에 내동댕이치고 급기야 미치게 만든다. 자신이 가장 사랑하는 딸을 고집과 성급한 성질 때문에 쫓아내버린 뒤, 겨우 다시 만나서 용서를 빌고 세상이 다할 때까지 오손도손 함께 살아보려는데, 그 자식을 목매달려 죽게 만들었다. 더구나 딸의 시체를 보는 참척慘慽의 고통까지 당하게 만들었다. 차라리 리어를 일찍 죽이는 게 훨씬 고통이 덜했을 것이다.

셰익스피어가 리어에게 얼마나 잔혹한지를 보여주는 장치가 바로 딸의 시체를 보게 만든 이 마지막 장면이라고 생각한다. 좀 갑작스럽지만, 여기서 에드거와 에드먼드의 아버지 글로스터 백작을 떠올려보자. 글로스터 백작은 리건의 남편 콘월에 의해 산 채로 두 눈이 뽑혔다. 셰익스피어가 연극 중반에 이 끔찍한 장면을 넣은 이유는 무엇일까. 글로스터가 두 눈을 뜨고도 진실을 올바로 보지 못했음을 의미하는 것이리라. 글로스터는 에드먼드가 조작한 편지에 속아 큰아들을 죽이려 하고, 거지 톰으로 변장해서 자기 앞에 나타난 그 아들을 알아보지 못했다. 그렇다면 멀쩡히 두 눈을 뜨고도 진실을 알아보지 못한 건 리어도 마찬가지 아닌가.

셰익스피어는 왜 글로스터와 똑같은 잘못을 저지른 리어의 눈은 마지막 죽는 순간까지 보존했을까. 사실은 이것이 셰익스피어가 리어에게 준 가장 큰 형벌이었다. 셰익스피어는 리어에게 가장 사랑하는 딸, 아버지로서 미안한 마음이 사무치는 그 딸 코딜리아의 죽음을 자신의 두 눈으로 확인해야 하는 운명을 준 것이었다. 눈뜨고 진실을 보지 못한 죄, 이토록 크고 깊다니!

해가 자기 중심으로 뜨고 진다고 생각한 독불장군 리어의 비극은 후계 구도를 그려야 할 경영자나 은퇴를 앞둔 정치인들뿐 아니라 세상의 모든 나이 든 이들, 그리고 단 한 사람의 예외도 없이 나이 들어갈 우리 모든 인간들의 거울이다.

어쩌면 우리 모두가 리어 왕이다. 그래도 리어는 "내가 누구인지 말해줄 사람이 있는가?"라고 스스로에게 묻는 경지에까지는 다다랐다.

그러나 나를 포함한 많은 사람들은 리어보다도 더한 아집에 사로잡혀서 오직 본 것만 알고, 내가 아는 것만 믿고, 믿는 것만 행하면서 세월을 보내고 있는 건 아닌지.

사람은 누구나 시간의 덫에 빠지기 쉽다. 자기가 살아온 시간 속에서 스스로 겪은 경험의 틀 속에서만 생각하고 판단하는 버릇이 있기 때문이다. 얼마 전 어느 대기업 회장님이 대학교를 인수해서 단과대학과 학과 통·폐합 등 학교 개혁을 추진한 적이 있다. 그 과정에서 개혁안은 학내외의 큰 반발에 부딪쳤고, 그 일과 관계된 많은 사람들이 상처받고, 조직 내부의 잡음도 적지 않게 일어났다. 그렇게 무리수를 두면서까지 그분이 강행했던 최종 통폐합안의 결과를 보고 나는 입이 다물어지지 않을 정도로 놀랐다. 완성된 최종 편제가 1960년대 그 회장 본인이 다녔던 학교의 편제와 거의 유사했던 것이다.

또 사람들은 공간의 덫에 걸리기도 한다. 자기가 살아오고 살고 있는 곳, 자기 업계와 직업 등 주위의 환경에 익숙해지면서 그 공간에서 느낀 것, 그 공간에서 통용되는 것을 세상의 기준이라고 착각하곤 하는 것이다.

최근 나는 어느 대구 출신 선배 교수의 어머니에 관한 일화를 들었다. 연세 드신 어르신들의 전통에 대한 애착을 유머러스하게 표현한 대화였지만 우리에게 시사해주는 바가 커서 소개하고자 한다. 그 어머니는 아들인 그 교수가 대학에 입학했을 때 평생 처음으로 서울에 올라왔다고 한다. 아들의 입학식을 마친 뒤 점심을 먹기 위해 가족 모두 당시 명동에 있던 한일관에 가서 갈비탕을 시켰는데 나온 음식을 보자마자 하신 말씀. "아이고. 참 얄궂다. 서울 사람들은 이런 멀건 고깃국 먹고 사나? 이런 걸 어떻게 묵고 사노? 왜 국에 양념을 안 하노?" 하시며 얼굴을 찌푸리시더니 숟가락을 내려놓았다는 것이다.

대구 사람들에게 소고기국은 시뻘건 육계장국, 즉 대구탕반이다. 물론 그 음식도 얼큰하고 맛있다. 그러나 소고기국을 뻘겋게 해서 먹는 것은 대구와 경상도 일부지역의 식습관이다. 고장마다 음식의 개성이나 먹는 사람들의 취향이 다른 것이지, 꼭 맑은 국물로 해야 한다거나 빨간 국물로 해야만 한다는 법칙은 어디에도 없다. 우리가 자신이 몸담고 있던 공간과 다른 것을 받아들이지 않고, 그것을 '얄궂은 것' '이상한 것' '좋지 않은 것'으로 배척하고 거부하는 마음이 생기는 이유는 '공간의 덫'에 걸렸기 때문이 아닐까.

자신의 경험해온 시간과 자기가 몸담아온 공간의 잣대로 바깥세상을 재단하는 마음이 고착된 상태, 그것이 바로 아집이다. 예를 들어 한국 음식이 세상에서 가장 맛있다고 생각하는 건 자유지만, 그것이 객관적인 진리는 아니다. 모두에게 다 맛있는 음식이란 존재하지 않는다.

한국사람 중에도 통영 사람은 통영 음식이 가장 맛있다고 하고, 전주 사람은 전주 음식이 제일 맛있다고 한다. 일본에서 태어나 자란 사람은 일본 음식이 가장 익숙하고, 중국에서 나고 자란 사람은 중화요리가 가장 편하다. 그건 어릴 때부터 그 고장에 살고 그 고장의 음식에 길들여졌기 때문에 당연한 일이다. 그러나 그 익숙함 때문에 새로운 것, 다른 것, 바깥 것, 낯선 것을 몰아내서는 안 된다. 새롭고 낯선 것을 '얄궂다'고 배척하기보다는 '새로우니까' '다르니까' 하고 오히려 익숙한 것보다 더 넉넉하게 받아들이려는 자세, 이것이야말로 열린 자아, 나아가 열린사회를 만드는 동력이 될 것이다.

한 살 한 살 나이를 먹어갈수록 우리는 더욱더 수비벽을 높이 친다. 자기를 바꾸려 하지 않고, 지키려고만 하기 쉽다. 그렇기 때문에 나이를 먹을수록 오히려 자기가 알고 있고, 믿고 있는 것을 되돌아보고, 의문을 품는 연습을 해야 한다.

그러나 그것은 매우 어려운 일이다. "내가 누구인지 말해줄 사람이 있는가?" 리어가 두 딸에게 밀려나서 광야에 던져지고 나서야 비로소 자신이 누구인지 스스로에게 질문하는 기회를 얻었듯이, 대개의 인간은 한계에 놓여야만 비로소 지금까지의 자기 자신과 정면으로 맞닥뜨리게 된다. 부모를 잃고 나서야 부모의 은혜를 알게 되고, 사랑하는 이를 잃고 나서야 그 소중함이 뼈에 사무치듯이.

사람의 인생은 단 한 번뿐이다. 우리는 연습 없이 태어나서, 실습 없이 인생을 살아야 한다. 그러므로 삶은 누구에게나 낯설고 고통스럽다. 그러나 그 고통으로부터 숨기 위해서 자아의 둘레에 벽을 쌓아 올리려고 해서는 안 된다. 딱 한 번뿐인 이 소중한 삶을 후회 없이 살기 위해서 우리가 가장 먼저, 가장 자주 해야 할 연습은 내가 누구인지 스스로 물어보는 일, 내가 믿고 있는 것이 정말 진리인지 끊임없이 질문하는 일, 다른 사람의 생각에 귀기울이는 일일 것이다. 그런 의미에서 리어 왕은 우리의 타자이자 우리 인생의 반면교사다.

신념의 인간인가,
소통장애자인가

코딜리아는 왜
_____ 그런 식으로 대답했을까

그런데 코딜리아는 왜 그렇게 맥 빠지는 대답을 했을까. 사실상 정답
이 이미 정해져 있었는데도 말이다. 아버지 리어는 가장 사랑하는 딸
코딜리아에게 가장 좋은 땅을 주려고 미리 준비하고 있었다는 건 앞
에서 이미 밝힌 바 있다. 그런데 왜 그녀는 아버지를 매우 사랑했는데
도 그런 고집을 부렸을까. 가장 예뻐하는 딸 코딜리아의 보살핌을 받
으면서 여생을 보내는 것이 아버지 리어 왕의 꿈이었는데도.

  팔순이 넘은 리어 왕의 사랑 표현방식은 권력과 땅을 나누어주는 것이다. 딸들에게 자신을 얼마만큼 사랑하는지 말해보라는 이벤트는 그냥 형식에 불과하다. 상대는 아버지고 왕이다. 어느 누가 은퇴를 앞두고 자신의 존재를 과시하고 싶어 하는 늙은 부왕의 앞에서 조금밖에 사랑하지 않는다고 말할 수 있겠는가.

언니들은 출제자의 의도에 충실한 대답을 내서 정해진 상을 받기로 했다. 그런데 가장 아꼈던 막내딸은 영지를 나눠줄 테니 애정을 표현해보라는 부왕의 제안을 거부한다. '당신의 이 질문은 틀렸고, 나는 당신의 각본을 따를 수 없다'는 의지가 마치 철벽같다. 아버지의 장단에 맞춰 춤을 출 수가 없다고 선언한 것이다.

이 딸, 평소에는 아부하지 않고, 아닌 건 아니라고 말하는 이런 강직한 성격 때문에 아버지에게 더 사랑받았을지도 모른다. 그러나 이번에는 다르다. 정권을 이양하는 지엄한 자리고, 언니들과 형부들, 왕인 아버지의 중신들과 프랑스 왕을 비롯한 예비 사위들도 함께한 공식적인 자리다. 더구나 독불장군 아버지는 딸들의 효성을 천하에 자랑하고 싶다.

기가 세고, 변덕쟁이에다, 화 잘 내는 아버지 리어다. 만약 아버지가 의도한 답을 제시하지 않는다면 향후 상황이 어떻게 전개될 것인지 처음부터 알고 있었으면서도 그런 대답을 한 것이라면 코딜리아도 참 나쁜 딸이다. 어리석고 성질 급한 아버지에게 '당신도 한번 당해봐'라고 말하고 싶었던 걸까. 마치 악역은 두 언니에게 밀어버리고 아버지가 궁지에 몰렸을 때 바람처럼 나타나 멋지게 구원의 손길을 뻗는 영웅적인 딸의 모습을 연출하려고 한 것은 아닌지 의심이 갈 정도로 그녀는 딱딱하고 차갑다.

　동네 공원에 손주들을 데리고 간 노인들이 "할아버지, 사랑해요"라는 말을 손주들에게 듣고 나면, 웃으면서 주위 노인들을 둘러보고는 "요 녀석 보게. 할아버지한테 용돈 받으려고 그러지? 껄껄껄" 하듯이, 리어 왕도 주위의 중신(그들 또한 할아버지들이며 사실상 리어의 친구들이다)들에게 자랑하고 싶었던 거였을 수도 있다. 정답 있는 질문에 대한 대답처럼 쉬운 것이 있는가.

　그러나 우등생 코딜리아는 이 질문 자체에 모순을 느꼈다. 사실 리어 왕의 물음에는 많은 문제점이 있다. 첫째, 사랑의 크기를 말로 표현할 수 있다는 생각의 문제점, 둘째, 나라를 사랑의 크기에 비례하여 나눠주겠다는 발상의 문제점, 셋째, 출제자의 의도와는 다르게 답안의 변별력이 크게 떨어진다는 방법상의 문제점이다. 리어의 출제 의도는 딸들이 자신에게 품은 사랑의 크기를 알고자 하는 것인데, 실제적으로 이 질문은 사랑의 크기를 측정하고자 하는 질문이 아니라 사랑에 관한 수사학의 문제다. 많이 사랑하는 응답자가 이기는 게 아니라, 말 잘하고 과장 잘하는 사람이 이기는 게임이다.

　진지한 코딜리아는 이 쉬운 퀴즈 문제에 대한 더 쉬운 정답을 말하지 않았다. 그녀는 이 부조리한 장난에 말려들기를 거부했다. 아버지가 낸 황당한 질문의 문제점을 일찍이 간파했기 때문이다. 코딜리아는 아버지의 어리석음과 '아버지만을 사랑한다'면서도 실제로는 잿밥에만 관심 있는 언니들의 탐욕을 알고 있다.

　한 장면을 보자. 큰딸 고너릴이 화려한 수사로 아버지에 대한 사랑을 표현해서 비옥한 땅을 막 물려받은 참이다. 이제 둘째 딸 리건도 미사여구를 동원해서 아버지에 대한 자신의 사랑을 표현하는 중이다. 이때 코딜리아는 마음속으로 외친다.

> **코딜리아** (방백) 가엾은 코딜리아!
> 하지만 그렇지 않아.
> 내 효성은 정말이지 입으로 말할 수 있는 것보다
> 훨씬 더 크니까.
>
> (1막 1장)

코딜리아가 스스로를 가엾다고 느끼는 건 이미 정답을, 그것도 잘 못된 정답을 알려주고 시작된 이 부조리한 퀴즈 프로그램의 대본을 거부하겠다는 결심을 굳혔기 때문이다.

이제 코딜리아의 차례가 돌아왔다.

> **리어**　　 언니들 것보다 더 비옥한 삼분의 일을 위해 네가 할 수 있는 말을 말하라.
> **코딜리아** 없습니다, 전하.
> **리어**　　 없습니다?
> **코딜리아** 없습니다.
> **리어**　　 없음은 없음만 낳아. 다시 말해봐.
> **코딜리아** 소녀 비록 불운하나 제 마음을 입에 담진 못하겠습니다.

전 진하를 도리에 따라서 사랑하고 있을 뿐, 더도 덜도 아닙니다.

(1막 1장)

코딜리아는 세 번째 딸, 따라서 리어의 질문에 대한 대답도 세 번째로 하게 된다. 앞의 두 딸이 무슨 미사여구로 어떤 멋진 대답을 하든지 가장 좋은 땅, 가장 많은 재산은 그녀에게 가게 되어 있다. 현명한 코딜리아가 정말로 그걸 몰랐을까. 사랑은 말로 표현할 수가 없다는 게 그녀의 신념이라면 "말로 표현할 수 없을 만큼의 크기"라고 말하면 될 일을 코딜리아는 마치 사춘기 소녀의 반항처럼 튕겨버렸다. "없어요nothing"라는 단 한마디로.

이건 사춘기 중학생 딸이 반항할 때 쓰는 말투다. 신념도 좋고 다좋지만 모범생 코딜리아가 간과한 점이 있다. 이 질문이 이루어진 장소와 시간이다. 이 질문은 부왕이 권력을 이양하는 아주 특별한 순간이자 장소에서 이루어졌다. 이 절체절명의 순간에 코딜리아는 아버지가 만든 극본의 줄거리를 알면서도 아버지가 정한 게임의 규칙을 거부한 것이다.

비극의 시작은 사랑의 '없음'이 아니라
_____ 소통의 '없음'이다

코딜리아가 "없습니다"라고 말했을 때, 리어와 코딜리아 사이에 '없음nothing'이라는 이름의 섬이 생겼다. 둘 사이에 생긴 섬은 누구도 건너갈 수 없는 불통의 섬이다. 코딜리아의 섬은 말과 마음이 따로 놀 수 있는 섬이다. 그러나 리어의 섬은 마음과 말이 구분되지 않는 곳이다. 코딜리아의 대답이 끝난 후 리어의 섬에 풍랑이 일기 시작했다. 리어의 섬에 다다른 코딜리아의 목소리는 마치 이렇게 들렸다. '저는 아버지를 사랑하지 않아요.' 리어는 귀를 의심하고 다시 기회를 준다.

리어   네 행운에 금이 갈 수도 있으니 다시 한 번 말해보라.

코딜리아 아버님은 저를 낳으시고 기르시고 사랑해주셨기에

　　　　저는 그에 합당한 자식으로서의 의무로

　　　　아버님께 복종하고 아버님을 사랑하며

　　　　아버님을 가장 존경하렵니다.

　　　　언니들이 정말 아버님만 그토록 사랑한다면,

　　　　어째서 남편을 얻었단 말입니까? 저도 만약 결혼을 한다면,

　　　　아마도 제 결혼서약을 받아들일 배우자께서 제 사랑과

　　　　관심과 의무의 절반은 빼앗아갈 것입니다.

　　　　제가 언니들처럼 아버님만 사랑한다면

　　　　결혼 따위를 왜 하겠습니까.

리어   네 멋대로 해라. 네 진정을 지참금으로 삼아라. 태양의 거룩한

　　　　광채에 맹세하여, 어둠의 여신 헤카트와 밤의 신비에 맹세하

　　　　여, 우리에게 생명을 주고 박탈하는 천체의 모든 작용에 맹세

　　　　하여, 나는 아버지로서의 관심과 혈연관계를 부인할 뿐만 아

니라 앞으로 영원히 너를 생판 타인으로 취급하겠다.

(1막 1장)

그녀는 언니들의 모습을 보면서 오히려 그 규칙을 따르기 싫어졌을 지도 모른다. 아니라면, 지금까지 아버지의 사랑을 독차지해왔기 때 문에 자신만만했던 것인가. 언니들은 온갖 화려한 수사를 동원해서 아버지에 대한 사랑을 표현해야 하는 상황이지만, 자신은 그러지 않 아도 된다고, 아버지가 이 정도 칭얼거림은 받아줄 거라고 내심 자신 감을 가졌을지도 모른다.

그러나 "자식으로서의 의무로 사랑합니다"라는 이 차갑고 삭막한 대답은 코딜리아의 바람과 아버지의 소망 둘 다를 원래 있었던 곳의 반대방향으로 끌고 가버렸다.

코딜리아와 아버지와의 관계가 굳건할 때, 그리고 아버지 리어가 젊고 정신상태가 정상이었을 때는 막내딸 코딜리아가 저렇게 까칠하 게 말해도 '저 녀석 저렇게 말해도 그 마음을 내가 알지.'라는 믿음이 있었을 것이다. 그런데 문제는 아버지가 노쇠했다는 데 있다. 늙어서 몸과 마음이 약해진 사람은 자신의 위치를 끊임없이 확인하려는 욕 구에 사로잡힌다. 자기가 지금 서 있는 곳이 제대로 정상이라고, 지금 자기가 하는 일이 잘하고 있는 일이라고 확인받고 싶어 하는 법이다.

리어는 왕이다. 왕에게는 말이 곧 진실이다. 왕은 아랫사람의 마 음을 살피지 않는다. 마음을 살피는 삶은 신하나 백성의 것, 왕의 삶은 말의 삶이다. 왕이 말하라고 할 때 누가 말하지 않겠는가? 왕은 오직 물을 뿐이다. 물어서 그 말로써 판단한다. 왕의 세상에 마음이란 없다. 말이 곧 마음이다. 왕이 묻는 말에 어떻게 대답하느냐에 따라 삶과 죽음이 바뀔 수도 있다. 만약 싸움에서 사로잡힌 적의 장수라도 "너는 이제 나에게 충성할 것인가?"라고 묻는 말에 "예"라고 대답한다면 칼날이 그의 목을 비껴갈 수 있지만, 할 말이 없다고 말한다면 그것은 바로 그의 유언이 될 수 있다.

그렇다. 누군가 리어 왕에게 "없다"고 말하는 자가 있다면 그것은 없는 것 이외의 아무것도 아니다. 왕이 무엇 때문에 '없음'의 풀숲을 헤집어서 '있음'의 불씨를 찾으려 하겠는가. 리어는 말의 그늘에서 진실의 빛을 찾아내는 연습을 한 적이 없는 사람이다. 그러나 코딜리아는 진실과 말은 다르다고 생각하는 사람이다. 두 사람 사이의 말을 둘러싼 이런 간극이야말로 비극을 타오르게 하는 불씨가 된다.

리어　　어린 놈이라 그리도 박정하니?
코딜리아 어리니까, 전하, 진실을 말하는 것이옵니다.

(1막 1장)

이것이 1막 1장에서 코딜리아가 한 마지막 대사다. 나는 어려서 진실한데, 아버지 당신은 늙어서 진실을 보지 못한다는 말이다. 진노한 리어 왕이 한 푼의 재산도 주지 말고 추방하라는 명령을 내린다. 켄트가 목숨을 걸고 비호하지만, 코딜리아의 대사는 이후 퇴장할 때까지 단 한 마디도 없다. 변명도, 탄식도, 눈물도 없다.

『리어 왕』의 모든 비극은 이 두 사람의 사랑과 진실에 관한 커뮤니케이션 차이에서 시작된다. 코딜리아에 대한 사랑을 다시 한 번 확인하고, 또 많은 사람 앞에서 과시하려고 했던 리어 왕의 꿈은 자신을 똑같이 닮은 고집쟁이 셋째 딸에 의해 무참하게 깨진다. 말이 곧 진실이라고 여기는 리어는 불같이 진노하고, 사랑에 관한 진실은 따로 있되 말로는 표현할 수 없다고 생각한 코딜리아는 추방된다. 이 비극의 단초는 사랑의 '없음'이 아니라 커뮤니케이션(소통)의 '없음'이다.

조화와 공감의
_____ 커뮤니케이션이란

가장 좋은 커뮤니케이션이란 진실을 말하는 것인 줄로 알기 쉽다. 그러나 그렇지 않다. 커뮤니케이션에는 설득이라는 측면도 있고 조화라는 측면도 있다. 상대방과의 조화, 조직의 조화가 커뮤니케이션의 목적일 수도 있다.

조화의 커뮤니케이션은 상대의 생각과 마음을 살펴서 그것과 자기 생각의 균형을 맞추는 방법이다. 소통의 목표는 진실에 도달하는 것이 아니라 사회적 조화다. 리어 왕이 원했던 것이 그것이었다. 왜냐하면 리어 왕의 경우 평생 그런 소통방식을 지니고 살아도 아무런 문제가 안 됐으니까. 절대 권력을 가진 왕이었기 때문에 자기 패를 다 드러내도 문제가 없었고, 다른 사람이 그것에 맞춰주면 만사형통이었을 것이다.

그런데 코딜리아는 이런 방식의 커뮤니케이션을 할 줄 모르는 사람이었다. 코딜리아형 인간은 사람과 사람의 대화 목적이 진실(팩트)에 도달하는 것인 줄 알고 있는 사람이다. 어떤 질문이든 정답을 말해야 하는 줄 믿고 있는 '족집게 과외형' 우등생의 냄새가 난다. 주변을 살펴보면 이런 사람들이 의외로 많다. 아는 것은 많지만 상대방과의 조화로운 소통이 대화의 핵심임을 모르는 우등생형 소통장애자들.

나 역시도 리어 왕처럼 아버지다. 아버지의 입장에서 코딜리아에 대한 나의 정의는 이러하다. '자기를 가장 사랑하는 늙은 아버지가 자기를 얼마만큼 사랑하느냐고 물어보는데도 그 아버지가 듣고 싶은 대답을 안 해주는 딸.' 물론 코딜리아가 아버지를 무척 사랑하는 효심 지극한 딸이란 사실은 인정한다. 이 사실은 코딜리아 자신의 입으로도 한 말이지만, 충신 켄트도, 광대도 인정하는 바다. 그럼에도 도저히 자기 입으로는 그런 얘기를 못 하겠다고 버티는 딸이다.

아버지에게 쫓겨나더라도 굽힐 수 없는 코딜리아의 신념은 무엇일까. '사랑은 말로 표현할 수 없다'는 거다. 늙은 아버지에 대한 배려보다 자기 신념이 더 우선인 아이다. 그는 자신의 신념이 아버지, 집안, 나라에 비극을 가지고 올 것이라는 것을 직감하면서도 현실적인 선택보다 자신의 신념을 더 우선시한다. 이 태도는 자식으로서도 문제가 있지만, 나라를 물려받아 이끌어가야 할 정치가로서도 자격이 미흡하다고밖에 말할 수 없다.

코딜리아는 누구보다 아버지를 사랑했고, 진실한 사랑은 말로 표현할 수 있는 성질의 것이 아니라는 것을 알 만큼 지성을 갖춘 사람이다. 더구나 자신의 신념을 지키기 위해서는 결코 적지 않은 물질적 손해도 감수할 수 있는 인간이다. 그런데 늙은 아버지의 마음을 배려하는 공감의 연습은 전혀 안 되어 있는 딸이다. 그녀는 정답이 아니라 진심을 말하기 위해 고민했다고 항변할지도 모른다. 그러나 그녀는 지식과 지혜를 구별하는 법을 알지 못했다. 공부는 잘할지 몰라도 지혜는 없는 똑똑한 바보! 나는 그녀에게 말해주고 싶다. 코딜리아야, 아버지가 낸 그 문제는 출제자의 마음을 헤아리는 문제지 대답하는 사람의 진심을 묻는 문제가 아니란다, 라고 말이다.

상대방의 진심을
＿＿＿＿ 듣는 법

코딜리아가 대답하는 것을 보고 또 하나 느낀 점. 리어가 가장 사랑하는, 켄트나 광대도 다 인정하는 '좋은 아이' 코딜리아가 결정적인 순간에 그런 어처구니없는 방식으로 소통하는 것을 보고, 부모와 자녀 사이에 존재하는 소통의 어려움에 대해 다시 한 번 생각하게 되었다. 많은 부모들이 자식의 진정한 성장을 바란다고 말한다. 그러나 본심도 그럴까. 부모 뜻에 맞춰주는 아이로 자라기를 기대하는 것은 아닌가 하고 두려워진다. 영리한 아이일수록 부모의 기대에 부응하는 역할을 쉽게 잘 연기할 수 있다. 그리고 부모는 아이의 이런 역할 연기에 쉽게 속는다. 아이가 부모가 바라는 대답, 부모가 바라는 모습을 하고 있기에 의심하지 않는다.[12]

가정에서 아이가 진정한 자기 이야기를 할 수 있는 분위기를 만들지 않으면 아이는 부모가 바라는 모습의 가면을 쓴다. 아이는 부모를 기쁘게 해주려면 어떻게 해야 하는지 끊임없이 모색한다. 학교에서도 마찬가지다. 아이가 선생님이 원하는 모습을 연기하는 건 굉장히 쉬운 일이다. 학교에서는 모범생인 척, 공부만 열심히 하는 척 연기하고 선생님의 눈길이 미치지 않는 곳에서는 전혀 다른 표정을 짓는 아이들도 얼마든지 있다.

이런 아이일수록 코딜리아처럼 갑자기 돌변하는 법. 아이의 다른 모습이 갑자기 드러나면 부모는 놀라서 당황하거나 심하면 몸져눕지만, 아이는 이미 부모의 손길이 미치지 못하는 곳까지 저만치 가 있다. 그러니 부모들은 '아빠 사랑해. 엄마 사랑해.' 하며 해맑은 미소와 두 팔로 하트 모양을 그리는 아이들을 액면 그대로 믿고 안심하면 안 된다. 그렇게 하고선 돌아서서 확 바뀌는 아이의 얼굴 표정을 보았는가. 부모가 없는 곳에서 말하는 아이의 음성을 들어보았나.

많은 아이들이, 더구나 표면적으로 모범생일수록 부모가 승인한 언어로 말한다. 어쩌면 가끔 반항하거나 부모가 원하는 대답과 다른 대답을 하는 아이가 무조건 복종하는 아이보다 나을지도 모른다. 만약 아이가 반항하는 일이 생긴다면 그 시간을 아이가 어떤 생각을 하고 있는지, 무엇을 고민하고 있는지 확인하면서 아이와 진심을 공유하는 기회로 삼으면 어떨까. 당장은 부모 기대와 다른 말을 하는 이 아이가 고민거리처럼 생각될지도 모른다. 그러나 부모 기대에 맞춰주느라 자신의 마음을 감추고 '엄친아, 엄친딸'의 역할 연기를 충실히 하던 아이가 결정적인 순간에 한꺼번에 마음을 터뜨리고 나면 훨씬 더 수습하기 힘든 경우를 종종 본다.

연인 관계도 마찬가지다. 자기에게 맞춘, 자기가 정해준 연인의 모습만을 보고 안심하고 있었는데 갑자기 상대방이 말한다. "나, 좋아하는 사람이 생겼어." 놀라고 황당하여 "너 나만 사랑한다고 그랬잖아?"라고 울면서 항의해봤자 소용없다. "너 나 얼마만큼 사랑해?"는 물음에 상대방이 "하늘만큼 땅만큼 사랑해"라고 말한다고 해서 안심하면 안 된다. 그녀(그)는 당신이 원하는 대답을 연기해줬을 뿐인지도 모른다.

그러므로 다소 불편하더라도 상대방의 진심을 듣는 법을 배워야 한다. 부모나 선생으로서 지나친 기대를 표현한다든지, 자신의 마음에 드는 역할만 제시한다면, 자식이나 제자가 겉으로만 복종하도록 부추기는 결과를 가져올지도 모른다. 연인이나 부부간에도 상대방이 진정 원하는 것을 물어보지 않고, 상대방의 본모습을 알고 사랑하는 노력을 하지 않은 채, 내가 기대하는 모습이나 듣고 싶은 말만을 강요하는 것은 아닐까. 사랑하면 사랑할수록, 친하면 친할수록 이 점을 살펴야 한다. 사랑하는 이에게 진정 내가 원하는 것은 무엇인가. 당장 내 마음에 드는 대답인가, 아니면 그의 진심인가. 나는 정말 이 아이, 이 사람의 있는 그대로를 사랑하는가. 리어 왕과 코딜리아의 대화를 보고 그런 질문들을 스스로에게 해보게 된다.

운명에 반항하는
애정결핍자

태생의 굴레에
_____ 정면으로 맞서다

『리어 왕』은 '리어 집안'과 '글로스터 집안'의 두 가지 스토리가 교차
하는 연극이다. 그런데 두 이야기가 모두 비극적으로 전개되는 이유
는 부모 자식 간의 사랑과 배신 때문이다.

　　에드먼드는 글로스터 백작의 적자 에드거와 대립되는 인물이다. 이
청년은 글로스터 집안 이야기에서 악인 역할을 맡고 있다. 그는 서자
이기 때문에 가문의 영지를 이어받지 못하는 자신의 처지에 분개하
고, 적자인 에드거가 아버지를 해치려 한다는 모함을 해서 부자 사이

를 갈라놓는다. 심지어 곤경에 처한 리어 왕을 구출하려는 아버지 글로스터 백작의 계획을 밀고해서 아버지의 두 눈을 잃게 만든다. 또 자신의 이득을 위해 리어 왕의 두 딸 고너릴과 리건을 모두 유혹하고 이 둘 사이를 이간질하여 모두를 파멸의 길로 이끄는 역할을 한다.

에드먼드는 『리어 왕』에 등장하는 인물 중에서 가장 행동파이고, 매우 정열적이며 게다가 똑똑하다. 말 그대로 생기가 넘치는 인물이다. 그런데 이런 남자가 잘생기고 매력적이기까지 하다니! 오늘날 같으면 TV스타나 인기 정치인, 또는 광고회사나 마케팅 회사의 CEO가 되었을지도 모를 인물이다. 워낙 상황을 장악하는 능력이 뛰어나고, 임기응변도 능하다. 그런데 이 청년이 서 있는 무대는 중세 유럽의 브리튼, 출생에 의한 정체성이 '사유하는 자아'를 부정하던 시대다. 서출이라는 신분은 그에게는 평생 빠져나올 수 없는 굴레다.

에드먼드는 글로스터 백작이 가정 밖에서 만든 자식, 즉 서자였고, 글로스터는 그것을 숨기지 않는다. 아래 대사는 극의 초반에 글로스터 백작이 켄트 백작과 나누는 대화다. 글로스터는 아들 에드먼드가 듣는 자리에서 같은 귀족이자 중신인 켄트에게 에드먼드에 대해 아주 질 떨어지는 농담을 한다.

켄트   저 사람은 백작님의 아드님 아닙니까?

글로스터   재 양육비는 내가 부담했지요. 한데 놈을 인정할 때마다 얼굴을 붉히다 보니 난 이제 철면피가 다 되었습니다그려.

켄트   무슨 말씀이신지?

글로스터 걔 어미와 정을 통했단 말씀이지요. 그래서 여자는 배가 불렀고, 글쎄 침대 속에서 남편을 맞이하기도 전에 요람 속에 아들 하나를 갖게 되었지 뭡니까. 이제 뭐가 잘못되었는지 눈치를 채셨소?

켄트 그런 잘못이 없었기를 바라진 않겠습니다. 저렇게 멋진 결실을 보았으니.

글로스터 하나 내겐 합법적이고 쟤보다 한두 살 많은

아들이, 그렇다고 걔를 더 예뻐하진 않지만,

하나 더 있답니다. 저 녀석은 부르기도 전에 좀 건방지게

이 세상에 나오긴 했지만 그 어미가 고왔고, 또

이 녀석을 만들 때 재미도 많이 보았으니 저 잡놈을

인정해야겠지요. 에드먼드, 고결하신 이 어른을 아느냐?

(1막 1장)

이런! 이건 아버지가 아들을 앞에 두고 할 말이 아니다. 그것도 글로스터 백작쯤 되는 귀족이자 충신이며 인격자가 1막 1장에서 갑자기 내뱉을 말은 더더욱 아니다. 더구나 이 대사가 나간 이후에 글로스터 백작이 하는 그 어떤 언행과도 전혀 어울리지 않는다.

정통적인 연극학의 관점에서 보면 1막은 주요 등장인물들의 성격을 관객들에게 피로披露하는 장이다. 즉 인물 프레젠테이션의 장이다. 이 대사만 보면 셰익스피어는 마치 글로스터 백작을 바람둥이나 잡놈으로 묘사하려는 듯 보인다.

그러나 글로스터는 그런 인물이 아니다. 에드먼드에게 속아서 착한 아들 에드거를 이내 내치는 성질 급한 영감이긴 하지만, 한 나라의 중신에까지 올라간 원로 정치인이고 충성심과 의리가 있는 강직한 인물이다. 그런데 왜 여기서 이런 가벼운 말을 하는 걸까.

이 장면에 대해서는 러시아의 문호 톨스토이도 경악해서 날 서게 비판한 바 있다. 톨스토이는 〈셰익스피어론과 연극론〉[13]이라는 글에서 이 대사의 문제점을 낱낱이 지적하고 있다. 글로스터는 리어 왕에 버금가는 비중을 가진, 또 다른 비극의 주인공이며, 권력의 향배에 영합하지 않고 주군에 대한 충성심을 지켜나가는 고매한 인격자다. 그런 글로스터 백작이 자신의 사생활 문제를 또 한 사람의 충신이자 귀족인 켄트 앞에서 지껄인다는 건 어이없는 일이라는 것이다. 더구나 연극에서 인물 소개 기능을 하는 제1막의 도입부에서 이토록 저급한 말들이 오고간다는 것 자체가 어불성설일뿐더러 대중의 저속한 취향에 영합한 것이라고 톨스토이는 호되게 비판한다.

톨스토이는 원래 셰익스피어 작품에 대해 비판적이다. 특히 극의 전반에 인물의 성격을 묘사하는 데 있어 중요한 수단이 되는 '언어'가 결여되어 있다는 점을 지적했다. 즉 한 사람 한 사람의 인물이 자신의 성격에 적합한 말을 하지 않는다는 것. 앞에서 인용한 〈셰익스피어론과 연극론〉에서 그는 다음과 같이 말했다.

"셰익스피어의 인물들은 모두 자신의 언어가 아닌, 언제나 비슷한 셰익스피어 특유의 허장성세 가득한 부자연스런 언어로 말한다. 그것은 어떤 누구도, 어떤 곳에서도, 어떤 살아있는 인간도 말하지 않을 그런 종류의 언어다."

톨스토이는 도덕적이고 엄격한 작가였기 때문에 이 장면과 대사가 용납되지 않았던 것이리라. 그러나 나는 그렇게 생각하지 않는다. 셰익스피어 연극의 가장 큰 매력 중 하나는 극중 인물들이 인간이 가진 복합성을 그대로 드러내주고 있다는 데 있다.

셰익스피어 이전의 고전주의 연극에서는 나쁜 사람은 처음부터 마지막까지 다 나쁘고, 좋은 사람은 모든 면이 다 좋게 묘사되었다. 그러나 이 세상에 모든 면이 일관된 사람이 어디 있는가. 용맹무쌍한 전쟁 영웅이라고 해도 공처가일 수 있고, 자기 분야만을 오랫동안 매진해온 최고의 석학이자 고매한 학자라고 해도 구두쇠거나 바람둥이일 수도 있다.

글로스터는 충신이고, 의리파이고, 인격자이긴 하지만, 한편으로는 귀가 얇고, 거짓과 진실을 제대로 구별 못하는 어리석은 사람이기도 하다. 인간의 이런 다원적인 면이 다 드러나는 게 셰익스피어 극의 가장 큰 매력이다. 글로스터라고 해서 그 시대 그 공간 사람들이 가진 생각의 틀을 벗어날 수는 없는 법. 이것은 세종대왕의 후궁이 여덟 명이나 되었다고 21세기의 잣대로 비난할 수 없는 것과 마찬가지다.

그런데 위 장면은 이 연극에서 리어 왕의 비극 외에 또 하나의 비극을 잉태하는 순간을 묘사하는 장면이자, 이 작품에서 에드먼드의 비중의 크기를 관객에게 소개하는 장면이기도 하다.

위 대사에서 짐작건대, 글로스터 백작은 아마 결혼도 안한 처녀와 정을 통해서 에드먼드를 낳았으리라. "저 녀석은 부르기도 전에 좀 건

방지게 이 세상에 나오긴 했지만"이라는 문장과 "잡놈"이란 말은 그 말을 듣고 있는 당사자를 전혀 배려하지 않는 말이다. 우두커니 서서 이 말을 듣고 있는 에드먼드의 심정이 짠하게 전해져온다. 다른 사람이 있는 곳에서도 이 정도인데 남이 보지 않는 집안에서는 오죽했으랴. 에드먼드는 9년 동안이나 외국을 떠돌긴 했지만, 같은 처지였던 홍길동처럼 아예 정을 끊고 집을 나가버리지도 않았다. 자라는 동안 마음고생이 얼마나 심했을지 짐작할 수 있는 대목이다.

그러나 그는 그 운명에 굴복하지 않는다. 앞에서도 말했듯이 아버지인 글로스터 백작과 형인 에드거, 그리고 두 공주 고너릴과 리건까지 모두를 파멸의 길로 이끈다. 나중에는 코딜리아마저 죽게 만든다. 지치지도 않고 끊임없이 계속되는 그의 음모 술수는 어쩌면 태생이라는 선험적 정체성에 길들여지지 않고 인생을 스스로 개척해나가려는 자율적 의지, 목표를 향해 뒤돌아보지 않고 전진하는 뚝심의 다른 이름일지도 모른다.

물론 에드먼드도 셰익스피어 비극의 다른 등장인물들과 마찬가지로 운명과 성격의 화해할 수 없는 대립 때문에 비극을 맞는다. 그러나 그가 『리어 왕』의 다른 등장인물들과 다른 점은 서자라는 운명의 덫에 빠져 허우적거리지 않고 정면으로 맞선다는 점이다. 바로 이 순간, 비극이 잉태되기는 하지만 말이다. 인생이라는 이름의 무대에 선 배우가 자신의 운명을 거부한 바로 그때.

에드먼드의 아래 독백은 자신에게 주어진 운명을 온몸으로 거부하는 자의 심장을 뚫고 나오는 육성이다.

에드먼드 자연이여, 그대는 나의 여신,

그대의 법칙에 나는 복종하고 있다.

무엇 때문에 내가 습관의 희생이 되고

세상의 시끄러운 잡소리에 굴복을 하며

권리를 빼앗기지 않으면 안 되는가.

일 년 남짓 내가 형님보다 늦게 태어난 까닭에?

어째서 내가 사생아란 말이냐? 어째서 내가 천하단 말이냐?

나도 몸에 균형이 잡혀있고, 마음씨도 관대하고,

모습 또한 정실부인의 아들처럼 아버지를 꼭 닮았다.

어째서 세상 사람들은 우리에게 낙인을 찍느냐!

천하다고? 야비하다고? 사생아라고? 천하다고? 천해?

무감각하고 넌덜머리나는 지긋지긋한 잠자리 속에서

자는지 깼는지 모르는 사이에 생긴

이 세상 바보 천치들과는 달리,

남의 눈을 속여가며 즐기는

야성적 즐거움 속에서 생겨난 우리가

더 많은 생명력과 기운찬 활력을 이어받았을 게 아닌가.

좋아, 정실 자식 에드거야, 네 영토를 내가 먹어주마.

아버님의 애정도 사생아인 에드먼드나

정실 자식 에드거에 대해서나 별 차이가 없다.

'정실'이라는 말은 훌륭한 단어지! 좋아, 나의 '정실' 형님,

만약 이 편지가 잘 가서 내 계획이 성공하면

사생아 에드먼드는 정실 형님을 누르게 되는 것이다.

나는 위대해질 것이다. 나는 출세할 것이다.

아, 하늘에 계신 제신들이여, 사생아들의 편을 들어주소서.

(2막 1장)

에드먼드는 자신의 태생적 한계에 안주하기를 온몸으로 거부한다. 현실의 부당함을 직시하고, 주어진 숙명을 뿌리치려 몸부림친다. '나는 생각한다. 그러므로 나는 주어진 운명에 속하지 않는다.' 물론 천륜을 저버린 그의 행위는 비난받아 마땅하다. 그러나 "내가 더 많은 생명력과 활력을 이어받았다"고 자신을 규정하고 "나는 위대하다. 나는 출세할 거다"라고 외치는 그의 결기가 비수처럼 처연하다.

주어진 조건의 굴레에 빠져 허우적대지 않고, 신분의 질곡을 뚫고 떨쳐 일어서려는 청년의 모습이 멋지기까지 하다. 그러나 에드먼드가 자신의 신분을 딛고 상승하려는 수단은 모략과 중상과 배신이다. 그는 『리어 왕』에 등장하는 사람 중에서는 최고의 악당이다. 굳이 정상을 참작하자면, 그는 권모술수를 쓰지 않으면 도저히 위로 올라갈 수 없는 신분이었고, 당시는 그런 시대였다.

자유의지를
_____ 행동에 옮기다

에드먼드는 극의 다른 등장인물들처럼 다른 사람의 도움에 기대거나, 신의 은총이나 요행을 기대하지 않는 자유의지의 인간이다. 언제나 스스로 행동하여 권리를 쟁취하려 하고, 목표를 이루기 위해 스스로 안간힘을 쏟는다.

이 극에는 죽기 직전에 왕권을 되찾은 리어 왕이나 아버지의 자리를 물려받은 에드거처럼 한 번 잃었던 것을 되찾은 인물들, 올바니나 콘월처럼 장가 잘 가서 한 재산 잡은 인물들, 그리고 고너릴이나 리건, 코딜리아처럼 태어날 때부터 금수저를 물고 태어난 인물들은 있지만, 무에서 유를 창조하기 위해 스스로 행동한 인물은 에드먼드 단한 명뿐이다.

코딜리아만 해도 자신의 신념 때문에 쫓겨나긴 했지만, 태어날 때부터 공주였고 결국 프랑스 왕비가 될 기회를 잡을 수 있었던 것도 타고난 신분 때문이었다. 그러나 에드먼드는 밑바닥에서부터 누구의 도움도, 타고난 혜택도 없이 오직 의지 하나로 목표에 근접한다. 물론 고너릴과 리건이 그의 비호세력이긴 했지만, 이 또한 그녀들을 이용하기 위해 에드먼드가 의도적으로 공들인 결과다.

에드먼드는 신도 미신도 신봉하지 않는 합리주의자다. 에드먼드의 간계에 속아 큰아들 에드거에게 배신당했다고 믿은 글로스터가 가정의 불상사를 자연현상 탓으로 돌리는 것과 대비된다. 글로스터

뿐 아니다. 리어도 마찬가지. 자식들에게 배신당한(또는 배신당했다고 믿는) 두 노인은 예기치 못한 일격을 맞고 신이나 초월적인 힘에 의지하려 한다. 글로스터 백작도, 리어 왕도 믿었던 자식의 배신이라는 현실 앞에서 상황을 객관적으로 파악하거나 능동적으로 대처하려 하지 않고, 인간이 통제할 수 없는 자연의 작용으로 돌리거나 신을 불러 자신의 처지를 호소한다.

글로스터 최근에 있었던 일식과 월식은 우리에게 불길한 징조였구나.

(1막 2장)

리어 들으소서. 자연이여! 들어주소서, 신이여! 이년의 몸에 자손을 허락하려는 뜻이 있다 하시면 그 행동을 중지하소서! 저년의 뱃속에 아기를 갖지 못하도록 만드소서!

(1막 4장)

그런데 에드먼드는 사람들이 자신의 행동 때문에 벌어지는 일을 초월적인 무언가의 영향으로 돌리는 것에 대해 '특출한 바보짓'에 지나지 않는다고 코웃음 친다. 그는 인간의 자유의지가 신의 섭리, 즉 운명에 우선한다고 믿는 사람이다.

에드먼드 이 얼마나 특출한 바보짓이냐. 불행이 닥쳐왔을 때—대개 그건 자업자득인 경우가 많은데—자기의 재난을 태양이나 달이나 별들의 탓으로만 돌리다니.

마치 우리가 어쩔 수 없이 악당이 되고, 하늘이 강요해서 바보가 되고, 천체의 우열로 악당·도둑놈·반역자가 되며, 행성의 영향력 때문에 어쩔 수 없이 주정뱅이·거짓말쟁이·오입쟁이가 되기나 한다는 듯이. 그리고 우리의 나쁜 점은 다 하늘이 점지해서 그런 것처럼.

(1막 2장)

에드먼드는 모든 세상의 권위에 맞서는 영웅적 악당이다. 그는 신도, 자연현상도, 왕도, 아버지도, 형도, 또는 적자와 서자, 귀함과 천함을 갈라놓은 관습도 인간의 자유의지와 행동력으로 뛰어넘을 수 있다고 믿는다. 이것이 그의 인생을 이끄는 힘이며 생각의 중심이다.

사랑받지 못한 자는
사랑하지 못하는가

『리어 왕』은 눈먼 자들에 의한, 눈먼 자들을 위한 눈먼 자들의 연극이다. 눈을 멀게 한 것이 사랑이든 자식이든 아집이든 권력이든 신념이든 고집이든. 리어 왕도, 글로스터도, 고너릴도, 리건도, 눈멀었기 때문에 파멸한다. 그렇다면 에드먼드는 무엇에 눈멀어서 파멸을 향해 그렇게도 힘차게 달려갔을까.

절대로 약한 소리를 내뱉지 않고, 목표를 향해 오직 앞으로 앞으로만 달려가는 이 매력적인 악당에게도 아킬레스건이 하나는 있다. 애정결핍. 안하무인의 절대 권력자 리어가 남모르게 가진 아킬레스건이 일방적인 사랑이었다면, 차갑고 명민한 현실주의자 에드먼드의 맹점은 결핍된 사랑이었다. 리어 왕은 자신이 딸들을 사랑하는 만큼 딸들도 자기를 사랑하는 줄 착각했고, 에드먼드는 아버지 글로스터의 사랑을 갈구했으나 그 희망은 늘 결핍으로 이어졌다. 리어 왕은 자신이 쏟은 사랑의 무게가 등가가 아닌 것을 깨닫는 순간 미쳐버렸고, 에드먼드는 사랑의 결핍 때문에 엇나가버렸다.

정식 부인이 아닌 애인에게서 태어난 에드먼드가 아버지 집에서 산다. 부모로부터 사랑을 듬뿍 받았을 리 없다. 충분한 사랑을 받지 못했다고 스스로 느끼는 자는 사랑에 목마르다. 어떻게든 인정받고 싶어 한다. 처음에는 그 상대가 아버지였을 것이다. 글로스터 백작은 켄트 백작과의 대화에서 적자나 서자나 자신의 사랑에는 큰 차이가 없다고 말했지만, 에드먼드의 기대에는 미치지 못했으리라.

결국 에드먼드는 자신을 필요로 하고, 인정해줄 수 있는 상대를 좇아 혈육을 배신한다. 처음엔 둘째 딸 리건과 그 남편 콘월에게 찾아가고, 그 뒤엔 첫째 고너릴에게 붙는다. 고너릴과 리건은 에드먼드에게 반해 그를 서로 차지하기 위해 갈등하다가 결국 고너릴은 리건을 독살하고, 자신도 자살하게 된다. 결과적으로 두 자매는 에드먼드를 사랑했기 때문에 죽게 되었지만, 에드먼드는 그 둘 중 어느 누구도 사랑한 기색이 없다.

아래 대사는 에드먼드가 두 자매에게 거짓으로 사랑을 맹세한 뒤 자신의 앞날에 누가 도움이 될지 철저하게 계산하고 고민하는 장면이다. 에드먼드, 그는 사랑을 원했지만 사랑할 줄은 모르는 남자다.

에드먼드 나는 두 자매 모두에게 사랑을 맹세했다.

두 자매가 서로 질투하는 모습은 마치 독사에게 물려본 사람이

독사를 미워하는 것과 같구나. 둘 중에 누구를 고를까?

둘 다? 하나만? 둘 다 버려?

둘 다 살아 있으면 어느 쪽도 데리고 놀 수 없겠지.

과부를 택하면 언니인 고너릴이 약 올라 미칠 테고

그녀 남편이 살아있는 한 내 목적을 달성할 수도 없어.

그렇다면 그 권력은 전쟁에만 이용하기로 하고,

상황이 종료되면 그녀에게 남편을 재빨리 처치해버릴 방안을

찾으라고 해야지.

공작은 리어와 코딜리아에게 자비를 베풀고자 하지만,

전쟁이 끝난 후 우리 손 안에 들어오면 사면이고 뭐고 없다.

왜냐하면 내 지위는 따질 것 없이 지켜야 하니까.

(5막 2장)

"누구를 택할까? 둘 다? 하나만?" 에드먼드는 고너릴과 리건 사이에서 양다리를 걸치며 불륜 연애를 하지만 에드먼드가 그들 중 하나라도 사랑하는 것 같지는 않다. 그가 원한 것은 백작의 지위와 영지

다. 자신이 사랑받지 못했다고 생각한 이 청년은 사랑을 주는 법도 배우지 못한 걸까. 극 전체에서 그의 대사 어디에도 다른 사람을 위해 무언가를 주거나 사랑한다는 감정을 보이지 않는다.

여기서 잠깐!

리어 왕의 두 딸이 모두 훈남 에드먼드에게 그토록 빠져버린 이유는 무엇일까. 둘 다 귀부인인데다 원하던 재산과 권력까지 손에 넣었고, 둘 다 배우자가 있는 사람들이다. 그런데도 에드먼드에게 마음과 몸을 다 바쳐서 순애보를 보여준 까닭이 궁금하다.

이 딸들은 아버지 리어와의 관계에서는 참을 때는 참고 아부할 때는 아부하다가, 결정적인 순간이 오면 회심의 일격을 날릴 줄 아는 현실주의자의 면모를 유감없이 보여줬다. 그런데 정작 사랑 앞에서는 맥없이 무너졌다. 그것도 왕국도 목숨도 가져다 바치는 대형 로맨스다. 자기 앞길을 잘 닦고, 재산과 권력 앞에서는 그토록 냉철하던 여자들이 사랑하는 남자에게는 모든 것을 다 가져다 바쳐도 좋다고 생각한 연유를 찾아들어가 보자.

고너릴과 리건. 아버지를 대하고 적을 처리하는 모습을 보면 하찮은 감정에 휘둘리지 않는 아주 쿨한 여자들이다. 어리광쟁이 코딜리아에 비하면 이미 세상물정 다 아는 어른들이다. 어쩌면 이들이야말로 현실 정치가의 덕목을 갖춘 사람들일지도 모른다. 물론 이들은 효성이니, 도리니, 약속이니, 진실이니 하는 것들이 다 허위에 불과하다고 생각하는 속물임에는 분명하지만, 목표를 달성하기 위해서는 속마음을 들키지 않고 손톱을 감추고 기다릴 줄 아는 그런 여성들이다.

아버지와도 그런 관계였으리라. 그렇게 세상을 늘 권력 관계로 바라보던 이들에게 갑자기 사랑이 나타난다. 그녀들은 아버지 리어 왕에게도 회심의 일격을 날릴 줄 아는 영리한 사람들. 그러나 원하는 것을 얻고 보니 공허함이 몰려왔을까. 체격 좋고 잘생기고 영리한 남자가 자기 앞에 나타나니 갑자기 세상의 색깔이 장밋빛으로 변했나보다.

고너릴과 리건에게 에드먼드는 어떠한 정치적 계산도 없이 처음으로 홀딱 빠지게 한 남자일지 모른다. 아마도 첫사랑이 아니었을까. 두 딸의 남편들은 모두 귀족이고 십중팔구 정략결혼이었을 터. 그 아버지 아래서 어떤 남자와 불장난 같은 사랑을 해보았겠는가. 둘 다 에드먼드를 만나고 나서 생애 처음으로 '아, 이게 사랑이구나. 이게 인생이구나. 이게 숨 쉬는 거구나.'라고 느꼈을지도 모른다. 그래서 그들은 자기들 방식으로 사랑한다. 그건 바로 사랑을 위해서라면 모든 것을 다 던져버리는 것. 생애 단 한 번도 권력욕 말고는 자신의 욕망에 충실하게 살았던 적이 없는 여자들이 사랑에 빠졌다. 그것도 세게, 아주 세게.

그래서 늙고 힘 잃은 아버지는 헌신짝처럼 버린 이 여성들이 에드먼드는 자기를 속이지 않을 거라고, 진심일 거라고 믿고 모든 것을 다 바친다. 목적을 위해서는 살인까지 서슴지 않을 만큼 현실적이고 냉정한 이들이었건만 어떻게 이토록 변할 수 있을까. 사랑에 미쳐서 재산과 권력까지 다 바치고, 남편과 형부가 바로 옆에 있는데도 다른 남자를 가운데 두고 자매끼리 물고 뜯는다.

리건　(에드먼드에게) 장군, 나의 군대와 포로와 재산을 모두 넘겨받
　　　으시어 마음대로 처분하세요. 그들과 나 자신도 당신의 것입
　　　니다. 나는 당신 것이어요.
　　　이 세상을 증인으로 삼아, 나는 당신을 내 주인으로 삼으렵
　　　니다.

고너릴　그 사람을 가지고 재미 보려고?

알바니　고너릴. 그건 당신이 어쩔 수 있는 문제가 아니오.

에드먼드 공작님 마음대로도 못 할 걸요.

알바니　아니다. 이 사생아 놈아, 난 그럴 수 있다.

(5막 3장)

　그런데 이 두 딸내미, 사랑하는 방식이 아버지 리어 왕과 놀랍도록
닮았다. 자식들의 사랑을 확인하고 싶어서 자신이 가진 모든 것을 단
한 번에 다 던진 리어 왕. 자기가 판돈 모두를 다 걸면 자식들도 가진
것을 다 내보여줄 줄 알았던 사람. 생각해보면 리어는 진정한 로맨티
스트였다. 다만 사랑을 확인하는 그의 방법은 너무나 일방적이고 자
기중심적이었다. 바로 그 사랑법이 비극의 씨앗이었다.

　고너릴과 리건의 사랑법은 아이러니하게도 자신들이 미워한 아버
지 리어 왕과 너무나 닮았다. 아니 똑같다. 정치적으로 잘 처신해서
권력의 정점에 올라간다. 진정한 사랑은 해보지도 못한 채, 사랑이나
효성이나 의리 같은 것을 비웃으며 권력의 정점으로 올라간다. 그러
나 정작 자신들이 사랑에 빠졌을 때는 정신없이 모든 것을 다 바친다.

고너릴과 리건 역시 아버지 리어 왕처럼 자기가 가진 모든 것을 바치면 남도 그렇게 해줄 것이라고 믿었던 것이다.

지위와 권력에 대한 에드먼드의 끈질긴 집착은 아마도 못 받은 사랑에 대한 갈구에서 비롯한 인정認定 욕구가 아니었을까. 아버지에게조차 '잡놈'이라 불리며 오랜 세월 외국을 떠돌아야 했던 그다. 온갖 권모술수를 쓰며 끊임없이 권력을 탐한 마음의 이면에는 사랑받지 못한 이유를 신분 탓으로 여기고, 이를 권력으로 보상받으려는 심리가 작용하지 않았을까.

에드먼드는 칼싸움에서 치명상을 입고 죽음을 앞둔 상태에서 그를 찌른 사람이 형 에드거임을 알고 난 후 다음과 같이 말한다. 이 작품에 나오는 에드먼드의 대사 중 가장 인상적인 대사다.

에드먼드 운명의 수레바퀴는 전속력으로 달려왔고, 나는 여기에 있소.

(5막 3장)

끝이 보이지 않던 에드먼드의 질주는 그가 칼에 맞고 쓰러진 바로 이 자리에서 멈추었다. 그것도 자기가 못 받은 아버지의 사랑을 받은 적자 형 에드가에 의해. 그러나 에드먼드는 치명상을 이때 처음 입은 것이 아니었다. 그는 사실 태어날 때부터 '서출이라는 치명상'을 입은 채였다. 그는 자신의 마지막 종착지가 결국 이런 곳이라는 것을 알았을지도 모른다. 그럼에도 그는 전속력으로 달릴 수밖에 없었다. 운명에 거역하기로 결심한 자의 목표는 운명을 바꾸는 것이 아니라, 운명에 반항하는 삶 그 자체인지도 모른다.

에드먼드가 마지막 순간에 남긴 혼잣말 같은 다음 대사는 이 슬픈 악당에게 가슴 찡한 연민을 느끼게 한다.

> **에드먼드** 어쨌든 에드먼드는 사랑을 받았다.
> 한쪽이 나를 위해 다른 쪽을 독살한 뒤
> 자결했으니까.
>
> (5막 3장)

"어쨌든 에드먼드는 사랑을 받았다"라는 짧은 대사가 듣는 사람의 가슴을 친다. 결국 사랑의 결핍 때문에 여기까지 달려왔다는 증거가 그의 모든 악행을 변호하는 것은 아니지만, "사랑을 받았다"는 말 한마디가 짧고 파란만장한 그의 생을 스스로 옹호한다. 타고난 운명과 맞대결을 하며 자신에게 주어진 조건을 온몸으로 거부하던 반항아 에드먼드의 결핍은 이 한마디로 보상받게 된 것일까. 에드먼드는 리어와 코딜리아의 목숨을 구해주기 위한 정보를 사람들에게 전하고 숨을 거둔다.

행동하는 을乙의 힘

그런데 『리어 왕』에는 등장 횟수와 대사의 길이로는 아주 미미한 역할이지만 존재감은 남다르게 탁월한 인물이 한 명 등장한다. 바로 둘째 딸 리건의 남편인 악당 콘월의 시종 '하인 1'이다. 그는 3막 7장에 딱 한 번 등장하는데, 그것도 짧은 대사를 네 번 담당할 뿐인 단역이다. 본문에 따르면 '하인 1'은 콘월 공작을 어릴 때부터 모셔온 시종이다.

　나는 지금껏 셰익스피어를 다룬 어떤 책에서도 잘 언급되지 않았던 이 인물을 햇빛이 비치는 양지로 데려오고 싶다. 이름도 없는 천민에다가 등장하자마자 죽어버리는 사람이지만, 그는 이 극에 등장하는 어느 누구보다도 진정한 영웅이기 때문이다.

　하인 1이 하는 모든 대사가 나오는 다음 장면을 보자. 글로스터 백작이 국왕을 구출하기 위해 프랑스군과 내통하고 있다는 사실을 에드먼드의 밀고로 알게 된 콘월 공작이 글로스터를 잡아오라고 명하고, 그의 군사들이 리건의 처소로 글로스터를 잡아와서 취조하는 장면이다.

콘월 볼 수 없게 만들어주지. (시종들에게) 여봐라, 의자를 꽉 붙들고 있어라. (글로스터에게) 네놈의 눈알을 발로 짓밟아버리겠다.

글로스터 늙어죽을 때까지 살고 싶은 사람이 있다면 도와주시오! 아, 실로 잔인한 일이로다! 아, 신이시여!

리건 한쪽 눈만 빠지면 나머지 한쪽이 보고 놀릴 테니, 다른 쪽 눈마저 빼버리세요.

콘월 네놈이 꼭 복수의 신을 만나고 싶다면…….

하인 1 공작님, 참으세요. 저는 어릴 때부터 공작님을 모셔왔습니다만, 지금 공작님을 만류하는 것 이상 더 큰 봉사는 없다고 생각합니다.

리건 무엇이 어쩌고 어째, 이 개 같은 놈!

하인 1 부인의 턱에 수염이 나 있다면, 나는 그 수염을 잡고 흔들어서 싸움을 걸겠습니다. (콘월이 칼을 뽑는다)
(콘월에게) 어쩌시렵니까?

콘월 이 종놈이!

하인 1 그렇다면 한번 해볼까요. 어디 한번 당해봐. (콘월에게 상처를

입힌다)

리건　(다른 시종에게) 그 칼을 이리 줘. 하인이 감히 대들다니! (리건, 칼을 받아 하인 1을 찌른다)

하인 1　아, 찔렀구나! (글로스터에게) 백작님, 아직 눈 하나가 남았으니, 제가 저자에게 입힌 상처를 보십시오. 으윽! (죽는다)

(3막 7장)

리어 왕의 둘째 딸 리건의 남편 콘월은 리어 왕의 행방을 알기 위해 글로스터를 결박한 후 엄하게 취조한다. 그런데 리어 왕의 충신 글로스터는 협박에 굴하지 않고 오히려 리건에게 그들의 배신과 불효를 꾸짖는다. 글로스터가 "복수의 신이 당신 같은 자들에게 천벌을 내리는 것을 나는 보게 될 거다"라고 말하자 콘월이 글로스터의 한쪽 눈을 뽑는 만행을 저지른다. 이 장면을 보고 있던 리건이 "한쪽 눈도 마저 뽑아버리라"고 말하자, 이때 하인 1이 참지 못하고 나선다.

그는 콘월에게 '나는 당신을 어릴 때부터 모셔왔지만, 이것은 아니다. 사람에게 이런 잔인한 짓을 해서는 안 된다. 내 말을 들어라. 내가 지금 당신을 말리는 건 당신을 위해서다.'라는 취지의 말을 하며 만류한다. 그럼에도 콘월이 화를 내며 욕을 하자, 하인 1은 콘월의 부인 리건을 향해 참았던 말을 뱉는다. "부인의 턱에 수염이 나 있다면, 나는 그 수염을 잡고 흔들어서 싸움을 걸겠습니다." 이건 무슨 말인가? '만약 당신이 남자였다면, 내가 가만두지 않았을 거야!'라는 경고이며 '너의 악행을 다 알고 있다.'라는 선언이기도 하다.

하인 1의 말은 특권층에 대한 보통 사람의 경고, 위정자의 탄압에 대한 국민의 저항, 악덕 고용자의 소행에 대한 근로자의 항의, 소수의 갑甲에 대한 을乙들의 외침을 담고 있다. 평소에 아무 말 않고 가만히 있다고 해서 을乙들이 모른다고 생각하면 오산이라는 것을 이 짧은 장면은 함축적으로 보여주고 있다. 힘없는 사람들, 아래 지위에 있는 사람들은 맑은 날 고요한 바다처럼 조용히 있지만, 누가 나쁜지 무엇이 잘못되었는지 사실은 다 보고 있다는 걸.

평소에 리건의 악행을 바로 곁에서 보고, 이건 아니라고 생각했지만 참고 있을 수밖에 없었던 하인 1이었다. 그런데 자기가 어릴 때부터 섬기던 주인 콘월도 아내 못지않은 악당이 되어간다. 사람의 눈을 산 채로 뽑아버리는 잔인한 악행을 저지르는 부부. 하인 1은 처음에는 이 악행을 말려보지만, 부부가 말을 듣지 않고 자신을 공격하려 하자 이에 맞서서 받아친 것이다.

그런데 하인 1이 싸우다 죽은 후에 아무도 예기치 못했던 일이 일어난다. 하인 1의 행동을 본 하인 2와 하인 3이 하인 1에게 공감한 것이다. 공감의 결과는 우선, 옳은 일과 나쁜 일의 구별이라는 감각의 회복으로 나타난다. 하인 1과 하인 2는 나쁜 사람을 나쁜 사람으로, 불쌍한 사람을 불쌍하다고 여기는 지극히 당연한 감각을 되찾는다. 이것이야말로 민중에 의한 민중의 각성이다.

더 중요한 건 이들의 공감과 각성이 그저 동정과 깨달음에 그치지 않고 구체적인 행동으로 이어졌다는 점이다. 하인 2는 이제 막 두 눈이 뽑혀서 거리에 내동댕이쳐진 글로스터 백작이 거리에 방치되지 않

도록 미친 거지(사실은 글로스터의 아들 에드거)에게 인도한다. 하인 3
은 다친 글로스터 백작을 치료하기 위해 뛰어간다.

아래 장면은 '이건 아니야!'라고 생각한 한 사람의 행동이 다른 사
람들의 깨우침을 불러오고, 그 깨우친 사람들이 고난받는 또 다른 사
람을 자발적으로 돕는 행동에 이르는 과정을 간명하지만 힘 있게 보
여준다.

하인 2 저런 남자가 잘 된다면, 나는 어떤 악행을 저질러도

가책을 느끼지 않을 거야.

하인 3 저런 여자가 오래 살아서 자기 수명대로 죽는다면,

여자들은 모두 괴물이 되고 말 거야.

하인 2 글로스터 백작님을 따라가서, 그 미치광이 거지에게 백작님이

가고 싶어 하시는 데로 모셔다드리도록 부탁하세. 미치광이 거

지는 떠돌아다니는 게 본성이니 어디로든 모셔다드리겠지.

하인 3 먼저 가게. 나는 피투성이가 된 저 얼굴에 바를 달걀흰자위와

삼베를 얻어올게. 하늘이여, 저분을 도와주소서!

(3막 7장)

그런데 셰익스피어가 이 장면에 굳이 하인 1을 넣은 이유는 무엇일
까. 나중에 콘월은 하인 1에게 입은 상처가 치명상이 되어 죽게 된다.
악당 콘월을 어떤 식으로든 죽여야 한다는 설정도 필요했겠지만, 전
쟁터에서 전사시켰어도 될 것을 굳이 하인의 손에 죽게 만든 이유를

생각해보자. 아무리 고요한 민심의 바다라도 한번 물결이 솟구치면 무섭게 변한다는 것을 알려주려는 메시지가 아닐까.

아일랜드 시인 셰이머스 히니Seamus Heaney는 희곡 『소포클래스: 트로이의 해결책』[14]에서 이렇게 노래했다.

"역사는 말하지/이승에서는 희망을 버리라고/그러나 일생에 단 한 번/오래도록 기다려온/정의의 물결이 솟구칠 수 있다면/희망과 역사는 함께 노래하리라."

제3장

'나'의 욕망을 경영하라

『맥베스』편

주요 등장인물

- 덩컨 왕 스코틀랜드의 왕
- 맬컴, 도널베인 덩컨 왕의 아들들
- 맥베스 스코틀랜드의 장군이자 글래미스의 영주. 덩킨 왕의 사촌. 후에 코더의 영주, 스코틀랜드 왕으로 추대됨
- 뱅쿠오 스코틀랜드의 장군
- 플리언스 뱅쿠오의 아들
- 맥더프 스코틀랜드의 영주(파이프의 영주)
- 로스, 레녹스 스코틀랜드의 영주들

- 시워드 잉글랜드의 장군이자 노섬벌랜드의 백작

- 세 마녀들
- 마녀 헤카트
- 노르웨이 왕, 코더 영주
- 맥베스 부인
- 맥더프 부인
- 장교

줄거리

제1막

옛 스코틀랜드의 일이다. 코더의 영주가 노르웨이 국왕과 연합하여 반란을 일으키자, 글래미스의 영주이자 덩컨 왕의 사촌인 맥베스 장군은 뱅쿠오 장군과 함께 반란군을 토벌한다. 국왕 덩컨 진영에 맥베스 장군의 활약상이 전해지고 국왕의 두 사람에 대한 신뢰와 평가는 더 높아진다.

맥베스와 뱅쿠오는 개선장군이 되어 돌아오는 도중에 황야에서 마녀 셋을 만난다. 마녀들은 맥베스를 향해 1)글래미스 영주 만세! 2)코더 영주 만세! 3)'왕이 되실 분'이라며 축복한다. 또 뱅쿠오에게는 왕은 아니지만 그의 자손이 왕이 될 것이라고 예언한다. 이미 글래미스의 영주였던 맥베스에게 첫 번째 말은 전혀 새로울 것이 없었지만, 나머지 두 문장은 알 길이 없다. 맥베스가 마녀들을 다그치지만 마녀들은 대답하지 않고 사라진다. 이어 도착한 덩컨의 전령은 맥베스가 무훈을 세운 공로로 코더의 영주로 임명되었다고 전한다. 두 사람은 마녀의 말이 실현된 것을 알고 놀란다. 특히 마녀의 두 번째 예언이 맞아떨어지자 맥베스의 가슴은 왕권에 대한 야심으로 부풀어 오르고, 뱅쿠오는 그런 그를 보고 걱정한다. 맥베스는 이 일을 맥베스 부인

에게 편지로 전한다.

포레스 성으로 돌아온 맥베스와 뱅쿠오를 맞이한 덩컨 왕은 그들의 공적을 치하하는 한편, 차기 왕위 계승자로 아들 맬컴 왕자를 지명한다. 예언이 빗나갈 것을 우려한 맥베스는 마음속에 어떤 결심을 품는다. 덩컨 왕은 격려차 맥베스의 성을 방문하겠다고 말한다.

맥베스의 편지를 받은 맥베스 부인은 남편을 왕위에 앉히고야 말겠다는 결심을 굳히고, 남편 맥베스와 함께 국왕 살해 계획을 세운다. 맥베스는 양심의 가책 때문에 주저하지만 부인은 맥베스의 심약함을 질책하면서 결단을 재촉한다. 왕의 일행이 맥베스의 성에 도착하고 연회가 시작된다.

제2막

밤이 깊어지자 맥베스 부인은 왕의 두 보초에게 약을 탄 술을 먹여 잠들게 한다. 맥베스는 모두가 잠들기를 기다린 뒤 덩컨 왕의 침실로 향한다. 잠자는 왕을 찔러 죽인 맥베스는 "더 이상 잠들지 못하리라! 맥베스는 잠을 죽여버렸다"라는 환청을 듣는다. 맥베스는 피로 물든 자신의 두 손을 보고 몸서리친다.

다음날 아침, 왕을 만나러 온 파이프의 영주 맥더프가 덩컨 왕의 시체를 발견한다. 맥베스는 왕의 방을 지키던 두 보초를 죽이고, 그들에게 국왕 살해의 죄를 뒤집어씌운다. 위험을 느낀 왕자 맬컴과 도널베인은 각기 잉글랜드와 아일랜드로 피신한다. 도피한 두 왕자는 부친 살해의 누명을 쓰게 되고, 맥베스가 왕위에 추대된다. 맥더프는 이 일이 맥베스의 소행임을 알아차리고 파이프로 떠난다.

제3막

마녀들이 뱅쿠오에게 '왕을 낳을 사람'이라고 말한 것이 신경 쓰이던 맥베스는 뱅쿠오와 그의 아들 플리언스를 죽이려고 자객을 보낸다. 뱅쿠오는 자객의 손에 죽지만 플리언스는 살아서 도망친다. 그날 밤 스코틀랜드 귀족들이 모이는 연회 석상에서 그 소식을 전해들은 맥베스는 당황하고, 만찬 도중 나타난 뱅쿠오의 망령을 보고 헛소리를 한다. 맥베스 부인은 맥베스에게 의연하게 행동하라고 다그치지만, 맥베스는 넋 나간 사람처럼 착란을 일으킨다. 귀족들은 이 광경을 보고 급하게 자리를 뜬다. 만찬 중에 맥베스는 맥더프가 만찬에 나타나지 않았음을 알게 되지만, 맥더프는 덩컨 왕의 아들 맬컴 왕자를 만나러 잉글랜드 궁정으로 떠난 뒤다.

제4막

마음의 안정을 찾지 못한 맥베스는 스스로 마녀들을 찾아가고, 이번에도 세 가지 점괘를 듣게 된다. "첫째, 맥더프를 조심하라. 둘째, 여자에게서 태어난 사람 중에는 맥베스를 해칠 사람이 없으므로 담대하라. 셋째, 버남의 큰 숲이 던시네인 언덕으로 다가오지 않는 한 절대 정복당하지 않으니 사자처럼 당당하라." 맥베스는 안도의 한숨을 내쉬는 한편, 불안한 마음에 뱅쿠오의 자손이 왕이 된다는 예언에 대해 묻는다. 마녀는 8명의 왕과 뱅쿠오가 지나가는 환영을 그에게 보여주고 사라진다. 그 직후, 맥더프가 잉글랜드에 망명했다는 소식이 전해지고, 그 소식을 들은 맥베스는 자객을 보내 맥더프의 처자식을 죽인다.

맥베스 토벌을 설득하러 온 맥더프에게 맬컴 왕자는 자신은 왕위에 적합한 인물이 아니라고 말한다. 그러나 그것은 맥더프의 본심을 떠보기 위한 것이었다. 맥더프가 맥베스가 보낸 첩자가 아님을 알게 된 맬컴 왕자는 자신이 이미 잉글랜드 왕으로부터 시워드 장군과 1만 병력을 지원받아 맥베스를 토벌할 준비를 하고 있었다고 밝힌다. 이어서 처와 아들이 죽은 사실을 전해들은 맥더프는 가족을 지키지 못한 자책과 맥베스에 대한 분노로 치를 떤다. 맥더프와 맬컴 왕자는 복수를 다짐한다.

제5막

몽유병에 걸린 맥베스 부인은 밤중에 일어나서 피묻은 손을 씻는 시늉을 반복한다. "피가 지워지지 않아"라는 말을 계속하면서 뱅쿠오와 맥더프 부인을 살해한 것에 대해 후회한다. 의사는 치료 방법이 없다고 말한다.

맥베스의 성에 잉글랜드 군이 쳐들어온다. 아군도 차례차례 적에게 넘어가고 정세는 맥베스에게 불리하게 돌아간다. 몽유병에 시달리던 맥베스 부인이 스스로 목숨을 끊었다는 전갈이 오고, 이어 버남 숲이 움직인다는 보고를 받는다. 실은 맬컴이 이끄는 잉글랜드 군사들이 나뭇가지를 위장막으로 삼아 전진한 것인데, 버남 숲이 던시네인 언덕을 넘어오는 것으로 보인 것이다. 맥베스는 자포자기의 심정이 되어 최후의 결전을 각오하고 전장으로 나가 싸운다. 드디어 맥더프와 대결하게 된 맥베스가 "여자에게서 태어난 사람은 나를 죽이지 못한다"고 일갈한다. 그러나 맥더프는 "나는 어미의 자궁을 가르고 나왔다"고 말한다. 마지막 희망을 잃고도 끝까지 당당하게 싸우겠다고 선언한 맥베스는 결국 맥더프의 손에 참수된다. 맬컴 왕자가 새 왕으로 탄생한다.

다스리지 못한
욕망에 휘둘리다

무의식 속 잠든 욕구를 깨운
_____ 마녀라는 존재

여기 왕이 되고 싶은 사나이가 있다. 그 이름은 맥베스. 왕가의 피가
흐르지만 왕은 되지 못했던 남자. 야망은 있으나 반역을 시도할 명분
이나 용기가 없다. 당시 스코틀랜드의 국왕 덩컨은 충성심 같은 이념
의 고취, 자리 분배, 그리고 겸손한 태도와 칭찬으로 아랫사람들을 교
묘하게 지배하는 노회한 정치인이었다. 덩컨은 노르웨이 왕과 국내
반란군이 일으킨 반란을 잘 진압해낸 맥베스와 뱅쿠오 장군을 크게
치하하고, 그들에게 코더 영주가 가지고 있던 영지를 내려주기로 한

다. 맥베스와 뱅쿠오는 싸움에 이기고 돌아오는 길에 포레스의 황야에서 세 마녀를 마주친다. 마녀들은 맥베스를 찬양한다.

> **마녀 1** 맥베스 만세! 글래미스 영주 만세!
>
> **마녀 2** 맥베스 만세! 코더 영주 만세!
>
> **마녀 3** 맥베스 만세! 앞으로 왕이 되실 분.

(1막 3장)

이 시점에 이미 맥베스는 글래미스의 영주 지위를 가지고 있었으므로 마녀의 첫 번째 칭송에는 감흥이 있을 리 없다. 그런데 나머지 두 문장이 좀 아리송하다. 코더의 영주라니? 더구나 왕이 될 분이라니? "뭐지?" 맥베스는 마녀들을 다그친다. 그는 맥락이 정확하지 않은 출세의 예언에 솔깃해서 계속 들어보려고 안달이 난 것처럼 보인다.

> **맥베스** 내가 글래미스 영주인 사실은 안다.
>
> 그러나 코더란 건 무슨 말이냐? 코더 영주는
>
> 잘 살고 있는 분이며, 왕이 되는 것은
>
> 코더의 영주가 되는 것보다 더 믿을 가망이
>
> 없는 일. 말해보라, 너희들은 어디에서
>
> 이런 괴이한 정보를 얻게 되었느냐?
>
> 그리고 왜 이 메마른 황야에서 그러한
>
> 예언의 인사말로 우리 길을 막았느냐?

말하라, 명령이다.

(1막 3장)

그러나 마녀들은 대답하지 않고 사라져버린다. 이때 이걸 그냥 말장난이라고 생각하고 지나쳐버렸으면 좋았을 텐데, 맥베스는 이 말을 장난으로 받아들이지 않고 여기에 크게 동요하는 모습을 보인다. 비극의 시작이다.

마녀들이 맥베스에게만 예언한 것은 아니다. 옆에 있던 뱅쿠오가 자기에게도 말해달라고 재촉하자 뱅쿠오에게도 다음과 같은 의미심장한 말을 남긴다.

마녀 1 맥베스보다 작지만, 더 크도다.
마녀 2 운은 덜 좋지만, 더 행운이로다.
마녀 3 왕은 아니지만, 왕을 낳으실 것이오,

(1막 3장)

뱅쿠오가 왕이 되는 것은 아니지만 뱅쿠오의 자손이 왕이 된다는 말이다. 그러나 뱅쿠오는 이 말을 그리 진지하게 받아들이지 않는다. 그는 오히려 마녀들을 '어둠의 수족들'이라며 경계한다.

뱅쿠오 그러나 이상하지요. 우리가

스스로를 해치게 하려고, 어둠의 수족들은

흔히 우리에게 진실을 말한답니다.

작은 일에는 정직한 척 우리를 끌어들여,

중대한 결말에서

우릴 배반하지요.

(1막 3장)

다시 우리의 주인공 맥베스에게로 돌아가자. 맥베스가 마녀들을 만날 때까지만 해도 왕이 되고 싶다는 생각이 머릿속에 구체화되어 있던 것은 아니다. 그러나 덩컨 왕이 죽은 반역자에게서 몰수한 코더 영주 자리를 그에게 하사한 사실을 알게 되자 가슴이 요동친다. 마녀들의 두 번째 예언, 즉 코더의 영주가 된다는 말이 들어맞았기 때문이다.

마녀가 말한 두 번째 예언이 적중되자 맥베스의 가슴은 세 번째 예언, 즉 왕권에 대한 야심으로 부풀어오른다. 그는 원래 왕관에 야심이 있었던 사람이다. 아니라면 어떻게 '머리칼이 쭈뼛 서고 차분하던 심장이 본래 상태를 벗어나 갈비뼈를 두드릴' 정도로 흥분하겠는가. 뱅쿠오의 입을 빌면 맥베스는 코더 영주의 지위가 손에 들어오자 '넋이 나가서rapt[15]' 마녀들의 예언이 실현된 것을 기뻐하고 있다.

맥베스 (방백) 이 신비한 꼬드김은 나쁘지도 않고,

좋지도 않구나. 만약 나쁘다면, 왜,

진실을 먼저 내밀어서 내게 성공을 보증했을까?

난 코더 영주가 되었다.

만약 좋은 거라면, 왜 나는 이 끔찍한 모습을 한

유혹에 압도되어, 머리칼이 쭈뼛 서고

차분하던 내 심장이 본래 상태를 벗어나

갈비뼈를 두드리는가? 지금의 공포는

상상의 끔찍함에는 못 미친다.

살인은 아직 환상에 지나지 않건만,

그 생각 하나가 멀쩡했던 내 심신을 뒤흔들어놓고,

온갖 헷갈림으로 숨 막힐 지경이니, 없는 것밖에는

있는 것이 아무것도 없구나.

(1막 3장)

맥베스, 정말 미치도록 왕이 되고 싶은 남자다. 그러나 왕이 된다는 건 곧 반역한다는 뜻. 왕가의 피를 받았으되 적손이 아닌 그로서는 왕을 죽이지 않으면 꿈을 이룰 수 없다는 것을 안다.

맥베스는 마녀들의 두 번째 예언이 이루어진 순간, 마녀들의 세 번째 예언도 적중하리란 기대에 부푼다. 그리고 곧바로 왕을 죽이는 상상을 한다. '왕을 죽이고 내가 왕이 되고 싶다.' 그러나 이것은 마녀의 언어를 맥베스가 잘못 해석한 것이다.

사실 마녀들은 누구를 죽이라고 한 적이 없다. 맥베스가 왕이 된다고 예언했을 뿐이다. 그러므로 우리는 맥베스가 덩컨 왕을 살해한 것은 마녀의 지시에 따른 것이 아니라는 사실을 분명하게 해둘 필요가 있다. 이전부터 왕권에 대한 야심을 가지고 있던 맥베스에게 마녀의 예언이 기름을 부었을 뿐이다. 미국의 영문학자 캐롤 스트론진Carol Strongin Tufts도 맥베스의 덩컨 왕 살해가 자유의지였다고 보는 사람이다. 그는 말한다. "마녀들이 말한 것은 단지 맥베스가 왕이 된다는 것뿐이었지, 덩컨을 죽여야 한다고 말한 것은 아니다. 즉 맥베스는 자신의 자유의지로 왕을 죽인 것이다."16)

두 번째 예언이 이루어져서 코더의 영주가 되었듯이, 마녀의 세 번째 예언이 이루어진다면 맥베스는 특별히 아무런 손도 쓰지 않고 왕이 될 수도 있다. 그것을 아는 그는 위의 대사 직후에 "운에 따라 내가 손을 쓸 필요도 없이 왕위가 굴러들어올지도 모르지"라고 자신의 살인 충동을 가까스로 누르고 있다. 그런데 모두가 알다시피 그는 덩컨 왕을 죽인다. 물론 맥베스 부인의 부추김도 있었다. 그러나 모든 사람이 다 아내가 부추긴다고 사람을 죽이는 건 아니다.

마녀와 만난 후 사람이 확 변한 맥베스는 결국 덩컨 왕을 죽이고 왕좌에 오른다. 그런데 문제는 그렇게 원하던 왕관을 썼는데도 그리 행복하지 않다는 사실이다. 오히려 스스로 저지른 '악행' 때문에 죄책감에 시달린다. 그 죄책감이 얼마나 큰 것인가를 왕을 죽인 직후 그의 대사가 알려준다.

맥베스 내가 왜 이럴까,

아무 소리에나 놀라다니? 이 무슨 손이냐?

하! 내 손이 내 두 눈을 잡아 뽑는다.

저 위대한 바다의 신 넵튠이

내 손에 묻은 피를 깨끗이 씻어줄까?

아니야, 내 손이 오히려 그

광대한 바다 전체를 짙은 붉은 빛으로 물들여,

푸른 물의 붉은 바다로 만들리라.

(2막 2장)

'용감한' 맥베스가 '그까짓' 살인 한 번에 이렇게 진저리치다니. 전쟁터에서 무사의 직업은 살인이고, 그는 살인 때문에 칭송받아왔다. 그러나 이번에는 다르다. 덩컨 왕을 죽인 맥베스를 끝없이 괴롭히는 건 자신이 존경하던 왕의 몸에 칼을 찔러 넣은 명분 없는 살인의 추억이다. 그 추억은 불면의 밤과 피 묻은 손의 환상으로 그를 짓누른다.

맥베스 내 생각에 누군가 외치는 목소리를 들은 것 같소,

'더 이상 잠들지 못하리라!

맥베스는 잠을 죽여버렸다'라고.

저 순진무구한 잠.

엉켜버린 근심의 실타래를 풀어주고,

나날의 지친 삶을 지워주고,

노동의 쓰라림을 씻어주는 목욕,

상처 입은 마음에 바르는 약,

대자연의 정찬이자, 인생의 향연에서

최고의 영양식인 잠

(2막 2장)

죄책감은 그의 '잠'을 앗아갔다. 덩컨 왕과 함께 자신의 잠까지 죽여버리고 말았다. 맥베스는 이제 '엉켜버린 근심의 실타래'를 풀 수도 없고 '상처 입은 마음에 바르는' 연고도 없다. 그는 깊은 양심의 가책을 느낀다. 다음 지문에서 맥베스 부인이 묘사하듯이 그는 원래 '마음이 약하고 인정이 넘치는' 사람이었다.

맥베스 부인 그렇지만 난 당신의 본성이 걱정됩니다.

가장 가까운 길을 택하기에는 너무 마음이 약하고

인정이 넘치지요.

(1막 5장)

이랬던 그가 마녀들의 두 번째 예언이 실현된 순간부터 자신의 욕망을 통제하는 자제력을 잃었다. 마녀의 예언이 그의 무의식 속에 잠재되어 있던 욕구를 의식의 세계로 이끌어냈다. 욕망의 파도를 저지하는 방파제는 양심이다. 맥베스의 욕망은 마녀들이 톡톡 건드리자마자 이내 부풀어올라 양심의 방파제를 너무나 쉽게 넘어가버렸다. 마녀들은 맥베스의 욕망에게 양심을 버리라고 유혹했고, 욕망은 그 유혹에 응했다. 마녀들의 말을 신뢰하는 맥베스는 자신의 욕망이 실현

될 가능성이 아주 높아졌다고 본 것이다. 그는 한시라도 빨리 왕이 되고 싶었다. 참을 수가 없었던 것이다. 그러나 욕망을 이루기 위해 양심을 버린 자는 영혼의 안식도 함께 버려야 한다는 사실을, 맥베스는 미처 몰랐던 것 같다.

욕망을
_____ 부추긴 것은 누구인가

대체 마녀는 무엇인가. 극이 시작되자마자 나타난 마녀들의 모습은 극중 뱅쿠오가 "여자같이 보이는데 수염이 나 있으니, 참 알 수가 없군"이라고 표현하듯이 사람인지 아닌지, 여자인지 남자인지도 불분명하다.

> **뱅쿠오** 이것들이 무엇이냐,
>
> 이렇게 찌들고 옷차림이 난잡하고,
>
> 이 세상 사람들이 아닌 것 같으면서
>
> 땅 위에 있는 이들은? 살아있는가?
>
> 혹은 사람과 함께 말을 할 수 있는 것들이냐?
>
> 내 말을 이해하는 것 같구나, 각자가
>
> 즉시 말라빠진 입술에 터진 손가락을
>
> 갖다대는 걸 보면 여자같이 보이는데,

수염이 나 있으니

참 알 수가 없군.

(1막 3장)

마녀들이 이때 처음 등장한 것은 아니다. 사실 이 연극에서 가장 처음 등장한 인물들이 마녀다. 마녀들은 작품의 도입부부터 애매한 이야기로 이 이야기를 음험하고 초자연적인 분위기로 몰고 간다.

마녀 1 어디에서?

마녀 2 황야에서.

마녀 3 거기서 맥베스를 만나자.

마녀 1 갈게, 회색 고양이야.

마녀 2 두꺼비가 부르네.

마녀 3 곧 갈게!

모두　 예쁜 건 더럽고, 더러운 건 예쁘다.

날아가세, 안개와 탁한 대기 속으로.

(1막 1장)

마녀들이 "거기에서 맥베스를 만나자"라고 약속하는 것으로 보아 그들이 맥베스를 기다려왔다는 사실을 짐작해볼 수 있다. 또한 다음 지문에서 한 마녀가 "북소리다. 북소리! 맥베스가 왔구나"라고 말하는 대사는 그들이 맥베스의 운명에 영향을 끼치기로 결의했음을 내

비친다.

마녀 3 북소리다, 북소리!

맥베스가 왔도다.

모두 바다와 육지의 파발마,

운명의 자매들이

손에 손 잡고 돌아간다 돌아가.

네 쪽 세 번 내 쪽 세 번

또 삼세 번, 아홉 번을 돌고 나니,

쉬잇! ―마법이 걸렸다.

(맥베스와 뱅쿠오 등장)

맥베스 이렇게 더럽고도 예쁜 날은

내 아직 본 적이 없구나.

(1막 3장)

또 마녀들은 맥베스가 등장하기 바로 직전에 "쉬잇! ―마법이 걸렸
다"라고 말한다. 이는 이미 맥베스가 마녀를 만나기도 전에 마녀적인
무엇인가와 결합되어 있음을 관객들에게 친절하게 알려주는 장면이
다. 이어 등장한 맥베스가 "이렇게 더럽고도 고운 날은 내 아직 본 적
이 없구나"라고 말하는 것을 보라. 이 말은 1막 1장에서 마녀들이 했
던 "고운 건 더럽고, 더러운 건 곱다"라는 이상하고 모호한 말과 대응
한다. 눈치 빠른 관객들은 '마녀적'인 무엇인가가 맥베스의 마음속에

이미 깃들어 있었음을 눈치 챘으리라.

마녀들은 처음 맥베스를 만났을 때부터 이미 그의 마음속에 있는 무언가를 알고 있었다. 그렇지 않다면 마녀들이 그에게 나타났을 리가 없다. 맥베스는 마녀들에게 자신이 간직하고 있는 야심을 여지없이 들키고 말았다. 아니면, 마녀들의 예언을 통해 자기 마음속에 꿈틀거리던 야심의 정체를 확신했는지도 모른다. 맥베스가 마녀들의 말을 처음 들었을 때 이미 "마녀들에게 즉시 항복함으로써 마녀들과 도저히 풀 수 없는 운명의 거미줄로 엮여버렸다[17]"고 말했다. 즉, 맥베스와 마녀들의 공범 관계가 성립되어버린 것이다.

마녀들이 한 말이 자신의 운명이라고 너무 쉽게 인정해버린 맥베스다. 자신의 운명을 미리 알아버린 사람이 할 수 있는 행동은 다음 세 가지 중 하나다. 첫째, 별다른 행동을 하지 않고 운명에 맡긴다. 이건 보통 사람들의 태도다. 둘째, 운명에 저항해서 마지막까지 싸운다. 리어 왕에 나오는 에드먼드의 자세다. 그는 서자라는 자신의 운명에 끝까지 저항했다. 셋째, 이미 알아버린 운명을 실현하기 위해 적극적으로 행동한다. 맥베스는 세 번째 길을 택했다. 마녀의 두 번째 예언이 실현되자 자신의 운명을 점점 더 확신하고, 자신이 왕이 된다고 한 마지막 예언을 실현하기 위해 직접 '행동'에 나선다.

맥베스는 마녀들이 자신에게 어떤 초자연적인 힘을 써서 도움을 주리라고 기대했을 것이다. 그는 마녀들이 인간을 뛰어넘는 어떤 힘을 가지고 있다고 생각했기 때문이다. 그 증거는 맥베스가 맥베스 부인에게 보낸 편지를 그녀가 읽는 다음 장면에서 확인할 수 있다.

맥베스 부인 (그들은 나를 전쟁에 이긴 그날 만났다오. 그리고 나는

가장 완벽한 정보를 통해 그들이 인간의 지력

그 이상의 것을 갖고 있음을 알았다오.)

(1막 5장)

마녀들의 힘을 믿은 맥베스는 마녀들이 보증한 자신의 운명을 실현하기 위해 덩컨 왕을 살해하고 왕위에 오른다. 그런데 한 가지 마음에 걸리는 일이 있다. 뱅쿠오의 자손이 왕이 된다는 것. 그 예언도 실현될까 봐 전전긍긍한 맥베스는 뱅쿠오와 그 아들 플리언스를 죽이기 위해 자객을 보낸다. 자기가 관련된 문제에서는 마녀들의 예언이 적중하게끔 적극적으로 행동한 그가 이번에는 마녀의 예언이 실패하도록 행동한 것이다. 그는 마녀들이 자신의 도구라고 생각했지, 자기가 마녀의 도구라는 사실은 몰랐던 것 같다.

맥베스 내 머리엔 열매 없는 왕관을 씌워놓고,

내 손에는 자식 없는 왕홀을 쥐어주고,

내 아들이 이어받는 것이 아니라

내 혈통이 아닌 손이 빼앗아가게 만들었다.

그렇다면, 뱅쿠오의 후손을 위해

내 마음을 더럽혔고, 그들을 위해

인자한 덩컨 왕을 죽였단 말이냐.

내 평화가 담긴 그릇에 오직

그들을 위해 원한을 부었고, 내 영원한 보물을

사탄에게 내주고 말았구나,

그들을 왕으로, 뱅쿠오의 자손을

왕으로 만들기 위해서! 그럴 바에야,

자, 운명이여, 결전장으로 들어와

끝까지 나와 싸워보자!

(3막 1장)

그가 보낸 자객은 뱅쿠오를 죽이는 데는 성공하지만, 정작 더 중요한 인물인 뱅쿠오의 아들 플리언스는 놓쳐버린다. 이 때문에 맥베스는 자신을 통제하는 힘을 더 잃어간다. 마녀의 예언을 실현하기 위해 행동한 결과가 만족감과 행복이 아니라 죄악감과 공포란 걸 알게 되는 데 그리 오랜 시간이 걸리지 않는다.

맥베스 앞에 뱅쿠오의 망령이 나타났을 때, 그의 공포는 최고조에 달한다. 이제, 왕인 자신의 지위를 위협하는 사람을 죽이는 것으로밖에 생존의 방도를 찾지 못한다. 그런 그에게 자기가 죽인 인간의 모습을 한 망령이 나타났으니 혼비백산할 수밖에. 더구나 망령은 그 자리에 있는 부인과 귀족 영주들에게는 보이지 않고, 오직 맥베스에게만 보인다. 맥베스 부인은 만찬 자리에 참석한 귀족들에게 남편의 상태를 들키지 않으려고 필사적으로 노력해보지만 소용없는 일이었다. 맥베스는 왕의 체통도 다 버리고 혼비백산하면서 공포에 찬 속마음을 모두에게 들켜버린다.

'용감한' 맥베스가 두려움에 무너졌다. 이제 맥베스가 의지할 곳은 마녀들뿐. 맥베스는 '운명의 보증'을 얻기 위해서 스스로 마녀들을 다시 찾는다. 마녀의 예언을 실현하기 위해 행동한 결과는 괴로움이고, 괴로움 때문에 다시 마녀에게 의존하는 악순환이 시작된다.

> **맥베스** 나는 내일 (그것도 늦기 전에)
>
> 운명의 자매들에게 갈 것이야.
>
> 그들이 더 말하게 만들겠어.
>
> 왜냐면 난 지금, 최악의 수단으로
>
> 최악을 알아내기로 작정했으니까.
>
> (3막 5장)

그런데 맥베스가 자기 운명의 보증인이라고 생각하는 마녀들은 이미 그와는 전혀 다른 생각을 품고 있다. 마녀들의 우두머리 격인 헤카트가 하는 말을 들어보자. 마녀들은 맥베스를 '파멸에 빠뜨리려고' 기다리고 있다. 헤카트는 맥베스의 운명을 보증하기는커녕, 과신이야말로 인간의 가장 큰 적'이라고 말한다.

> **헤카트** 마술로 증류해서
>
> 가짜 요정을 만들어내고
>
> 그 환영들의 힘을 빌려서
>
> 그놈을 파멸에 빠뜨릴 테야.

놈은 운명을 걷어차고

죽음을 조롱하고,

지혜와 자비와 경외심보다

자신의 소망을 우선순위에 두는 놈이야.

그리고 너희들 모두 알다시피

과신은 인간의 가장 큰 적이지.

(3막 5장)

이것이 마녀의 실체다. 그러나 마녀들은 맥베스가 듣는 곳에서는 이런 말을 하지 않았다. 황야에서 두 번째(4막 1장)로 만난 맥베스에게 마녀들이 말한 것은 다음 세 가지다. 첫째, 맥더프를 조심하라. 둘째, 여자에게서 태어난 사람 중에는 맥베스를 해칠 사람이 없다. 셋째, 버남의 큰 숲이 던시네인 언덕으로 다가오지 않는 한 절대 정복당하지 않는다.

맥베스는 마녀들의 이 세 가지 약속을 확실한 보증이라고 생각하고 안심했다. 그러나 결과적으로 맥베스를 죽음으로 몰고 간 것은 이 예언이다. 첫 번째 예언 때문에 맥베스는 맥더프의 처자를 죽였고 그 결과 맥더프는 피의 복수를 결심하게 된다. 두 번째 예언은 맥더프가 제왕절개로 태어난 인물이라는 사실이 드러난 순간 그 본뜻이 밝혀지는데, 그것은 '어떤 인간도 맥베스를 해치지 못한다'는 게 아니라 '맥더프가 맥베스를 응징한다'는 예언이었다. 세 번째 예언은 결국 적병들이 버남 숲의 나뭇가지를 들고 이동하는 데서 보듯 '버남 숲이 움직일

때 정복된다'는 비유였다. 맥베스는 마녀의 예언을 또다시 자기 상황에 맞게 해석해버린 것이다. 맥베스는 버남 숲이 몰려온다는 보고를 받고나서야 처음으로 마녀를 의심하게 된다. 진실이라고 믿었던 말은 거짓, 운명의 보증수표로 믿었던 예언은 단지 '얼렁뚱땅equivocation'이었단 말인가.

> **맥베스** 내 자신감은 무뎌지고,
>
> 진실처럼 거짓을 말하는 마녀의 얼렁뚱땅이
>
> 의심되기 시작한다.
>
> (5막 5장)

그는 그제야 모든 사태를 파악했다. 파멸을 예감했고, 사는 게 지긋지긋해졌다. 그러나 평생 전쟁터를 누비던 맥베스다. 무장으로서의 정체성을 되찾은 그는 아름답게 죽는 길을 생각한다.

> **맥베스** 나는 태양을 보기 싫어졌다,
>
> 그리고 세상이 이제 무너졌으면 좋겠다. -
>
> 경종을 울려라! - 바람아 불어라,
>
> 파멸이여 오거라! 나는 적어도
>
> 갑옷은 입고 죽으련다.
>
> (5막 5장)

안타깝다. 그는 왜 좀 더 일찍 무사로서의 자기 본성을 일깨우지 않았을까. 맥베스의 최후는 장렬하다. 마녀를 만난 뒤부터 마녀의 약속에 반응_{reaction}만 해온 그다. 그런 그가 운명에 맞서서 행동_{action}하기 시작한다. 주술에 걸린 꼭두각시가 사라지고, 용감한 맥베스 장군이 돌아왔다.

마지막 장면에서 그는 마녀의 각본, 아니 셰익스피어의 각본을 받아들이지 않기로 결심한 배우처럼 보인다. 마녀의 마지막 예언을 듣고 '아, 나는 안 죽는구나' 하고 안심한 맥베스였다. 그런데 마지막에 버넘 숲이 움직이고 맥더프가 제왕절개로 태어난 몸이라는 것을 알게 되자, 그는 마치 '결국 이런 각본이었다니. 괘씸한 셰익스피어!'라고 분통을 터뜨리는 듯하다. 아래 대사는 그가 마치 비로소 작가의 의도를 알아채고 자신이 죽어야 하는 역할임을 깨닫고는 원래 정해져 있던 극본과는 다른 대사를 말해버리는 것만 같은 느낌이다.

> **맥베스** 내가 왜 얼간이 로마인 행세를 하며
>
> 내 칼에 죽어야만 되는가? 산 놈들이
>
> 눈에 띄는 한, 벌어진 칼자국은
>
> 그놈들에게 더 잘 어울리는데 말이다.
>
> (5막 8장)

최후의 순간이 다가옴을 느낀 맥베스는 『햄릿』의 호레이쇼처럼 갑자기 로마인 이야기를 꺼낸다. 호레이쇼는 로마인처럼 스스로 죽고

싶다고 말했지만, 맥베스는 '얼간이 로마인 행세'는 사양하고 더 싸우 겠다고 말한다. 로마의 카토나 브루투스처럼 전쟁에 졌다고 자결하는 멍청이 같은 관습을 따르지 않겠다는 말이다. 그리고 무사답게 싸우 다 죽는다. 그의 머리는 잘려서 성문에 걸린다. 그는 셰익스피어 극의 주인공 중에서 가장 비참한 최후를 맞는다.

> **맥베스** 내가 항복하여
> 어린 맬컴의 발밑 땅에다 입을 맞추고,
> 잡놈들이 저주하는 놀림감이 되지는
> 않을 것이다. 버남 숲이 던시네인으로
> 오기는 했지만, 대적하는 네놈이
> 여자의 소생이 아니긴 하지만, 그래도 난
> 끝까지 해보겠다. 이 도전의 방패를
> 내 몸 앞에 던진다. 덤벼라, 맥더프,
> 그리고 먼저 '그만, 멈춰'라고
> 외치는 자는 지옥에나 떨어져라!
> (싸우며 퇴장. 경종.
> 싸우며 다시 등장하고, 맥베스가 살해된다)

(5막 8장)

셰익스피어 4대 비극에 나오는 주인공 중에서도 가장 비극적인 주 인공이 맥베스다. 왜냐하면 그는 다른 주인공과 달리 스스로 몰락하기 때문이다. 햄릿의 광기는 아버지의 피살과 어머니의 숙부와의 재혼이라는 사건 때문에 변명 거리를 제공하고, 리어의 아집은 여든이라는 나이 때문에 동정을 살 수 있는 여지가 있다. 오셀로는 이아고라는 상상도 못 할 사상 최고 악당의 함정에 빠졌다는 측면이 있다. 그런데 맥베스는 오직 '솟아오르는' 자신의 야망 때문에 왕을 죽인 뒤, 그 뒷감당을 못하고 연거푸 또 다른 살인을 저지르며, 누가 일부러 계략을 짜지 않았는데도 스스로 비극의 구덩이에 몸을 던진다. 자신이 추락한 원인을 다른 데서 찾을 수 없으니 마음이 더욱 괴롭다. 스스로의 욕심을 통제하는 데 실패하면 실패할수록 마녀들에게 더 휘둘린다.

그런데 맥베스는 왜 마녀와 거래했을까. 미국의 비평가 하이만Stanley Edgar Hyman은 "맥베스에 나오는 마녀들은 단지 장식품이며, 내부의 목소리가 외적인 형태로 나타난 결과일 뿐"[18]이라고 말했다. 마녀의 존재는 단지 맥베스의 마음속에 잠재되어 있던 욕망이 드러난 것일 뿐일지도 모른다.

마녀의 존재를 믿건 믿지 않건 그건 문제가 아니다. 우리는 『맥베스』에 나타난 맥베스와 마녀 사이의 거래를 있는 그대로 관찰하면 된다. 만약 우리가 중세 스코틀랜드 사람의 입장이 되어 마녀의 존재를 받아들인다 하더라도, 왜 마녀가 유독 맥베스를 기다렸는지, 왜 맥베스는 마녀와의 거래를 받아들였는지 하는 점에 주목해야 한다. 맥베스의 가슴속에 이미 자리 잡고 있던 욕망이 마녀를 불러들였다고밖에 볼 수 없다. 미국의 셰익스피어 학자 웨이싱거Herbert Weisinger가 말했듯,

'맥베스가 마녀들의 사악한 약속을 받아들인 것은 그의 사악한 야심과 정확하게 일치'했기 때문이다.[19]

　마녀, 그것은 높이 솟아오른 맥베스의 욕망이 내려앉을 곳을 찾지 못할 때 맥베스 스스로가 찾은 둥지였다. 맥베스, 욕망을 스스로 다스리지 못하고 마녀 뒤로 숨은 남자. 그가 휘둘린 것은 마녀가 아니라, 다스리지 못한 욕망이 아닐까. 마녀는 인간 욕망의 은유인가. 인간이 자신의 심연을 스스로 직시하지 못할 때 나타나는 것, 그것이 마녀가 아닐까.

덩컨 왕의 조바심이
＿＿＿ 앞당긴 비극

맥베스는 이 작품에서 악당으로 묘사된다. 그런데 맥베스가 셰익스피어의 다른 극에 등장하는 악당들, 예를 들어 리처드 3세나 『오셀로』의 이아고 등과 구별되는 점은, 외양으로 나타난 행위로는 역모꾼, 살인자이면서도 내면에서는 양심의 가책을 끝까지 뿌리치지 못하고 갈등하는 인물이기 때문이다. 절호의 기회를 잡았지만 왕을 죽이지 못하고 계속 망설이는 맥베스의 모습은 관객의 동정심을 불러일으킨다. 그의 주저와 후회, 양심의 가책을 받고 혼란스러워 하는 모습은 관객을 그의 심정 속으로 이끄는 도구가 된다.

　맥베스는 도대체 어떤 인물인가. 그의 이름은 1막 2장에서 처음 등장하는데, 전쟁터에서 그의 활약상을 보고 온 장교가 맥베스의 무용담을 있는 그대로 전하고 있는 장면이다. 적을 두려워하지 않고, 위험을 뒤돌아보지 않는 맥베스의 모습은 용장勇將 그 자체다. 다음 대사는 덩컨 왕에게 전투 상황을 전하러 온 장교의 보고다. 이 장교는 왕에 맞서서 난을 일으킨 반란군 맥도널드는 '비정한 맥도널드' '노예'로 묘사하고, 그를 응징한 맥베스를 '용감한 맥베스'라고 부른다.

장교 저 비정한 맥도널드는 반역자 놈의 이름값 그대로

세상의 모든 악덕이 다 그놈에게 몰려

우글거리는 놈이기는 하지만,

서해 열도 곳곳에서 용병과 기마병을 지원 받았고,

운명의 여신도 그놈의 패씸한 싸움에

미소를 던지며 역적 놈의 창녀가 되었나 하고

의아할 정도였습니다만, 그러나 모든 게 그렇게

잘 굴러갈 리는 없지요. 왜냐면 저 용감한 맥베스가

-자신의 명성에 걸맞게- 운세를 뒤돌아보지도 않고

피비린 살육으로 김이 서린 칼을 휘두르면서

귀신처럼 진로를 뚫고 나아가,

그 노예 놈 앞에 뛰어들었단 말씀이지요.

그리고는 악수나 작별의 인사를 할 틈도 주지 않고

그놈의 배꼽에서 턱까지

일직선으로 갈라버리고, 그자의 대가리를

우리의 성벽 위에 꽂아버렸기 때문입니다.

(1막 2장)

맥베스의 용맹을 칭송하는 찬사는 극 초반부에 계속 반복된다. 로스의 다음 대사는 코더 영주를 '가장 의리 없는 반역자'로 규정하면서 맥베스(=전쟁의 여신인 벨로나의 장군)가 반역자들과 대극에 있는 충성심의 수호자임을 소리 높여 선언하고 있다. 맥베스는 자신의 이름이 호명되는 모든 장면에서 아군의 결정적 승리를 가져온, 절대적 신뢰를 받는, 남자 중의 남자, 용감한 전사로 묘사되고 있다.

> **로스** 노르웨이 왕이 몸소 엄청나게 많은
> 군사들을 거느리고, 저 가장 의리 없는
> 반역자, 코더 영주와 힘을 합쳐
> 불길한 싸움을 시작하기는 하였으나,
> 벨로나의 장군님이 무적의 갑옷을 차려입고
> 호적수로 맞부딪쳐, 칼날에는 칼날로,
> 반역의 팔뚝에는 팔뚝으로, 그자의 호기를
> 꺾어놓게 되었습니다. 그래서 마침내
> 우리가 승리하였습니다-

(1막 2장)

위의 대사는 이 나라가 맥베스의 힘으로 겨우 지탱된다고 말하고 있는 것처럼 들린다. 처음에는 불리한 싸움이었던 모양이다. '불길했던' 이 싸움의 판세를 맥베스가 돌려놓았다고 말한다.

스코틀랜드는 여기저기서 전쟁과 반란이 일어나 나라 안팎으로 매우 불안정한 상황이었다. 지방 영주인 맥도널드가 반란을 일으키고, 노르웨이 왕과 코더 영주가 협력해 침공해오는 등 끊임없는 반란은 덩컨 국왕의 무능함을 나타내고 있었다. 왕권은 취약하고, 왕자들도 유약해 보인다. 국왕과 왕자들은 전쟁을 직접 지휘하지 않고 후방의 궁성에 머물며 전쟁터에서 오는 소식만을 목 빼고 기다리는 처지다. 국방은 이미 맥베스와 뱅쿠오에게 의지하고 있다.

개선장군 맥베스와 덩컨 왕의 대화를 보자. 신하는 봉사·충성·존경·경의·사랑, 존중 등 이 세상에 존재하는 모든 찬사를 동원하여 왕을 칭송하고, 왕은 신하의 공을 치하하고 후의를 약속하며 신하를 자식같이 자신의 가슴에 안아 들인다. 이 장면만 보자면, 왕과 신하 사이의 눈물 나도록 따뜻하고 아름다운 정경이다. 그러나 정치적 현실은 그리 아름답지 않다.

맥베스 제가 진 봉사와 충성의 빚은, 그것을
　　　　　실천함으로써 저절로 갚게 됩니다.
　　　　　폐하의 역할은 저희들의 존경을
　　　　　받으시는 것입니다. 그리고 저희들은
　　　　　자식과 하인처럼 폐하의 왕권과 왕위에
　　　　　경의를 표하며, 사랑하고 존중하는

폐하의 안전을 위하여 마땅히 해야 될

모든 일을 다 할 뿐입니다.

덩컨 잘 왔소.

내 그대를 심어 가꾸기 시작했으니,

풍성하게 자라도록 힘쓸 것이오.

뱅쿠오 경, 그대의 공도 적지 않으며

또한 적다고 알려져도 아니 될 것이오.

그대를 포옹하고 가슴에 품게 해주시오.

(1막 4장)

왕실은 이미 힘의 공백 상태다. 덩컨 왕은 자애와 덕성이라는 처세
술로 자신의 허술한 권력 기반을 위장하고, 충성이라는 상징으로 위
태로운 왕좌를 겨우 지키고 있다. 더구나 당시 스코틀랜드는 하극상
의 시대. 왕의 덕성은 야망 앞에 취약하고, 신하들의 충성심은 자주
흔들린다. 스코틀랜드의 운명은 맥베스의 칼끝에 달린 것처럼 보인
다. 충성과 반역은 칼 끝 하나 차이. 어느 방향으로 돌리느냐다. 왕궁
에 긴장감이 감돈다.

먼저 속셈을 드러낸 자는 덩컨 왕이다. 맥베스와 뱅쿠오가 죽을힘
을 다해 반란군을 무찌르고 개선장군으로 돌아온 바로 그날, 덩컨 왕
은 장수들과 귀족들 앞에서 첫째 아들 맬컴을 세자, 즉 다음 국왕으로
지명한다. 이 무슨 기막힌 타이밍이란 말인가.

덩컨 넘치는 내 기쁨이

버릇없이 차올라, 슬픔의 눈물 속으로

숨으려 하는구나. -왕자, 친척, 영주,

그리고 가장 가까이 있는 경들이여,

알리노니, 과인은 장자인 맬컴을

세자로 봉할 것이며, 지금부터 그를

컴버랜드 왕자라 부를 것이오.

(1막 4장)

하필 차기 왕위 계승자 발표가 전쟁영웅 맥베스에게 코더 영주 지위를 내린 바로 그날인 이유는 무엇일까. 더구나 맥베스에게 "그대를 심어 가꾸기 시작했으니, 풍성하게 자라도록 힘쓸 것이오"라고 말한 바로 그 직후다.

덩컨은 산전수전을 다 겪은 정치인, 노회한 왕이다. 말은 그렇게 해도 속에 품은 생각은 다를 수 있다. 그는 국가적 혼란기에 힘의 공백을 틈타 왕권에 다른 생각을 품는 사람이 생길까 우려한 것 같다. 그 중 용감하고, 능력 있고, 인기도 있는 국민 영웅 맥베스를 견제하며 '맥베스를 너무 키우면 안 된다. 다른 생각을 품을 수 있다' 이렇게 생각했을 것이다. 갑작스런 세자 책봉은 빈틈을 주지 않으려는 덩컨의 정치적 기습 작전이었다.

그러나 덩컨 왕은 성급했다. 그리고 맥베스라는 사람을 잘못 읽었다. 이 섣부른 왕위 계승 발표 때문에 그의 목숨이 날아갔다고 본다.

그는 배고픈 사자의 코털을 건드린 셈이다.

> **맥베스** (방백) 컴버랜드 왕자라고! 그 위에 쓰러지든가,
> 아니면 뛰어넘어야 할 계단이구나,
> 내가 가는 길에 그것이 놓여 있으니.
> 별들아, 빛을 감추라! 그 불빛이 내
> 검고 깊은 욕망을 보지 못하게 하라.
> 눈이 손을 못 본 체하는구나. 그러나
> 끝났을 때 눈이 보기 두려울 그 일이
> 일어나 주기를.

(1막 4장)

용감하고 신망이 두터운 맥베스는 충분히 대권을 꿈꿀 수 있는 사람이었고, 실제로 가슴속에 그 꿈을 숨기고 있었다. 덩컨 왕의 계책은 타이밍이 나빴다. 맥베스가 대권의 꿈을 이루는 길이 오직 살인밖에 없음을 깨닫게 하고야 말았다.

이데올로기,
___ 맥베스를 뒤흔들다

맥베스, 왕이 되기로 결심한다. 그러려면 덩컨 왕을 죽일 수밖에 없다.

그런데 덩컨 왕이 자신의 성에 머무는 절호의 기회를 앞두고 맥베스는 갑자기 망설인다. 아래 대사는 덩컨 왕이 맥베스의 성으로 행차한 후, 맥베스가 왕을 죽이기를 주저하는 대목이다.

맥베스 지금 그는 이중의 신뢰 속에 여기 있다.

첫째, 나는 그의 친척이며 신하라는 점 때문에

암살에 강하게 반대해야 할 역할이다,

그 다음엔 손님을 맞을 주인으로서

자객에 대항하여 문을 걸어 닫아야

칼을 들 입장이 아니다.

더구나 덩컨 왕은 온화한 성품을 타고났으며

공무公務를 매우 공명정대하게 행하니, 그런 그의 덕성이

마치 천사가 소리높이 애원하는 것처럼

그를 죽이려는 이 천벌 맞을 일을 비난하리라.

그리고 갓난아이처럼 순진한 동정심은

돌풍을 타고, 또는 하늘의 천사 케르빔처럼

보이지 않는 바람의 전령 위에 올라앉아,

이 진저리나는 행위를 만인의 눈 속으로

불어넣어, 눈물이 바람을 잠재우게 하리라. -

나에게는 이 결의의 옆구리를 찌르는 박차가 없다.

오직 치솟아 오르는 야심만이 있을 뿐, 그것도 너무 높이 솟아

건너편에 떨어져버리는가-

(1막 7장)

그가 왕을 죽이지 못하겠다고 느끼는 이유는 다음과 같다. 첫째, 자기는 왕의 친척이자 신하로서 왕의 암살에 강하게 반대해야 한다는 데서 오는 도덕적 고민, 둘째 자신이 이 성의 주인이므로 응당 손님인 왕을 보호해야 할 입장인데 도리어 어떻게 왕을 죽일 수 있겠느냐는 역할 윤리에 근거하는 고민이다. 셋째는, 존경받는 군주로서 덩컨 왕이 지닌 온화한 성품과 고결함이 자신의 결심을 가로막는다는 것이고, 마지막으로 덩컨 왕의 덕행 때문에 자신의 왕 시해라는 부도덕한 행위가 더욱 크게 부각될 것이라는 두려움이다. 맥베스는 여기서 왕이 되고 싶다는 자신의 욕망 이외에 덩컨 왕을 죽일 어떤 이유도 스스로 납득하지 못했다는 사실을 고백하고 있다.

이 장면에서 반역을 꿈꾸고 있는 맥베스가 오히려 당대의 지배 이데올로기에 사로잡혀 있음을 볼 수 있다. 그는 왕을 죽일 수는 있지만 '왕다움'을 손에 넣을 수는 없고, 왕이 될 수는 있지만 군주로서의 덕성을 손에 넣을 수는 없다고 생각한 것 같다. 뱅쿠오에 대해 그토록 두려워한 것도 뱅쿠오의 후손이 왕이 된다는 마녀의 예언 외에도 그에게 "타고난 제왕 같은 기품"이 있기 때문이었다는 것을 상기해 보자.

맥베스 뱅쿠오에 대한

　　나의 두려움은 깊이 박혀 있으며,

　　타고난 그의 제왕 같은 기품 속에는 무언가

　　두려워해야 할 것이 군림하고 있다.

그는 실로 과감하다.

(3막 1장)

더구나 맥베스에게는 뚜렷한 대의명분도 없다. 대외적으로 공표할
만한 명분은커녕, 자기가 왕이 되어야 하는 이유를 스스로도 납득하
지 못한 상태에서 거사를 했으니 후유증이 따를 수밖에 없다. 그가 명
분 없는 싸움에 스스로를 몰아넣은 것은 마녀의 예언을 자기 식대로
믿고 자신의 욕망에 휘둘렸기 때문이다. 그러나 앞서 말했듯이 마녀
들은 그가 왕이 된다고 예언했지, 그가 '왕의 그릇'이라고 말한 건 아
니다.

맥베스는 원래 그리 독하지 못한 사람이었다. 왕을 죽일 계획을 세
웠지만 마음이 흔들렸다. 아내 맥베스 부인은 달랐다. 그녀는 내조의
여신이었다. 맥베스에게서 마녀의 예언을 들은 이후부터 그녀는 남편
을 왕으로 만들기 위해 굳은 결의를 다져왔다.

그만두자고 말하는 남편에게 맥베스 부인은 '용기' '겁쟁이' 같은
단어를 쓰면서 군인인 그의 자존심을 건드리고, 마치 겁먹은 사내아
이를 야단치듯이 남편을 거세게 몰아붙인다.

맥베스 부인 당신이 입고 있던 희망이 취해버렸나요?

그 주정뱅이는 그 후로 잠들어버렸나요?

그리고 지금 깨어나서, 술 덜 깬 창백한 얼굴로

내가 대체 뭔 말을 했지 하고 후회하고 있는 건가요?

이 시간부터 당신 사랑도 그렇게 알겠어요.

당신은 야심에 걸맞는 행동과 용기를

보여주기가 두려운가요? 당신은

평생의 장신구인 왕관을 가지고 싶으면서도

평생 겁쟁이로 살아갈 건가요?

"할게"하고 말한 바로 그 다음에 "난 못해" 하고 징징대니

물고기는 먹고 싶은데 발은 적시기 싫은 고양이와 똑같군요.

맥베스 제발 그만.

사나이가 될 수 있다면 뭐든지 할게.

나보다 더 과감한 인간이 없을 정도로.

(1막 7장)

'엄마'의 작전이 '아이'에게 통했다. 맥베스 부인은 왕이 되고 싶지만 대의명분이 없는 남편 맥베스에게 덩컨 왕을 죽이고 왕관을 손에 넣는 일이 '사나이의 용기' 문제라고 정의를 내려주었다. 그리고 다른 명분이 없던 맥베스는 그 평계를 받아들였다. 그러나 그렇게 바라던 왕이 되었음에도 그의 욕망은 채워지지 않는다. 왕관은 잡을 수 있었지만, 욕망은 잡을 수 없었던 것이다.

이러한 맥베스의 모습은 우리 삶에서도 쉽게 발견된다. 입학하고 싶었던 학교든, 원하던 직장이든, 오르고 싶던 지위든, 우리가 어떤 목표를 달성하는 순간 그것은 이미 우리 욕망의 대상이 아니게 된다. 욕망의 숙명은 채워지지 않는 것이다. 인간은 욕망을 실현한 그 순간부

터 결핍의 맨 얼굴과 다시 마주하게 된다. 그러므로 야망을 품은 사람은 늘 배고플 수밖에 없다.

맥베스가 손에 쥔 것은 만족감이 아닌 불안과 죄책감이다. 그는 정신적으로 몰락한다. 이상한 일이다. 맥베스는 전쟁터에서 숱한 살인을 경험한 사람이다. 그는 "견고한 노르웨이 진중에서 몸소 만든 낯선 죽음의 형상들을 조금도 두려워하지 않았던(1막 3장)" 바로 그 사람과 동일인물이 아닌가. 그랬던 그가 왜 이리도 나약한 모습을 보이는가.

맥베스는 왕이 되었지만, 해서는 안 될 일을 했다는 죄책감에서 벗어나지 못했다. 그리고 자신의 왕위 계승 과정에 있어 '정통성 콤플렉스'에 시달린다. 다음 장면은 살인이 있었던 다음날 아침 덩컨 왕의 시체가 발견된 직후에 맥베스가 하는 말이다. 물론 이 말은 영주 레녹스와 로스가 듣는 곳에서 자기가 살인범이 아니라는 연기의 일환으로 한 말이라 볼 수도 있지만, 내용은 그의 본심이다.

> **맥베스** 내가 이 뜻밖의 사건이 있기 한 시간
> 전에 죽었더라도, 축복받은 세월을
> 살았을 것이다. 이 순간부터
> 인간 세상에 중요한 일은 단 하나도
> 없다. 만사가 하잘 것 없다.
> 명예와 기품이 죽었다.
> 인생의 술은 다 동났다. 술 창고에는

찌꺼기만 살아남아 설쳐대고 있다.

(2막 3장)

덩컨의 죽음이 '명예와 기품'의 죽음이고, 덩컨이 죽은 사실을 안 그 순간부터 '만사가 하잘 것 없다'니? 이는 맥베스 자신이 충성심이라는 당대의 이데올로기에서 단 한 발도 벗어나지 못했음을 말해준다.

이러한 욕망과 양심의 불일치는 개인 맥베스를 실패하게 만드는 원인이자, 더 나아가 스코틀랜드를 전쟁의 참극으로 몰고 간 원인이 된다. 맥베스는 햄릿처럼 불멸의 기준을 지키며 살든지, 에드먼드처럼 욕망에 충실하든지 둘 중 하나를 택했어야 했다. 자기 내면의 가치관이 서로 부딪쳐서 갈등하는데 외부의 위협에 어떻게 제대로 대처하겠는가.

예컨대 이렇다. 맬컴 왕자와 도널베인 왕자는 아버지 덩컨 왕이 죽자 재빨리 잉글랜드와 아일랜드로 도망쳤다. 이 사실은 이들이 맥베스가 부왕을 살해한 범인이라는 걸 알고 있었다는 뜻이다. 맥베스가 거짓말은 했으나 미처 얼굴색을 숨기지는 못했기 때문이다. 이 두 왕자는 맥베스가 자신의 지위를 유지하는 데 가장 걸림돌이 되는 인물들이었다. 그런데도 맥베스는 맬컴이 잉글랜드 왕의 군사적 지원을 받아내고 반격을 준비할 때까지 어떠한 외교적 조치도 취하지 않았다.

또 뱅쿠오 암살 계획만 해도 그렇다. 맥베스 자신에게 가장 위협적인 존재는 뱅쿠오가 아니라 오히려 뱅쿠오의 아들인 플리언스였다. 그런 상황에서 자객들이 뱅쿠오는 죽고 플리언스는 도망쳤다고 보고 했음에도 맥베스는 정작 자신에게 위협이 될 플리언스를 '이빨이 없는 작은 뱀'이라 무시하며, 추적을 명하거나 암살을 재시도하지 않고 방치했다. 이것은 맥베스가 자기 내면의 갈등과 싸우느라 자기 앞에 닥친 외부 상황을 정확히 판단할 여유를 잃었기 때문이다.

맥베스 뱅쿠오는 틀림없겠지?

자객 예, 폐하.

시궁창에 처박혀서 머리에 깊은 상처를

스무 개나 입은 채 틀림없습니다.

가장 얕은 상처라도 사람이 죽습니다.

맥베스 그건 고맙다. – 큰 뱀은 거기에 누워 있다.

달아난 작은 뱀은 천성이 앞으로

독을 품을 것이지만, 당장은 이빨이 없다 –

물러가라, 내일 다시 듣도록 하자. (자객 퇴장)

(3막 4장)

반란을 진압하고 공훈을 세운 맥베스가 자신도 왕이 되어볼까 하고 생각한 일 자체는 그리 특이할 만한 일이 아니다. 그거야 칭기즈 칸도 이성계도 주몽도 다 꿈꾼 일이었다. 대권을 잡으려고 꿈꾸는 일 자체가 나쁘다고 말할 수는 없다. 그러나 맥베스의 욕망은 오직 무엇이 되고자 하는 꿈이었지 무엇을 하고자 하는 소명의식에서 나온 위업의 꿈이 아니었다. 그 사실이 그의 생이 비극으로 흘러가게 하는 단초가 되었다. 무엇이 되려는 꿈, 즉 지위를 이루려는 꿈은 이루어지고 나면 소멸하는 허무한 꿈이기 때문이다. 꿈을 이루어본 사람은 안다. CEO 가 되는 꿈도, 박사가 되는 꿈도, 명문대학에 들어가는 꿈도, 길면 사나흘, 짧으면 반나절 가는 기쁨일 뿐이다. 왕이 되는 꿈도 정작 왕이 되고 나면 사라지리라.

또한 앞서 언급했듯이 맥베스는 왕이 된 그 순간부터 죽을 때까지 왕권의 정통성 콤플렉스에 시달려야 했다. 도덕적 정당성과 '왕다움', 즉 정통성이 모두 자기의 것이 아니라고 생각한 그는 이제 오직 생존에 집착한다. 그렇게 바라던 왕이 된 그의 다음 목표가 '왕답게 살기'가 아닌 '살아남기'가 된 것은 이 때문이다.

지위욕구와
_____ 권력의지는 같지 않다

권력에 대한 욕망은 가득했으나, 정치를 향한 열정이나 공적인 성취를 이루려는 소명의식, 권력의지는 부족했던 맥베스. 그의 욕망은 무엇이 되고 싶다는 지위 욕망이었을 뿐, 무엇을 하고 싶다는 과업 성취에 대한 욕구가 아니었다.

막스 베버의 표현을 빌리자면 그는 '정치에 의한 삶'을 살아간 사람이었지, 공동체의 문제로서 '정치에 대한 삶'을 살고자 한 사람이 아니었다. '무엇이 되려는' 생각만 있고 '무엇을 하려는' 생각이 없는 사람에게 좋은 인재가 모일 리 없다. 대의 없이 무엇이 되려고만 하다가 우연히 그것을 이룬 사람에게는 그 '무엇'에 부수하는 떡고물을 나눠먹으려고 몰려드는 부나방만 가득할 뿐이다. 그리고 그 부나방들은 권력의 풍향계가 다른 방향으로 머리를 돌리는 순간 언제 그랬느냐는 듯 등을 돌리기 십상이다.

맥베스의 경우에도 그랬다. 그가 왕이 되었을 때 많은 귀족·영주들이 그가 연 향연 자리에 몰려들었다. 그러나 잉글랜드 군이 몰려오고 맥베스의 세가 불리한 듯 보이자 거의 모두 등을 돌려버린다.

> **맥베스** 더 이상 보고하지 말라. 모두들
> 도망치라고 해.
> (중략)
> 도망쳐라 엉터리 영주놈들아,
> 방탕한 잉글랜드 놈들과 어울리거라.
> 나를 지배하는 정신과 내가 지닌 심장은
> 절대 의심으로 처지거나 두려움으로
> 떨지 않을 것이다.
>
> (5막 3장)

맥베스는 정권을 잡은 즉시 '무언가'를 했어야 했다. 몽골의 칭기즈칸처럼 정복전쟁에 나서든지, 북위北魏의 효문제孝文帝처럼 균전제를 실시하든지, 링컨처럼 노예해방선언을 하든지, 태종 이방원처럼 호포戶

布를 폐지하든지, 김영삼처럼 금융실명제를 실시하든지, 박정희처럼 중화학공업정책이나 새마을운동을 몰아붙이든지, 무엇인가를 했어야 했다. 그도 저도 아니라면, 적어도 무언가를 하려는 사람처럼 보이기라도 했어야 했다.

조직의 장기적인 안정을 위해서는 조직을 끊임없이 변화의 소용돌이 속으로 밀어넣어야 한다. 경영학자 이홍은 이것을 '미시적 불안정성'이라고 불렀다. 조직이 "미시적 수준에서 끊임없이 변화하는 능력이 발휘되면, 이를 토대로 조직 전체는 환경변화에 대응할 수 있고, 거시적으로 안정성을 유지하게 된다"[20]라고 설명한다. 맥베스는 정권 인수 후 스코틀랜드를 미시적 불안정성 속으로 거세게 몰아붙였어야 했다.

만약 맥베스가 죄악감에 사로잡혀서 좌충우돌하는 대신, 일련의 새로운 개혁조치를 밀어붙였다면 어떻게 되었을까. 조직 내 긴장감이 커지고 덩컨 왕이 통치하던 시절의 관습들이 해체되면서, 새로운 개혁 주도층이 탄생했을지도 모른다. 그리고 정권 인수과정의 정당성 논란에 시달리는 일 없이 국민의 지지를 받았을지도 모른다. 연극이라는 가상의 세계에서 일어난 일을 또다시 뜬금없는 가정假定의 세계로 밀어넣는다고 꾸지람하지 마시라. 우리가 무한한 상상의 나래를 펼 수 있는 여지, 이것이 셰익스피어 극의 가장 큰 매력이다.

내친 김에 우리 옛 역사적 사실과 잠깐 비교해보자. 이성계와 이방원 등 조선의 건국 세력들은 고려라는 피被인수 조직의 구성원들이 기왕에 가졌던 관습을 파괴하기 위해 전제개혁과 수도 이전을 단행했다. 그것은 고려왕조에서 정착된 관습을 파괴함으로써 이전 정권의 정신 모형을 바꾸려는 기획이었다. 이성계의 이런 창조적 조직변화 전략이 단기적으로는 인수·합병의 성공, 장기적으로는 조선 오백 년의 거시적 안정성으로 이어졌다고 본다.

그러나 맥베스는 왕권의 정통성, 왕위 취득과정의 정당성 등 부분 문제에 과도하게 집착해서 국가 전체 문제를 관리하는 CEO의 역할을 게을리했다. 그는 국가 최고 권력의 교체라는 중대한 사안을 개인의 양심에 관한 문제로밖에 파악하지 못한 것이다. 이 점이 국가경영자로서 맥베스의 능력을 의심하게 한다.

'치솟아 오르는 욕망'과 권력의지가 같은 것이라고 오해해서는 안 된다. 권력에 대한 욕망은 누구나 품을 수 있지만, 권력의지는 국가의 전체 문제를 스스로 감당하려는 시대의식을 가진 사람의 것이다. 연극 속의 이야기이긴 하지만, 그가 당시 스코틀랜드가 처한 문제를 직시하고 그것을 자신의 손으로 해결하려는 소명의식을 가졌다면 그렇게 어처구니없이 스스로를 무너뜨리지는 않았으리라고 본다. 맥베스는 '전체 문제로서의 국가 경영'을 담당할 그릇이 아니었던 것이다.

그는 좋은 무사였지만 훌륭한 정치인은 아니었다. 마녀들과 부인의 말은 그토록 잘 경청한 맥베스였다. 그러나 『햄릿』의 호레이쇼 같은 조력자는 어디에도 보이지 않고, 부인과 거사를 모의하는 모습은 있어도 동지들과 국가대사를 논의하는 모습은 어디에도 보이지 않는다. 그는 마녀들의 말을 확대해석하여 전우이자 2인자 격인 뱅쿠오와의 연합도 시도해보지 않고 그토록 쉽사리 죽여 버렸다. 적어도 뱅쿠오를 경쟁적 협력자로 끌어들일 여지는 있었다.[21]

1막 3장 끝 무렵의 다음 대사를 보자. 맥베스에게 코더 영주의 지위가 하사된 사실, 즉 마녀의 두 번째 예언이 맞아떨어진 사실을 알게 된 후의 일이다. 뱅쿠오는 맥베스에게 "그 말을 곧이곧대로 믿는다면, 장군이 코더 영주 외에도 왕관을 넘보게 될지도 모르겠소"[22]라고 말한다. 뱅쿠오는 맥베스가 다른 맘을 품을까 의심한 것이다.

그렇지만 맥베스는 이때만 해도 발끈하지 않고 찬찬히 말한다. '마녀가 나타나서 우리 둘에게 각각 그런 얘기를 하는 바람에 갑자기 우리가 서로에게 속마음을 보여줘버렸소. 이것 참, 서로에게 껄끄러운 일이 되어버렸소. 이왕 이렇게 된 일, 우리 서로에게 좋은 방향이 무엇인지 천천히 심사숙고해봅시다. 그리고 서로 속마음을 털어놓는 기회를 한번 가집시다.' 맥베스, 이때만 해도 정신 줄을 잡고 있었다.

> **맥베스** (뱅쿠오에게)
>
> 뜻밖에 벌어진 일을
>
> 좀 생각해보시오. 그리고 시간을 두고
>
> 그 동안에 그것을 신중히 고려한 다음,
>
> 서로 속마음을 털어놓도록 합시다.
>
> **뱅쿠오** 기꺼이 그러지요.
>
> **맥베스** 그럼, 이젠 됐소.
>
> (1막 3장)

그러나 맥베스는 마녀의 말에 휘둘려서 자신의 조력자가 될 수도 있었던 뱅쿠오를 죽인다. 그뿐인가. 유력 귀족 맥더프를 단 한 차례도 설득해보려고 하지 않고 오히려 그의 처자를 죽여서 철천지 원수가 된다. 그는 주변인물 관리에 철저하게 실패했다.

결국 맥베스가 수립한 새 정부는 지지기반이 든든하지 못했다. 새로운 통치 이념을 내세우지도 못했고, 국가와 국민을 단결시킬 새로운 적을 만들어내지도 못했다. 그가 왕권을 강화하기 위해 실시한 네트워크 작업이란 것도 향연을 열어 귀족들의 환심을 사는 정도였다. 더구나 자신이 개최한 파티에 오지 않는 사람들을 체크하거나, 감시하기 위해 귀족 가문의 하인을 매수하는 등 사소한 일에 귀중한 시간을 허비했다.

맥베스　　　당신은 어떻게 생각하시오?
　　　　　　　맥더프가 짐의 완고한 명령에도
　　　　　　　출석을 거부한 사실을.
맥베스 부인　그에게 사람을 보내셨어요, 폐하?
맥베스　　　우연히 들었소, 하지만 보낼 거요.
　　　　　　　내가 매수한 하인을 두지 않는 가문은
　　　　　　　한 집도 없소.

(3막 4장)

이와 달리 잉글랜드로 도망간 맬컴 왕자는 잉글랜드 국왕과 파이프 영주인 맥더프, 노섬벌랜드 영주 시워드 등과 연대해서 강력한 반대 세력으로 성장하고 있었다.

전 정권의 최고 권력자만 제거하면 조직의 모든 구성원이 손 안에 들어올 것이라 생각한 일은 맥베스의 큰 착각이었다. 그에게 필요했던 건 성급한 거사 대신, 정권 인수 이후 상황에 대한 치밀한 분석과 학습이었다. 그러나 피인수 조직에 대한 학습이 결여된 맥베스는 국내와 국제정치 모두에 둔감했다. 우선, 정부의 요인들을 모아 연회를 베풀다가 자신이 죽인 뱅쿠오의 유령을 보고 발작을 일으키는 등 구성원들의 신뢰를 잃는 행동을 거듭했다.

맥베스   내가 했다고는 말할 수 없을 것이다.
              절대로 그 피투성이 머리칼을 내게
              흔들지 말아라.

로스   여러분, 일어나시오,
              전하께서 편찮으십니다.

맥베스 부인 앉으세요.
              친구 분들, 폐하께선 종종 저러십니다.

맥베스   제발, 저기를 좀 보시오! 잘 봐요!
              보시오! 보란 말이오! 그래 어떻소?
              아니, 왜 내가 걱정하지? 고개를
              끄덕일 수 있으면 말도 해봐라.

(3막 4장)

맥베스는 내부의 통치이념도, 지지 집단의 기반도 취약했고, 그가 인수한 국가의 시스템은 덩컨 왕이 통치하던 구체제와 별반 달라진 것이 없다[23]. 그뿐 아니다. 잉글랜드 등 이웃나라와의 외교 관계도 소홀히 해서 적대자들이 외부세력과 연합하게 하는 우를 범했다.

정치는 개인적 욕구를 공적 가치로 전환하는 기술이기도 하다. 그는 이런 의미에서 '정치'에 실패했다. 대의명분과 권력의지 없이 오직 왕좌를 차지하기 위한 욕망 하나로 왕위에 오른 그가 꿈을 이룬 뒤에는 왕좌를 지키기 위한 집착에 사로잡혀서 명분 없는 살인을 계속했을 뿐이다. 이제 '용감한' 맥베스의 명성은 사라지고 '폭군'이라는 불명예가 그의 이름 위에 덧씌워졌다. 그런 그의 곁에 사랑도, 명예도, 동지도 남아 있을 리 없었다.

적의 일만 대군이 던시네인으로 진군해오고, 아군 측 영주들은 속속 적 편으로 귀순해버린다. 보고를 받은 맥베스가 측근들에게 화를 낸다. 세가 불리해진 그의 곁에는 저주, 아첨, 불평뿐이다. 이러려고 왕이 되었단 말인가.

> **맥베스** 난 충분히 오래 살았어. 내 인생길이
>
> 시들고 노래진 낙엽이 되어 떨어져버렸으니,
>
> 늘그막에 따르기 마련인
>
> 명예, 사랑, 복종, 그리고 많은 친구들은
>
> 모두 내 곁에 없고, 그 대신
>
> 작은 목소리로 말하지만 깊은 저주, 입 발린 아첨,

불평만 남았구나. 가엾은 내 마음은

이 사실을 부인하고 싶지만 어떻게

그럴 수 있겠는가.

(5막 3장)

설상가상으로 유일한 동지인 아내마저 스스로 목숨을 끊는다. 최후의 날을 예감하는 맥베스다. 인생무상이다. "꺼져라, 꺼져라, 덧없는 촛불이여!" 왕이든, 왕비든, 누구든, 인간이란 아무 의미 없이 시끌벅적하다가 이윽고 조명이 꺼질 무대에서 걸어다니는 그림자에 불과한 가엾은 배우인가. 어떻게 몸부림친들 이 무대는 끝난다. 운명을 예감하는 그의 모습이 짠하게 다가온다.

맥베스 꺼져라, 꺼져라, 덧없는 촛불이여!

인생이란 한낱 걸어다니는 그림자에 불과하구나.

가엾은 배우처럼 주어진 시간 동안

무대에서 뽐내고 안달하지만,

이윽고 아무 소리도 들리지 않나니.

그것은 바보가 지껄이는 이야기,

소음과 광기로 가득 차 있지만,

아무런 의미도 없구나.

(5막 5장)

욕망을 경영하지 못하고, 욕망에 휘둘린 남자 맥베스. 그토록 바라던 왕이 되었지만 단 하루도 행복하지 못했다. 아내는 스스로 죽고, 나라와 백성은 전쟁에 내몰렸다. 가족도, 주위사람도, 어느 누구 하나 행복해진 사람이 없다.

야망은 누구나 품을 수 있다. 그러나 인생의 궁극적 승리는 야망에 휘둘리지 않는 힘을 지닌 사람만이 누릴 수 있다. 큰 꿈을 가진 사람일수록 야망과 현실의 간극을 치밀하게 경영해야 한다. 맥베스의 야망과 실패의 이야기는 이 교훈을 우리에게 처절하게 알려주고 있다.

셰익스피어는 제임스 1세를 의식하고
『맥베스』를 만들었을까

1603년 3월 24일 영국 여왕 엘리자베스 1세가 세상을 떠났다. 116년에 걸친 튜더 왕조의 막을 내리는 신호이자 스튜어트 왕조의 막이 오르는 순간이었다. 엘리자베스 1세에 이어 즉위한 왕이 제임스 1세다. 스코틀랜드 메리 1세(메리 스튜어트)의 아들이자 당시 스코틀랜드 왕이기도 했던 제임스 1세는 영국사상 처음으로 잉글랜드, 스코틀랜드, 아일랜드를 모두 통치한 왕이다. 그는 국교 정책을 내세우며 가톨릭과 신교도 모두를 탄압하고, 왕권신수설을 내세워 왕의 초법적 권한을 주장하며 의회를 탄압한 국왕으로도 유명하다.

그런데 왕권신수설이란 무엇인가. 말 그대로 국왕의 권력은 신으로부터 부여받은 것이라는 논리다. 이는 절대주의 국가에서 국민의 저

항을 억누르기 위해 왕권의 정당성을 주장하는 사상적 무기로 이용된 이념이다. 절대주의 국가로서 잉글랜드는 엘리자베스 1세까지 내려온 튜더 왕조 시절에는 비교적 안정적으로 통치되었다. 물론 그 시절에도 사회 내부에 시민적 자각이 일어나기는 했지만 표면적으로 민중의 저항이 거세게 일어나지는 않았다. 그러나 스튜어트 왕조가 들어서면서부터 사정이 달라졌다. 민중들이 빈번하게 들고 일어났고, 국왕과 의회가 대립하는 장면이 많아졌다. 이때 새 국왕 제임스 1세가 왕권신수설을 유포했다.

사실 제임스 1세는 영국 왕위에 오르기도 전에 「자유로운 군주국의 진정한 법」(1598)이라는 논문을 써서 "왕이 신의 대리자이며, 왕권에는 제한이 없고, 의회의 권한은 왕에게 권고하는 데 그친다"고 주장한 사람이다. 그런 그가 취임 후인 1609년에 "왕이 신으로 불리는 것은 타당하다. 그 이유는 왕이 지상에서 신의 권력과도 같은 권력을 행사하고 있기 때문이다. 왕은 모든 신민을 심판하며, 더욱이 신 이외의 어떤 것에도 책임을 지지 않는다"고 선언하면서 왕권신수설은 왕권에 대한 도전을 봉쇄하는 잉글랜드 왕실의 통치이념으로 자리 잡았다.

그런데 이 제임스 1세가 연극 애호가였다. 그는 셰익스피어의 글로브 극장을 왕의 극단King's Men으로 부르는 것을 허락했고, 전염병으로 극단이 문을 닫았을 때도 극단의 단원들에게 보수를 지급할 정도로 열렬한 지지자였다고 전한다.『맥베스』는 제임스 1세가 즉위하고 3년 뒤에 잉글랜드의 이 새로운 왕을 '의식하고' 만들어졌다. 이 극은

1606년 제임스 1세의 처남인 덴마크 국왕 크리스티안 4세가 영국을 방문했을 때 궁정에서 초연된 것으로 알려져 있다.

위에서도 말했듯이 제임스 1세는 왕권신수설을 앞세워 국왕의 절대 권력을 옹호하고 의회를 탄압한 군주다. 그런 이유에서인지『맥베스』는 국왕 살해, 왕권 찬탈이 가져온 국가적 무질서, 반역자의 파멸 등의 주제를 다루고 있다. 따라서 여러 비평가들은 이 연극이 왕권의 신성함, 왕권불가침이라는 통치 이념을 옹호하고 확산시키려는 목적을 갖고 있다고 비난해왔다. 아예『맥베스』를 왕립연극Royal Play으로 명명한 사람도 있고,[24] '잉글랜드 왕 제임스 1세의 마음을 경유한'[25] 역사극이라는 주장을 펴는 이도 있다.

연극『맥베스』가 제임스 1세의 혈통인 스튜어트 왕가의 정통성을 뒷받침하는 내용인 이유는 여기에 있을 것이다.『맥베스』는 다분히 의도적으로 스코틀랜드 역사 속에서 제임스 1세의 조상과 관련된 인물을 부각하고 있다. 이 극에 등장하는 뱅쿠오는 실존 인물이었고, 제임스 1세는 뱅쿠오를 전설적 조상으로 여기는 스코틀랜드 스튜어트 가家의 여왕 메리 스튜어트의 아들이었다. 따라서 연극『맥베스』는 즉위한 지 얼마 되지 않은 새 왕의 정통성을 선전해주는 역할을 했다는 혐의에서 자유롭지 않다.

이 극을 셰익스피어가 스스로 만들었든, 일부에서 말하는 바와 같이 제임스 1세가 의뢰했든, 제임스 1세가 즉위한 해는 1603년이고 이 극이 공연된 해는 1606년이다. 따라서 셰익스피어는 즉위한 지 3년 남짓 지난 제임스 1세 국왕을 의식하고 이 연극을 만들었다고 보아도 좋을 듯하다. 특히 이 극이 초연되기 바로 한 해 전인 1605년에 '화약음모사건Gun Powder Plot'이 일어났다. 이 사건은 제임스 1세의 가톨릭 박해에 불만을 품은 가톨릭교도들이 웨스트민스터 의사당과 이어진 지하실에 화약을 숨겨놓고 제임스 1세를 살해하려고 기도한 사건이다. 가이 포크스를 비롯한 주모자들이 1605년 11월 5일에 열릴 예정이었던 의회 개회식에 맞춰 화약을 폭파시켜 제임스 1세와 왕비, 큰아들을 비롯해 대신, 의원들을 죽이려 한 것이다. 비록 음모자 중 일부가 밀고하는 바람에 미수로 그치고 주모자들은 모두 체포과정에서 죽거나 처형되었지만, 아마 제임스 1세와 잉글랜드 왕실은 혼비백산 했을 터이다.

따라서 이 극이 초연되었을 무렵에는 아직 제임스 1세의 왕권이 제대로 정착하지 못하고 흔들리는 때였을 것으로 짐작할 수 있다. 그러므로 당시 잉글랜드 왕가로서는 왕실을 위협하는 세력들의 주장을 제압하고 왕의 통치권을 함부로 넘볼 수 없게 할, 신성함으로 포장된 수단과 내용이 절실했으리라. 영화도 텔레비전도 없던 시절, 왕의 극단King's men이 공연하는 왕의 연극King's Play으로서의 『맥베스』는 이승만 시대의 〈대한 늬우스〉나 전두환 정권 시절의 〈카메라 순보〉와 비슷한 역할을 맡았던 것이 아닐까. 이 연극에 흐르는 '왕권의 신성함' '국왕에 대한 충성' '반역자의 비참한 말로' 같은 세계관은 제임스 1세가 국민들에게 교육하고자 하는 내용 그 자체였다.

그렇지만 셰익스피어를 비롯해 예술가란 사람들은 그렇게 만만한 사람들이 아니다. 비록 왕이나 권력의 후원을 받았다 할지라도, 자기가 하고 싶은 말은 어디에 끼워넣더라도 조금씩은 다하는 사람들이다. 더구나 관객도 정부나 연출가가 지시하는 대로만 보고 느끼지 않는다. 실제로 왕실의 의도와 셰익스피어의 생각, 그리고 이 연극을 보는 관객의 느낌이 일치했다고는 장담할 수 없다. 관객의 마음이 가끔 반역자 '맥베스'에게 몰입되는 건 무엇 때문일까.『맥베스』를 보는 또 하나의 재미다.

실제로 생존했던
『맥베스』속 인물들

『맥베스』의 배경은 실제 스코틀랜드 역사를 바탕으로 만들어졌고, 맥베스와 덩컨 왕을 비롯한 주요 등장인물도 대개 역사상의 실존 인물이다. 맥베스(1005~1057)는 1040년에서 1057년까지 재위한 스코틀랜드의 왕이다. 그는 맬컴 2세의 차녀 도나다와 마리 영주 핀래크 사이에서 태어났다. 연극 『맥베스』에서 덩컨 왕으로 나오는 덩컨 1세(1001-1040)도 맥베스 왕의 바로 직전 왕으로, 1034년부터 1040년까지 왕좌에 있었다. 그는 맬컴 2세의 장녀 베소크와 아사르 영주 크리난 사이에서 태어났으니 맥베스와는 이종사촌 사이다.

덩컨 1세는 원래 스코틀랜드 남쪽에 있는 스트라스크라이드 왕국의 왕이었으나 1034년에 외할아버지인 맬컴 2세에 이어 스코틀랜드 왕으로 즉위하여 덩컨 1세가 되었다.

1040년 8월 14일 맥베스는 이종사촌 형인 덩컨 1세를 죽이고 왕위를 빼앗았다. 그뿐 아니라 즉위한 후에 반대세력과 왕위계승의 가능성이 있는 자들을 차례차례 제거했다. 1043년에는 알핀 왕가의 혈통을 잇는 뱅쿠오를 살해했고, 1045년에는 덩컨 1세의 아버지이자 자신의 이모부였던 아사르 영주 크리난과 싸워서 그를 죽였다. 맥베스는 1054년 스쿤 전투에서 덩컨 1세의 아들이자 자신의 조카인 맬컴 3세에게 패배하여 전사할 때까지 17년이라는 당시로서는 매우 긴 기간을 왕위에 있었고, 연극 『맥베스』의 폭군 이미지와는 달리 국가경영을 꽤 잘한 군주로 알려져 있다.

뱅쿠오(?-1043)는 스튜어드 왕조의 선조로 알려진 인물로서 에이왕의 차남이다. 그는 웨일스 연대기들에서 '브리톤 사람들의 왕'으로 불리는 콘스탄티누스 3세의 동생인 도널드의 현손으로 롯하버의 영주였다고 한다. 그가 1043년 맥베스의 손에 죽임을 당한 지 4년 후인 1047년에는, 웨일스로 도망간 그의 장남 플리언스도 살해당한다. 그러나 이 플리언스의 장남인 월터가 살아남아 그의 자손이 스튜어드 왕조를 열었다고 전해진다.

『맥베스』에서는 맥베스가 덩컨 왕을 죽이고 국왕의 자리에 올랐으나, 뱅쿠오의 존재와 그의 자손이 스코틀랜드의 왕위를 계승한다는 마녀들의 예언이 두려워 뱅쿠오와 아들 플리언스의 암살을 지시했다고 되어 있다. 맥베스가 보낸 자객이 뱅쿠오는 죽이는데 성공하지만 아들 플리언스는 도망가서 살아남는다. 이 보고를 연회석에서 들은 맥베스가 연회석에 나타난 뱅쿠오의 영혼을 보고 혼비백산한다는 내용이다.

그런데 이 극의 원전으로 알려져 있는 홀린세드Holinshead의 『영국, 스코틀랜드, 아일랜드 연대기』(1587)에서는 뱅쿠오가 맥베스와 더불어 덩컨 왕을 살해하는 공범자로 그려져 있다. 하지만 셰익스피어는 원전과는 다르게 뱅쿠오를 왕에게 충성스러운 인물로 재창조해냈다. 이는 위에 쓴 것처럼 뱅쿠오가 이 연극의 후원자인 제임스 1세의 선조이기 때문에 그를 멋지게 포장할 필요가 있었기 때문일 터이다.

스코틀랜드는 9세기 말부터 12세기에 걸쳐서 선출군주제로 왕권을 맡는 전통이 성립되어 있었다. 그중 맥베스도 강력한 차기 왕 후보자 중 한 명이었다. 그러나 맬컴 2세(재위 1005-1034)가 합의제라는 종래의 규칙을 깨고 자신의 장녀의 아들인 덩컨을 차기 왕으로 지명해버린 것이다. 어쨌든 맬컴 2세가 죽은 후 덩컨 1세가 즉위하기에 이른다. 맥베스도 맥베스의 가문도 아주 화가 났던 모양이다. 이 두 집안이 대립하다가 결국 맥베스가 덩컨 왕을 죽이고 왕위를 빼앗게 된다.

실제 인물인 맥베스 왕은 연극 속의 인물과는 다르게 꽤 유능한 왕이었던 모양이다.

연극에서의 맥베스는 주군을 죽이고, 왕위를 뺏고, 폭정을 행하고, 그 업보 때문에 단기간에 몰락하는 악당으로 그려지고 있다. 그런데 중세 스코틀랜드는 전쟁과 살인에 의한 왕권 교체가 빈번하게 일어나던 시대였다. 제 명에 죽은 왕이 거의 없다고 해도 과언이 아니다. 그러므로 꼭 맥베스만 악당이라고 말할 수는 없다. 악당이 아니면 왕이 될 수 없는 시절이었는지도 모른다. 오히려 맥베스가 유능한 왕으로서 선정을 베풀었다는 기록도 있고, 희곡에 보이는 것처럼 폭군은 아니었다고 한다. 다만 나중에 셰익스피어의 눈에 띈 게 문제였다. 셰익스피어에게 괜히 잘못 걸려서 세계에서 가장 유명한 폭군으로 알려져버렸다. 가엾은 맥베스.

제4장

세상의 악당들에게
휘둘리지 않는 법

『오셀로』편

주요 등장인물

- 오셀로 무어인 베니스 군대의 장군
- 데스데모나 오셀로의 아내이자 브라반시오의 딸
- 카시오 오셀로의 부관, 후에 키프로스의 통치자
- 이아고 오셀로의 기수, 후에 오셀로의 부관
- 로데리고 데스데모나를 연모하는 베니스의 신사

- 브라반시오 베니스의 원로 의원이자 데스데모나의 아버지
- 에밀리아 이아고의 아내이자 데스데모나의 시녀
- 로도비코 데스데모나의 사촌
- 비앙카 카시오의 정부

줄거리

제1막

베니스 거리. 이아고와 로데리고가 오셀로를 헐뜯고 있다. 이아고가 노리던 오셀로의 부관자리에 카시오가 임명되었기 때문이다. 앙심을 품은 그들은 베니스 원로원 의원 브라반시오를 찾아가 그의 딸 데스데모나가 무어인 오셀로와 사랑에 빠졌다고 일러바친다.

이아고는 또 오셀로에게 가서 로데리고를 욕하며 이간질한다. 그때 카시오가 나타나 공작의 출동요청을 전한다. 터키 군대가 키프로스 섬을 침략하려 하고 베니스 정부가 오셀로를 방어군 수장으로 임명했다는 것이다. 오셀로는 급하게 길을 나서다가 화가 난 브라반시오와 마주친다. 브라반시오는 오셀로가 데스데모나를 범했으니 체포하라고 명하지만, 오셀로는 공작의 명으로 의회에 가야 한다고 말한다. 결국 공작을 찾아가 잘잘못을 가리기로 한다.

공작과 원로원 의원들이 모두 모인 회의실. 오셀로는 데스데모나와의 사랑의 맹세를 꾸밈없이 밝힌다. 이 자리에 데스데모나까지 와서 그들의 사랑이 진실임을 고백하자 브라반시오는 데스데모나에게 부모 자식의 연을 끊겠다고 선포한다. 삼자대면이 끝난 뒤 오셀로는 서둘러 키프로스 섬으로 떠난다.

오셀로는 출정 전에 이아고에게 그의 아내 에밀리아와 함께 데스데모나를 보살펴 키프로스 섬으로 오라고 말한다. 한편 연모했던

데스데모나를 잃어서 자살을 결심한 로데리고에게 이아고는 키프로스로 같이 가서 그녀의 마음을 얻으라고 자극한다.

제2막

이아고는 카시오와 데스데모나가 인사의 표시로 손잡는 모습에 착안하여 이들을 함정에 빠뜨리려고 마음먹는다. 그는 로데리고를 불러 데스데모나가 카시오를 사랑한다고 말하고, 카시오를 부관자리에서 물러나게 할 사건을 꾸민다.

그날 밤 이아고는 보초 경계를 선 카시오에게 술을 먹인 뒤 로데리고를 시켜 물의를 일으키게 한다. 이 장면을 목격한 오셀로는 카시오에게 크게 실망하고 카시오를 부관자리에서 내쫓는다. 군인으로서 명예를 잃었다고 생각한 카시오는 크게 낙담한다. 이아고는 카시오에게 데스데모나에게 가서 복직을 탄원해보라고 부추긴다.

제3막

카시오는 성에서 데스데모나를 만나 복직을 간청한다. 오셀로는 멀리서 이 모습을 목격한다. 데스데모나는 곧바로 오셀로에게 가서 카시오의 청을 받아달라고 말한다. 이아고는 이 순간을 틈타 오셀로로 하여금 데스데모나가 카시오와 통정하고 있다고 믿게끔 한다. 불안해하는 오셀로에게 '카시오와 데스데모나를 잘 지켜보라'는 의미심장한 말을 남긴다. 의심을 품은 오셀로는 데스데모나를 떠보지만 큰 성과를 거두지 못한다.

그러던 중 데스데모나가 오셀로와의 사랑의 징표인 손수건을 떨어뜨린다. 옆에 있던 에밀리아는 데스데모나의 손수건을 훔쳐오라는 이아고의 말이 떠올라 냉큼 줍는다. 한편, 구체적인 증거를 대라는 오셀로에게 이아고는 카시오가 잠꼬대로 데스데모나의 이름을 부르는 걸 들었고, 또 그녀의 손수건으로 수염을 닦는 모습을 보았다고 말한다. 그 말을 믿어버린 오셀로는 데스데모나와 카시오의 관계를 강하게 의심하게 되고, 부관자리에 이아고를 임명한다.

카시오의 집을 찾아간 데스데모나는 오셀로와 마주친다. 이때 그녀가 또다시 카시오의 복직을 부탁하자 오셀로의 의심은 더 깊어진다. 오셀로는 데스데모나에게 확인차 손수건을 내놓으라고 하지만, 사랑의 징표를 잃어버린 것에 당황한 데스데모나는 말을 돌릴 뿐이다. 오셀로는 이제 의심을 넘어 둘의 관계를 확신하게 된다. 카시오는 그를 쫓아다니는 비앙카에게 이아고가 방에 던져놓은 손수건을 주고 무늬를 베껴달라고 한다.

제4막

이아고의 이간질은 이제 극에 달한다. 데스데모나와 카시오가 침대에서 정을 통했다고 거짓말을 한다. 또한 오셀로의 질투가 정점에 이르게 하기 위해 그에게 카시오가 데스데모나에 대해 말할 때의 표정과 행동을 주의 깊게 보라고 말한다. 그러나 이아고는 카시오에게 데스데모나 대신 비앙카 얘기를 꺼낸다. 카시오는 비앙카가 그에게 엉겨붙는 모습을 흉내내면서 오만하게 웃는다. 이 광경을 지켜보던 오셀로는 질투에 몸을 떤다. 이아고는 이제 오셀로에게 데스데모나의 목을 졸라 죽이라고 조언한다.

그때 데스데모나의 사촌 로도비코가 키프로스에 와서 귀국명령을 전하고, 키프로스 통수권이 카시오에게 주어졌다는 소식을 전한다. 실성한 오셀로는 로도비코 앞에서 데스데모나에게 악담을 퍼부으며 그녀를 때린다. 상처받은 데스데모나는 이아고의 정체도 모르고 그에게 억울함을 호소한다. 오셀로는 데스데모나에게 침대로 가있으라고 한다.

한편 로데리고는 '당신에게 바보취급 당하고 돈까지 모두 잃었다'며 이아고에게 따지고 든다. 이아고는 또다시 로데리고를 이용하려 든다. 오늘 밤 카시오와 저녁을 먹기로 했는데 그 자리에서 카시오를 죽이라는 것이다.

제5막

로데리고는 계획대로 카시오를 찌르지만 목숨을 빼앗지는 못한다. 오히려 로데리고는 이아고의 칼에 찔려 죽는다. 그제야 로데리고는 '악당 이아고'의 실체를 알게 된다.

그 시간 성 안의 침실에서는 오셀로가 데스데모나의 목을 졸라 죽인다. 살인을 목격한 에밀리아는 오셀로를 격렬하게 비난하면서, 사실은 손수건 분실사건이 이아고의 계략이었음을 밝힌다. 남편 이아고의 악행에 충격을 받은 에밀리아는 그의 악행을 만천하에 폭로한다. 오셀로도 이아고의 본모습을 알아차린다.

이아고는 부인 에밀리아가 사람들 앞에서 자신의 악행을 폭로하자 그녀를 죽여버린다. 그때 로도비코가 죽은 로데리고의 주머니에서 나온 편지를 꺼내든다. 카시오 살해 계획과 관련된 편지다. 모두가 이아고의 악행에 경악하고, 로도비코는 이아고에게 오래 살려두고 심한 고문을 가하는 잔인한 형벌을 내릴 것이라 말한다. 오셀로는 죄책감에 자결하고 카시오가 키프로스의 통치자가 된다.

열등감에 지고
질투에 휘둘리다

차별과 배제가 낳은 비극,
_____ 무어인 오셀로

무어인 장군이 베니스 귀족 집안 아가씨와 사랑에 빠져서 결혼했지만 악당의 꾀임에 넘어가 질투심 때문에 죄 없는 아내를 자기 손으로 죽이고 만다. 『오셀로』는 간단히 말하면 이런 단순한 스토리다. 그런데 무어인이란 무엇인가.

　무어인Moors이라는 말은 원래 로마시대에 북서 아프리카의 로마령 모리타니아 주민을 지칭하는 마우루스Maurus가 그 어원이라고 한다. 그런데 이 말이 7세기 이후부터 아프리카의 이슬람화가 진행됨에 따라 이베리아 반도에 정착한 아랍인과 베르베르인을 가리키는 말인 모로Moro로 변했다가, 서서히 아프리카의 이슬람계 일반 주민을 지칭하는 명사가 되었다. 그런데 유럽 사람들이 중세부터 17세기까지 무어인을 '거무스름한' 또는 '황갈색' 피부로 묘사하기 시작했다.26) 바로 이 연극 『오셀로』가 대표적인 사례인데, 그것은 극 중에 주인공 오셀로의 피부 특성이 강조되어서 묘사되고 있기 때문이다.

게다가 셰익스피어가 붙인 『오셀로』의 원래 제목이 '베니스의 무어인, 오셀로의 비극The Tragedy of Othello, the Moor of Venice'이다. 제목에다 '무어인'이라는 단어를 붙일 정도니 셰익스피어가 주인공을 무어인으로 선택한 건 특별한 의도가 있었으리라. 셰익스피어는 왜 『오셀로』에서 유색인종을 주인공으로 선택했을까. 그것은 이 비극이 백인 이아고가 무어인 오셀로에게 품고 있는 '인종차별 의식에 뿌리박은 증오'를 아주 중요한 동력으로 삼고 있기 때문이다.

우선 오셀로가 어떤 사람인지 살펴보자. 이아고가 오셀로에 대해 평가하고 있는 다음 대사는 이 연극 무대 위에서 오셀로가 놓여 있는 처지, 그리고 오셀로에 대한 이아고의 복잡한 심정을 대변하고 있다.

> **이아고** 무어는, 난 참을 수 없이 싫지만
> 성실하고 경애할 만한, 고귀한 인물이다.
>
> (2막 1장)

오셀로라는 사람이 "경애할 만한, 고귀한" 인물임에도 참을 수 없다는 건 도대체 왜일까. 언뜻 들으면 알아들을 수 없는 이야기 같지만, 조금 더 생각해보면 오셀로가 무어인임에도 불구하고 성실하고 경애할 만한, 고귀한 인물이라서 싫은 것이다. 더구나 그 무어인이 베니스의 좋은 집안 출신인 멋진 여성의 사랑을 받고 결혼까지 하니 이아고는 오셀로가 더 밉다. 게다가 '무어인 따위'가 자신의 상관이고, 승진을 포함해 자신의 미래를 좌지우지하니 분통이 터지는 거다.

그런데 셰익스피어는 그의 많은 작품 가운데서 단 두 사람의 무어인만 등장시키고 있다. 오셀로 말고 또 한 사람이 『타이터스 앤드러니커스Titus Andronicus』에 나오는 아론이라는 인물인데, 이 사람은 아주 잔혹한 인물로 그려지고 있다. 그러나 오셀로는 작품 내내 고결한 성품의 인물로 묘사되고 있고, 오스만제국과 전쟁 중인 베니스 공화국 정부의 신임을 한 몸에 받고 있는 군사 지휘관이다. 어린 시절부터 전쟁터에서 뼈가 굵은 용감하고 유명한 전사인 오셀로는 외국 태생이면서도 베니스 공화국 군대의 정점에 올라서 있다.

그런 그가 인종과 신분과 나이가 모두 차이나는 백인 귀족 아가씨 데스데모나와 사랑에 빠져 결혼을 약속하고부터 잘나가던 인생이 꼬이기 시작한다. 자신이 신뢰하던 부하 이아고의 농간에 넘어가, 자기 아내가 자신의 부관 카시오와 간통하고 있다고 믿고 제 손으로 아내를 죽이는 끔찍한 만행을 저지른다.

오셀로가 이아고가 파놓은 함정에 너무도 쉽게 빠져버린 이면에 그의 인종적 열등감이 있었다는 점은 분명해 보인다. 원래 실용·실리주의를 추구하는 베니스 공화국은 흑인이나 유태인 등 외국인에게 문호를 연 개방적인 나라였다. 외국인인 오셀로가 장군이 된 배경도 여기에 있다. 그러나 아무리 개방적인 나라라 하더라도, 다른 서유럽 국가들과 마찬가지로 베니스 공화국도 어디까지나 백인이 주류인 나라다. 당시 오스만제국과 전쟁 중인 베니스로서는 '용감한 오셀로 장군'이 국가 안전 보장에 꼭 필요한 존재였지만, 그렇다고 해서 그가 소수민족이고 유색인종이라는 사실이 변하는 것은 아니다. 피부색이 다른 외국 태생을 가족의 일원으로 받아들이는 것과 그에게 필요에 따라 높은 지위를 부여하는 것은 별개의 일이었나 보다.

다음은 데스데모나의 아버지 브라반시오가 딸이 무어인 오셀로와 결혼을 약속한 것을 알고 격노하여 수색대를 데리고 오셀로를 체포하러 온 장면이다. 오셀로와 마주친 브라반시오의 절규를 들어보자.

> **브라반시오** 이 더러운 도둑놈아. 내 딸을 어디다 감추었느냐.
> 이 벼락 맞을 놈, 넌 그 아이를 홀렸어.
> 세상천지 모든 양식 있는 사람들에게 물어봐라.
> 네놈의 간교한 마법의 사슬에 걸려들지 않고서야
> 그렇게 상냥하고 예쁘고 행복한 내 딸이,
> 그렇게도 결혼하기 싫다고
> 이 나라 부잣집 곱슬머리 청년들을 마다하던 내 딸이,
> 사람들의 웃음거리가 되는 걸 감수하면서
> 아버지 슬하를 빠져 나가서, 기쁨은커녕 공포스러운

너 같은 놈의 그 시커먼 가슴팍으로 뛰어들 리가 없지.

(1막 2장)

그런데 이 브라반시오는 용감한 장군 오셀로를 "사랑하고, 자주 집으로 초대하고, 인생 스토리에 관해 자주 묻던(1막 3장)" 사람이다. 그러나 막상 오셀로가 자기 딸과 맺어졌다고 하니 태도가 백팔십도 달라져버린 것이다.

화가 난 친정아버지 브라반시오의 생각은 아마도 이랬을 것이다. '오셀로, 외국인이든 피부색이 어떻든 간에 우리나라를 위해서 열심히 용감하게 싸워주는 건 참 고맙다. 그러나 내 딸과 결혼이라니? 언감생심 어떻게 너 같은 놈이!' 피부색이 달라도 국가의 필요에 의해 군인으로서는 출세할 수 있다. 그러나 가족의 일원, 나아가 베니스 귀족사회의 심장부로까지 받아들일 수는 없다는 얘기다. 오셀로와 데스데모나의 결혼을 계기로 베니스 사회에 존재하였으나 보이지는 않았던 커다란 벽이 드러나게 되었고 그 결과 '용감한 오셀로 장군'은 이렇게 하루아침에 '더러운 도둑놈'으로 전락해버리고 말았다.

오셀로와 데스데모나의 사랑과 혼인은 베니스인 남성들에게 커다란 심리적 박탈감을 불러일으키는 하나의 사건이었다고 봐도 될 듯하다. 르네상스 문학을 연구하는 미국학자 라라 보빌스키Lara Bovilsky는 이 작품 속의 인물들이 다른 면에서는 오셀로에게 매우 우호적이고 호감을 표시하지만, 유독 오셀로가 데스데모나와 혼인하는 일에 대해서만은 인정하지 못하고 심한 불쾌감을 표시한다고 지적하고 있다.[27] 그렇다. 데스데모나의 아버지 브라반시오나 로데리고뿐 아니라 심지어 악당 이아고까지도 오셀로의 사람 됨됨이에 대해 호평을 하고 있지만 그건 어디까지나 오셀로가 데스데모나와 결혼하기 전까지의 일이다.

오셀로와 데스데모나의 결합은 베니스 남자들이 오셀로에 대해 숨겨놓았던 속마음을 드러내는 계기가 된다. 이 혼인을 바라보는 베니스 주류 남자들의 생각은 대개 이랬을 것이다. '베니스 공화국의 안보를 위해 오셀로가 장군으로서 누리는 지위는 인정할 수 있다. 그러나 백인 귀족인 데스데모나와의 혼인은 용납할 수 없다'. 그것은 베니스 주류사회를 이끄는 백인 남성 중심의 질서를 위협하는 위험한 행위이기 때문이다.[28] 물론 카시오처럼 오셀로에 대한 평가가 결혼 후에도 변하지 않는 사람들도 있긴 하다. 그런데 그런 사람들은 소수이고, 브라반시오처럼 무어인을 가족의 일원으로 받아들여야 하는 사람은 입장이 다르다.

베니스의 백인 귀족이자 친정아버지 브라반시오는 당황하니까 본심이 튀어나온다. 자기 딸이 무어인과 결혼하는 건 사랑이 아닌 '간교한 마법의 사슬'에 걸려든 것이며, 사람들의 웃음거리가 되는 일이란다. 여기서 '사람들'이란 베니스 주류사회의 백인들을 지칭하는 것이리라.

말은 마음의 외출. 급하면 속마음이 겉옷도 걸치지 않고 외출해버린다. 급기야 브라반시오의 입에서 '시커먼 가슴팍the sooty bosom'이라는 차별적 표현이 튀어나오고야 만다. 『오셀로』의 드러난 주제는 남녀간의 사랑과 질투다. 그러나 우리는 사랑과 질투의 무대 뒤에 숨겨져 있는 '차별과 배제'의 어두운 얼굴도 외면해서는 안 된다.

"질투라는 놈을
_____ 조심하세요."

연극 『오셀로』를 비극으로 끌고가는 동력은 '질투'다. 셰익스피어는
질투jealous, jealousy, jealousies라는 단어를 24개의 작품에서 96번 쓰고 있는
데, 그중에서 무려 21번이 이 작품 『오셀로』에 등장한다. 그만큼 질투
를 빼놓고는 생각할 수 없는 게 이 작품 『오셀로』다.

　이미 모두가 알고 있는 대로, 이아고는 책략을 써서 데스데모나가
불륜을 저지르고 있다고 오셀로에게 믿게 한다. 오셀로가 품게 된 질
투의 감정은 숨 쉴 틈 없이 빠른 속도로 부풀어오르고, 눈 깜빡할 사
이에 터져버린다. 오셀로는 질투 때문에 결혼한 지 얼마 안 된 아내를
자기 손으로 죽여버린다.

　나쁜 이아고의 함정에 빠졌다는 정상참작의 사유가 있다고는 하지
만, 그 질투를 만들고 키우고 폭발시킨 사람은 오셀로 자신이다. 만약
오셀로에게 '질투 친화성'이 없었다면 그렇게도 빨리 광란상태에 빠
졌겠는가. 그는 질투심에 휘둘려서 마음을 제어하는 내면의 힘을 잃
어버렸다. 용감하고 고결한 오셀로가 왜 그토록 질투에만은 취약했을
까. 우선, 무엇보다도 이아고의 악랄한 작업을 잊어서는 안 된다. 다음
은 이아고가 오셀로에게 질투에 대해 강의하는 대목이다.

이아고 나리, 질투라는 놈을 조심하세요.

그놈은 초록색 눈을 가진 괴물입니다. 그놈은

사람 마음을 삼켜버리기 전에 다독거리고 주무르고

가지고 노는 놈이죠.

아내를 뺏겨도 자기 운명으로 체념하고

부실한 아내에게 미련을 갖지 않는 남자는 행복한 사람입니다.

그러나 사랑하면서 의심하고,

의심하면서도 뜨겁게 사랑하는 남자란

일분일초가 얼마나 지옥 같겠습니까?

오셀로 오, 끔찍하구나.

(3막 3장)

이아고는 사실 오셀로에게 진실을 말하고 있다. 질투는 인간이 쉽사리 제어할 수 없는 감정이며, 그것에 휘둘려버린 자를 파멸시키는 괴물이라고 묘사하고 있다. 그렇다. 질투의 감정에 휩싸인 인간은 무엇을 보더라도 바로 보지 못하고 왜곡해서 보게 된다. 이아고는 진실을 말하는 척하면서 오셀로가 가진 '생각의 중심'을 자신이 펼쳐놓은 링 위로 끌어들이고 있다.

이것은 이아고의 교묘한 의제설정agenda setting 수법이다. "질투라는 놈을 조심하세요"라고 말하며 오셀로를 위하는 척하지만, 이아고가 슬쩍 내뱉은 이 한마디는 오셀로의 마음속에 앙금처럼 가라앉아있던 어떤 감정을 수면 위로 올려버렸다. 이 한마디를 들은 다음부터 오셀로의 생각을 지배하는 중심 주제는 오직 질투가 되어버렸다. 이제 질투는 오셀로의 것. 이아고는 그것이 부풀어서 터져버릴 때까지 꺼지지 않도록 톡톡 건드려주기만 하면 된다.

아래 장면을 보자. 복직을 부탁하기 위해 데스데모나의 처소에 있다가 돌아가는 카시오의 모습을 오셀로가 보았다. 그걸 확인한 이아고가 마치 혼잣말처럼 중얼거리듯 내뱉는다. "하아, 저건 아니야."

이아고 하아, 저건 아니야.

오셀로 자네 뭐라고 했나?

이아고 아닙니다. 아무것도 아닙니다.

　　　아니면…… 혹시…… 잘 모르긴해도

오셀로 저건 카시오가 아닌가, 방금 내 아내와 헤어진 사람 말이야.

이아고 카시오라고요, 나리? 그럴 리가. 결코 저는 그렇게 생각 안 합니다. 저렇게 죄지은 사람처럼 몰래 빠져나가다니요.

　　　그것도 장군께서 오시는 걸 보고.

오셀로 그 사람 맞아.

(3막 3장)

사실 오셀로가 카시오의 모습을 목격하도록 유도한 사람이 이아고다. 그런 그가 "아닙니다. 아무것도 아닙니다"라고 말한다. 이 상황을 만든 사실을 들키지 않고, 자신이 오히려 오셀로의 마음을 배려하는 정직한 사람으로 보이기 위한 술책이다. 이아고는 이어서 "죄지은 사람처럼 몰래 빠져나가는" 그 사람이 카시오라고는 생각하지 않는다고 또다시 자극한다. 이 말을 하는 이유는 오셀로의 마음속에 카시오를 "죄지은 사람처럼 몰래 빠져나가는" 모습으로 각인시키기 위함이다. 이아고는 오셀로의 마음속 깊은 곳에 지금 무엇이 싹트고 있는지 잘 알고 있다. 그는 오셀로 가슴속에 있는 검은 의심의 씨앗이 더 잘자라도록 물을 주고 있다.

용감한 장군은 왜 _____ '천하의 머저리'가 되었나

그런데 답답한 일은 오셀로가 자신에게 적의를 품고 함정에 빠뜨리려고 획책하는 이아고를 성실한 사람이라고 끝까지 굳게 믿는다는 점이다. 이런 오셀로의 모습은 이아고가 그렇게 만들어버리겠다고 작심한 '천하의 머저리Egregiously an ass'[29) 그 자체다.

> **이아고** 난 무어 놈이 나에게 감사하고, 날 사랑하고,
> 상을 주게 만들 거야.
> 저놈을 천하의 머저리로 만들고,
> 저놈 마음의 고요한 평화를 뒤흔들고
> 미쳐버리게 만드는 대가로.
>
> (2막 3장)

자기 아내를 의심하기 시작한 오셀로가 정작 악당 이아고를 의심하지 않는 모습은 참으로 답답한 일이다. 오셀로는 오히려 이아고를 "사랑과 정직으로 충만한 사람" "할 말, 안 할 말을 가려서 할 줄 아는 사람"으로 평가하고 있다. 이쯤 되면 오셀로를 순박하다 못해 어리석다고 말해도 될 것 같다. 오죽했으면 앨버트 제라드Albert Gerard가 오셀로에 관한 논문 제목을 '천하의 머저리Egregiously an ass'라고 붙였을까.30) 독자와 관객들은 오셀로가 '불충한 사기꾼 악당 놈'인 이아고를 '사랑과 정직으로 충만한 사람'으로 알고, 그의 교활한 이간질을 '마음에서 우러나오는 은밀한 암시'로 여기고 있는 모습이 참으로 안타깝다.

이아고 장군님 제가 나리를 경애한다는 사실을 아십니까?

오셀로 그렇다고 나도 생각하네.

또한 난 자네가 사랑과 정직으로 충만한 사람임을 알고,

말을 입 밖으로 꺼내기 전에 할 말 안 할 말을 구별할 줄 아는

사람인 것도 잘 아네.

그런 자네가 말을 끊어버리니 내가 더 미심쩍어지는 걸세.

불충한 사기꾼 악당 놈이 그런 식으로 말하면

습관적인 속임수라 하겠지만, 진실한 사람이

고발하다가 입을 다물어버리는 건

감정을 통제할 수 없을 정도로

가슴이 벅차올랐기 때문이지.

(3막 3장)

이아고는 마치 무언가를 알면서도 망설이고, 말을 하려다가 입속으로 넣어버리는 일을 반복하면서, 마치 자신이 진중한 사람인 척 연기하는데, 오셀로는 이런 이아고의 행동을 친구를 걱정하는 '진실한 사람a man that's just'[31)]의 행동으로 받아들인다. 오셀로는 악당이 의도한 대로 완전히 속절없이 휘둘려버린 것이다.

오셀로는 왜 이토록 허무하게 당한 걸까. 그를 천하의 머저리라고 치부해버리면 아주 간단하다. 어리석으니까 당했다고 하면 쉽게 정리된다. 그러나 그렇게 정리해버리면 안 된다. 그건 범죄 원인을 피해자에게 돌리는 일처럼 공정하지 못하다. 오셀로는 그냥 보통 사람이고, 이아고가 특별한 사람이라고 보는 게 옳다. 우리 보통 사람들은 이아고와 같은 특별하고 비범한 존재들이 목표로 정해서 악의를 품고 달려든다면, 대개는 휘둘릴 가능성이 높다고 보아야 한다.

악당은 머리가 좋다. 진짜 악당은 흥분하지 않는다. 최고의 악당 이아고는 인간의 내면을 냉철하게 바라보고, 그것을 이용할 줄 아는 자다. 또 목적을 이루기 위해 상황을 연출하고 연기까지 할 줄 아는 사람이다. 반면에 오셀로는 아주 단순한 흑백논리의 소유자이고, 발끈하기를 잘 하는 불같은 성격을 지녔다. 나는 오셀로가 '진실한 사람' 따위의 추상적이고 낭만적인 표현을 하는 걸 보고, 사람을 판단하는 기준도 순박하다 못해 유치하다고 느낀다. 간단히 말해, 오셀로는 이아고에게 도저히 게임이 안 되는 사람이었다.

오셀로가 믿은
_____ 이아고의 '정직함'이란

오셀로는 어리석게도 이아고의 정직함에 집착한다. 그는 극의 초반부터 "정직하고 신뢰할 만한 나의 기수(1막 3장)"인 이아고에게 아내를 맡기고, "사랑과 정직으로 충만한 사람(3막 3장)"인 이아고의 말을 신뢰해서 아내를 의심하고, 거짓에 속아 아내를 죽이고 난 뒤에도 자신을 비난하는 이아고의 부인 에밀리아에게까지 "내 친구이며, 당신의 남편이며, 정직하고, 또 정직한 이아고(5막 2장)"라고 말하고 있다.

오셀로는 왜 이토록 이아고의 '정직성'에 집착할까. 한국의 『오셀로』 연구가 김미예 교수는 오셀로가 그간 해온 자신의 모든 행동 기준을 이아고의 정직성에 두고 있기 때문이라고 말한다.[32] 즉 이아고의 정직성이 무너지면 아내를 살해한 자신의 행위에 대한 정당성도 잃어버리게 되므로 끝까지 이아고의 모든 말을 진실하게 받아들이게 된다는 것이다.

오셀로는 이아고가 정직하다고 생각했기 때문에 그가 하는 말을 믿었고, 이로써 데스데모나의 부정을 확신하며 그녀를 응징하고자 한 것이다. 그러나 나는 여기서 오셀로의 내면에 있는 터무니없는 미성숙함을 발견하고 놀라지 않을 수 없다. 오셀로는 자기 생각과 행동의 책임을 자신이 스스로 걸머지려고 하지 않았다. "정직한 이아고가 그렇게 말하니까……" "정직한 이아고도 의심하니까……" 하고 매사에 이아고 뒤에 숨으려고 했던 것은 아닐까.

누가 옆에서 무슨 말을 했다고 해서 행동한 사람의 책임이 없어지는 것은 아니다. 데스데모나를 사랑한 사람도, 데스데모나를 의심하고 질투한 사람도, 데스데모나를 죽인 사람도 오셀로 자신이다. 이아고에게 휘둘려서 사랑하는 아내를 죽인 '천하의 머저리' 짓은 누구의 책임도 아닌 오셀로 자신의 책임이다.

더구나 그는 자신에게 비겁하기까지 하다. 이아고의 본모습이 밝혀진 후에도 자기가 한 일의 책임을 이아고에게 돌리고 싶어 한다. 이아고의 본모습이 밝혀지고 난 뒤 자신이 믿었던 이아고의 '정직성'이 사라지자 자신의 생각과 행동의 명분을 잃게 된 오셀로가 하는 말을 보라!

카시오 전 아무 짓도 안했습니다.

오셀로 그건 잘 알고 있네. 그리고 용서를 빌겠네.

제발, 자네 저 악마 같은 놈한테 물어봐 주게.

저놈이 왜 내 영혼과 신체를 그토록 옭아매었는지.

(5막 2장)

오셀로는 이번에는 이아고를 '악마 같은 놈demi-devil'이라고 부른다. 왜일까. 이아고를 악마로 지칭해야만 데스데모나를 죽인 자신의 행동을 정당화할 수 있기 때문이다. 배우자에 대한 자신의 오해와 부정망상(의처증 또는 의부증) 때문에 아내를 살해한 것이 아니라 "아내가 부정하기 때문에 응징한 것이라는 망상을 지켜나가기 위해서는 이아고의 정직성을 받아들이는 행동을 선택할 수밖에[33]" 없다. 그런 그가 이번에는 자신의 잘못을 '저 악마 같은' 이아고의 탓으로 돌려버린다.

이렇게 자기의 태도나 행동을 합리화하기 위해 어떤 일이나 상태의 원인을 다른 사람에게로 돌리는 심리 상태를 정신분석이론에서는 '투사projection'라고 한다. 자기 마음속의 응어리를 해결하지 못한 사람들이 자기 마음에 일어나는 죄의식, 열등감, 공격성과 같은 감정을 다른 사람에게 돌림으로써 자기 책임을 부정하고 마음의 평안을 찾으려는 심리 상태다. 오셀로, 이 사람은 비겁하다. 아내를 죽일 때는 그 이유가 아내의 부정 탓이었고, 아내의 부정이 사실이 아니라고 밝혀졌을 때는 이아고에게 그 책임을 전가한다.

자기 행동의 결과를 자기가 책임지는 사람을 우리는 '어른'이라고 부른다. 그래서 어른들은 "미안하다"와 "내가 잘못했다"라는 말을 자주 한다. 그러나 오셀로는 이 말을 결코 하지 않는다. 맥베스가 결코 하지 않은 말이기도 하다. 맥베스가 마녀들에게 책임을 전가한 것처럼 오셀로도 이아고에게 모든 책임을 전가한다.

_____ 오셀로 증후군 Othello Syndrome

이아고의 잔인한 올무에 걸린 오셀로는 불길 같은 질투에 휩싸인다. 그 질투심의 밀도가 너무 세서 보는 관객이 경악스러울 정도다. 물론 이아고가 그 질투심의 불길에 열등감이라는 이름의 기름을 부은 것은 사실이다.

> **이아고** 부인께서는 장군님과 결혼하면서 자신의 아버지를 속이셨습니다. 그리고 장군의 얼굴을 두려워하시는 듯 보였지만, 그 순간에도 장군의 그 얼굴을 가장 좋아하셨습니다.
>
> (3막 3장)

이아고는 교활하게도 자신의 아버지를 속인 데스데모나가 오셀로도 속일 수 있다는 사실을 암시하면서, 동시에 '장군의 얼굴' 운운하며 오셀로의 피부 색깔을 거론한다. 오셀로가 인정하고 싶지 않은 인종적 차이를 일깨운 것이다. 사실 오셀로에게는 데스데모나와의 사랑을 완성함으로써 베니스 사회의 편견을 뛰어넘을 수 있는 기회가 있었다. 그러나 이아고가 두 사람의 신뢰를 무너뜨리기 위해 오셀로에게 '타자 의식', 즉 피차별자 의식을 불어넣어 오셀로 스스로가 파멸을 선택하도록 유도한다. 간교한 이아고는 직접 오셀로와 데스데모나에게 대적하지 않고, 오셀로가 데스데모나와 자기 스스로를 미워하도록 만든 것이다.[34]

> **오셀로** 아마 내 피부가 검고,
>
> 여자들 방에 숨어드는 한량들처럼
>
> 부드러운 말솜씨도 없고, 내 나이도
>
> 황혼에 접어들었기 때문일 거야. – 뭐 많이 늙지는 않았지만.

하지만 그녀는 날 버렸어. 난 속은 거야.

난 이제 그녀를 저주할 수밖에 없어. 아, 결혼은 재앙이다.

이 아름다운 생명체가 내 것이라고 말하면서

그녀들의 욕정은 내 것이 아니라니.

차라리 두꺼비가 되어 축축한 지하실에 살지언정

내가 좋아하는 물건의 일부만 차지하고, 나머지는

다른 놈이 쓰도록 하지는 않겠어.

(3막 3장)

오셀로는 자신의 피부 색깔, 말솜씨, 나이 등의 나쁜 조건 때문에 아내를 다른 남자에게 빼앗기게 되었다고 보고 괴로워한다. 어쩌다 이 사람의 마음이 이렇게까지 되었을까. 질투는 열등감을 불러오고, 열등감은 데스데모나에 대한 사랑을 저주로 바꾸어버렸다.

용감하고 당당했던 오셀로였다. 극 초반의 오셀로는 열등감 따위는 결코 찾을 수 없는 당당한 군인의 모습이었다. 백인 원로원 의원의 딸과 몰래 결혼한 사실이 밝혀졌어도 두려워하지 않고 의연하게 처신한 그다. 이아고가 브라반시오가 진노한 사실을 얘기할 때도 "마음대로 하시도록 놔두라지. 그분의 불평쯤은 내가 원로원에 한 기여로도 입막음할 수 있을 걸세(1막 2장)"라고 자신만만하게 대꾸했고, 진노한 브라반시오를 피하라고 하는 충고에도 "어차피 만나야 해. 내 성품, 내 지위, 내 온전한 영혼이 나를 정당하게 대변해줄 거야(1막 2장)"라고 당당하게 말했던 사람이다[35]. 그랬던 오셀로의 어디에 이런 콤플렉스가 앙금처럼 가라앉아 있었단 말인가.

오셀로는 질투에 완전히 휘둘려서 결국엔 제정신을 잃고 말았다. 심지어 남들이 보는 앞에서 아내를 구타하기까지 한다. 오셀로가 아내 데스데모나를 때리는 4막 1장의 장면은 고결했던 오셀로의 인격이 질투로 인해 망가진 현장을 현대의 막장드라마처럼 생생하게 보여준다.

오셀로	(그녀를 때린다) 악마!
데스데모나	내가 왜 이런 일을 당해야 하나요.
로도비코	장군. 내가 이 광경을 내 눈으로 직접 보았다고 말해도
	베니스에서는 아무도 믿지 않을 겁니다.
	부인을 달래주세요, 울고 있잖아요.
오셀로	오. 악마, 악마!
	만약 대지가 여자의 눈물로 뒤덮인다면,
	그 눈물 한 방울 한 방울이 악어로 변하겠구나.
	내 눈앞에서 사라져버려라!

(4막 1장)

오셀로는 로도비코로부터 베니스 정부가 오셀로를 본국에 송환하고 카시오를 키프로스 섬의 사령관에 임명한다는 편지를 받는다. 그곳에 나타난 데스데모나는 편지 내용을 전해듣고 "기쁘다"고 말한다. 그런데 오셀로는 카시오가 사령관이 되었기 때문에 그녀가 기쁘다고 말하는 것으로 오해하고, 사람들이 보는 앞에서 아내를 때린다. 우리는 이 장면에서 부인 또는 남편이 상대방의 정조貞操를 의심하는 부정망상 장애를 왜 지금도 오셀로 증후군Othello syndrome이라고 부르는지, 그 이유를 알 수 있게 된다.

오셀로의 '오셀로 증후군'은 이미 심각한 상태에 온 듯하다. 오늘날 일어난 일이었으면 격리 치료를 받아야 했을 상황이다. 폭력은 어떤 상황에서든 정당화되지 않는다. 그 상대방이 아내이든, 자식이든, 제자이든, 모르는 사람이든 무조건 때리는 사람이 나쁘다. 맞은 사람은 외과 치료를 받아야 하지만, 때린 사람은 정신과 치료를 받아야 한다고 나는 생각한다. 만약 이때 부부를 격리했거나 오셀로의 부정망상을 제대로 치료했다면, 데스데모나를 살릴 수 있었다.

그 당시 사람들도 정신이 제대로 박혀있는 사람이라면 나와 같은 생각을 했나 보다. 로도비코는 아내를 때리는 오셀로를 보고 자신의 눈을 의심하며 "저 사람이 그 고결한 무어인인가?"라고 스스로 묻는다. "무엇에도 감정이 흔들리지 않는 남자인가?"라고 덧붙인 그 질문에 나는 이렇게 답하고자 한다. "고결한 무어인은 사라지고 질투에 휘둘려 발광하는 검은 베니스인이 저기 있네요."

로도비코 저 사람이 그 고결한 무어인인가? 원로 의원 모두가
홀륭하다고 칭찬했던 그 남자인가?
무엇에도 감정이 흔들리지 않는 남자인가?
우연히 날아온 어떠한 탄환도, 조준한 화살도

상처낼 수 없고 뚫을 수 없는 미덕을 가진 남자인가?

(4막 1장)

 내가 오셀로를 '검은 베니스인'이라고 부른 데는 이유가 있다. 그는 피부는 검으나 마음은 하얀 베니스인의 정체성을 품고 있었다. 오셀로가 데스데모나를 죽인 것은 베니스 백인 사회의 논리로 '음탕한 여자'를 처단한 것이다. 오셀로는 이아고의 말에 따라 데스데모나의 부정을 믿은 그 순간부터 그녀를 사회에서 축출해야 할 요소로 여기고 박해하기 시작했다.

 지금까지 많은 글들에서 오셀로는 악당 이아고에 속아서 성급하게 아내를 죽인 인물, 그러나 반성하여 책임을 지고 자살한 비극의 영웅으로 묘사되고 있다. 그러나 나는 그런 평가가 오셀로에게 너무 후하다고 본다. 비극을 가져온 원인을 이아고에게만 돌릴 수는 없다. 오셀로에게 좀 더 엄중한 책임을 물어야 한다. 오셀로는 이아고가 주입한 '소수자는 배제하고 여성은 차별하는' 베니스 남성 주류의 논리는 스펀지처럼 흡수한 데 반해, 이방인이자 소수자였던 자신과 결혼하고 전쟁터까지 따라온 여성은 백인 남성의 논리로 처단한 자이기 때문이다.

 오셀로가 데스데모나를 죽이기 전에 내세운 정의의 논리("이 여자는 죽어야 해. 안 그러면, 더 많은 남자들을 배신할 테니까": 5막 2장)는 그가 베니스 남성 주류사회의 정체성을 버리지 못했음을 여실히 보여준다. 오셀로는 자살할 때도 데스데모나를 죽인 논리와 같은 논리를 펼친

다. 즉 의로운 베니스인이 잘못을 범한 베니스 사회의 타자를 죽였다고 말하고 싶은 것이다.[36]

> **로도비코** 당신을 뭐라고 부를까요?
>
> **오셀로** 괜찮으시다면 명예로운 살인자라 해주세요,
>
> 증오가 아니라 명예 때문에 모든 일을 저질렀으니까요.
>
> (5막 2장)

오셀로는 무어인을 경멸하는 베니스 남성 사회를 대결의 대상으로 보지 않고, 오히려 이방인인 자신을 선택한 아내 데스데모나를 타도의 대상으로 삼았다. 자신도 배척받는 사회 소수자였으면서 자신을 배척하는 세력에 편승해 더한 약자를 핍박하고자 했던 오셀로는 진정한 자기편을 저버린 '천하의 머저리'였다.

보이지 않아서
더 무서운 악당

자기 확신에
_____ 가득 찬 악의惡意

『오셀로』의 등장인물 중 가장 특별하고 역할 비중이 높은 사람은 사실 오셀로가 아니라 이아고다. 또 연극 『오셀로』의 스토리를 끌고가는 원동력도 이아고의 악의惡意다. 이 점에서 본다면 이아고가 이 극의 진정한 주인공일지도 모른다. 오셀로는 어쩌면 이아고의 악의에 휘둘린 조연에 불과하고, 데스데모나나 카시오 등도 오셀로의 몰락을 구성하기 위한 장치에 지나지 않을지도 모른다.

　이아고는 세계문학사에 등장하는 그 모든 악당 중에서 둘째가라면

서러워할 가장 지독한 악인, 최고의 악당이다. 내가 이렇게 말하는 이유는 이아고의 악의가 그의 인격 전체를 지배하고 있기 때문이다. 그가 하는 어떤 행동, 어떤 말도 악의로부터 우러나온다. 물론 대부분의 사람들에게도 드물게 마음속에 악의가 생기는 경우가 있지만, 일반적인 사람에게 깃드는 악의는 적어도 어떤 근거가 있다. 배가 고파서 남의 음식을 빼앗을 생각을 한다든지, 가까운 사람이 억울한 일을 당해서 그 복수를 하기 위해 다른 사람을 해하려고 한다든지 하는 이유가 있다. 그러나 이아고의 악의는 특별한 동기가 없을 때조차 악행을 유도한다.

문제는 이아고 본인은 자기가 하는 일이 나쁜 일이라고 생각하지 않는다는 데 있다. 그는 스스로 '사악함이 부족하다(1막 2장)'고까지 생각한다.[37] 그의 악행은 나름대로 자기 확신의 소산이다. 더구나 그에게 사랑이란 '색욕의 자극(1막 3장)'이고, 도덕道德이란 '안 하는 게 아니라 안 들키는 것(3막 3장)'이고, 명예는 '망상(2막 3장)'일 뿐이다. 그는 매사 자기 확신에 가득 차 있다. 자신의 아내와 오셀로가 부정한 관계라 확신하고, 백인인 데스데모나가 흑인인 오셀로를 사랑해 결혼하는 건 추악하고 비정상적인 행동이라 믿어 의심치 않는다. 이 같은 확신 때문에 세상의 이아고들은 주저없이 주변 사람들을 파멸시킨다.

아래 대사는 카시오가 이아고의 함정에 빠져 부관 자리를 잃고 나서 자신의 명예가 실추되었다고 울부짖는 장면이다. 여기서 이아고는 사람들이 중시하는 가치를 확신을 가지고 경멸한다. 카시오는 '가장 소중한' 명예를 잃었다고 한탄하지만, 이아고는 '명예 같은 건 그냥 망상'이라고 일소에 부친다.

카시오 명예, 명예, 명예

나는 명예를 잃어버렸다.

난 가장 소중한 것을 잃어버린 것이다.

명예다. 이아고. 명예란 말이야.

이아고 솔직히 난 당신이 몸에 무슨 상처라도 입은 줄 알았네요.

명예 같은 거보다 몸이 더 예민하니까요

명예 같은 건 그냥 망상에 지나지 않거든요.

(2막 3장)

이아고가 보통의 악당들과 구별되는 최고의 악당인 이유는 또 있다. 그는 우발적인 범죄보다는 계획적인 범죄를 선호한다. 그는 목표로 삼은 대상을 다른 사람을 시켜서 죽이거나, 그 사람이 스스로 자멸하게 만드는 데 능하다. 『오셀로』에서는 로데리고, 이아고의 부인인 에밀리아, 오셀로, 데스데모나 등 모두 네 명의 등장인물이 죽는다. 이아고가 자신의 부인과 로데리고를 죽이고, 오셀로는 데스데모나를 죽인 후 스스로 죽는다. 그런데 이아고 자신이 직접 죽이지 않은 오셀로와 데스데모나도 결국 그에게 간접 살인을 당한 셈이니 네 사람 모두 다 이아고의 희생자인 셈이다.

이렇게 자신의 손을 직접 쓰지 않고 사람을 해치는 일을 '차도살인

借刀殺人'이라고 한다. 남의 칼을 빌려서, 즉 제3자의 손으로 사람을 해친다는 뜻이다. 이는 살인 중에서도 가장 음험하고 악독한 살인이다. 차도살인을 즐기는 악당은 사람들에게 끊임없이 부정적인 무언가를 암시하고, 타인의 취약점을 살살 건드리고, 사람들의 참을성을 무너뜨리고, 사람과 사람 사이의 불화를 심화시키는 기술에 능한 자다.

다음 대사를 보자. 이아고는 자신의 꼬임에 빠져 부인의 정숙함을 의심하기 시작한 오셀로의 귀에 이렇게 속삭인다.

> **이아고** 예. 문제는 바로 그겁니다. 털어놓고 말씀드린다면
> 부인께서는 자연의 이치에 어긋나게도
> 같은 나라, 같은 얼굴색, 같은 신분 남자들의
> 수많은 혼처를 모조리 외면했단 말씀입니다.
> 쳇! 우리는 그런 사람의 욕망에서
> 가장 썩고 추악하게 일그러진
> 비정상적인 생각을 알아차릴 수 있지요.
> 하지만 용서하십시오. 이건 뭐
> 부인을 빗대서 말하는 건 아닙니다.
> 그녀가 차차 분별력을 갖게 되면
> 제 나라 남자들 몸에 당신을 맞추면서
> 혹시 후회하지는 않을지 걱정되지만요.
>
> (3막 3장)

"부인께서는 같은 나라, 같은 피부색, 같은 신분의 수많은 혼처를 모조리 외면했단 말씀입니다". 언뜻 듣기에 이 말은 경쟁에서 이긴 오셀로의 능력을 치켜세우는 것 같지만, 그 말 뒤에는 '당신은 외국인이고 피부색도 다르고 신분도 미천하다'는 의미가 숨어 있다. 악마는 인간의 가장 유약한 곳을 치고 들어온다. 이아고는 외국인이자 아내와 피부색이 다른 오셀로의 아킬레스건을 자극한 것이다.

또한 이아고는 백인 귀족의 딸로 '금수저'를 물고 태어난 데스데모나가 피부색이 다른 오셀로를 사랑하고 결혼했다는 사실 이면에는 '무언가 정상적이지 않은 추악한 이유'가 있을 것이라고 암시한다. 이아고의 이 말은 사실, "백인 남성 중심의 베니스 사회의 질서를 위협하는 소수자에 대해 분노하는 백인 남성의 마음을 대변"[38]하고 있다. 자신들이 빼앗긴 것에 대한 박탈감을 무언가 상대방이 정상적이지 않다는 이유로 돌려버려야 상처난 마음을 치유할 수 있기 때문이다.

어쨌든 이아고의 암시는 오셀로의 약점을 건드리기 위함이다. 악마는 언제나 인간의 가장 약한 곳, 가장 아끼는 곳을 공격한다. 이아고는 오셀로의 인종적 콤플렉스를 교묘하게 건드려놓고서는 그 다음에 바로 성적性的인 질투심을 자극하는 암시를 건넨다. "그녀가 차차 분별력을 갖게 되면 제 나라 남자들 몸에 당신을 맞추면서 혹시 후회하지는 않을지 걱정되지만요." 이는 데스데모나가 베니스 남자들과 분명히 많은 남녀관계를 맺었을 것이고, 이제 오셀로와 결혼 생활을 해보고 시간이 지나서 점차 정신이 돌아오면 '몸이 건장한 외국인(흑인)도 자기나라 남자들과 별 다른 게 없구나.' 하고 후회할 것이 걱정된다는 얘기다.

그런데 이 말은 데스데모나의 정숙하지 못함을 매도하는 것 같지만 사실은 오셀로도 함께 폄하하려는 수작이다. 흑인 주제에 좋은 집안 백인 여자와 결혼했다고 우쭐대지만 너 오셀로는 그리 대단한 사람이 아니다, 라는 말이다. "당신 부인이 당신과 결혼한 것은 사랑 때문이 아니라 그녀의 '썩고 추악하게 일그러진' 성적 취향 때문이다. 그런데 당신 부인이 당신과 결혼 생활을 하다가 제정신이 들고 나면 당신보다 베니스 남자들이 나았구나 하고 후회할지도 모른다. 그렇게 되면 어떻게 할래?" 하고 오셀로가 믿고 있는 사랑과 결혼의 순수성 자체를 한꺼번에 매도하는 것이다. 이아고의 음험한 악의가 진저리쳐지게 느껴져 온다.

망상으로 악의를
_____ 정당화시키는 사람

물론 이아고는 오셀로에 대한 개인적인 원한이 있다. 인사문제다. 자신이 부관에서 제외되고 카시오가 그 자리를 차지한 사실에 대해 억울해 하고 있다. 이아고는 그것을 자신에 대한 모욕으로 생각하고 그 모욕을 용서할 수 없다. 이 억울함을 어떤 방법을 써서라도 풀지 않으면 안 된다고 생각하고 있다. 그러나 그러기가 쉽지 않다. 상대방은 자신보다 지위가 높은 권력자고, 물리적인 힘도 세다. 정면에서 싸우기는 힘이 부친다. 그러므로 뒤에서 갖가지 모략을 써서 오셀로와 그 주변 사람들을 파멸의 길로 끌고가기로 한 것이다.

> **이아고** 정말로 그자가 밉다니까요. 이 도시 유력 인사 세 분이
>   저를 그자의 부관으로 천거하려고
>   여러 번 그자에게 깍듯이 인사를 했답니다.
>   물론 제 값어치는 제가 안다고요, 그 정도 자리 값은 한다니까요.
>   하나 자기 자존심과 자기 의견만 잘난 줄 아는 그자는
>   전쟁용어만 계속 써가면서
>   에둘러 자기 자랑을 늘어놓으면서 확답을 피하다가
>   결국에는
>   날 추천한 분들을 퇴짜놓아버렸죠.
>
> (1막 1장)

이아고는 자신이 전쟁터에서 나름 공을 세웠다고 생각한다. 그것을 오셀로가 정당하게 평가하지 않고 '군대를 지휘한 경험도 없고, 부대 편성의 방법도 제대로 모르면서 탁상공론만 하는'[39] 카시오를 부관으로 발탁했다고 분노한다. 그래서 이아고는 카시오에게도 복수하고 싶고, 오셀로도 오셀로대로 혼내주고 싶어졌다.

이것은 특정한 동기가 있는 증오다. 그래서 이것을 바라보는 관객은 이아고가 오셀로를 미워하는 데는 이유가 있다고 받아들이게 된다. 이아고는 마치 자기가 부당한 인사 관행의 희생양이라도 된 듯이

말한다.

> **이아고** 아냐. 어쩌겠나. 그게 공무원 조직의 폐해인데.
>
> 출세는 추천장과 정실로 결정되는 것.
>
> 이전처럼, 후임이 선임을 이어받는
>
> 연공서열로 결정되는 게 아니거든. 자 말해봐.
>
> 내가 도대체 어떤 핑계를 대서
>
> 무어 놈을 좋아한다고 말해야 하는지.
>
> (1막 1장)

그러나 사실은 그렇지 않다. 오셀로의 인사 조치에 대한 이아고의 비판은 합당하지 않다. 사실 유력자에게 줄을 대서 '빽'을 쓴 사람은 이아고 자신이기 때문이다. "유력 인사 세 분이 저를 그자(오셀로)의 부관으로 천거하려고 여러 번 그자에게 깍듯이 인사를 했답니다"라고 방금 말한 자가 이아고 본인이다. 그는 남이 하면 불륜, 자신이 하면 로맨스라고 생각하는 사람이다.

문제는 오셀로에 대해 이아고가 가지는 적개심의 부피가 인사문제에서 불이익을 받은 사람이 느낄 수 있는 정도를 넘는다는 것이다. 이아고는 자신이 오셀로에게 품은 적개심을 스스로 엄청난 크기로 부풀린다. 단지 한 차례 인사에서 정당한 평가를 받지 못했다고 해서, 보통 사람은 사람을 이렇게나 미워하고 극악하게 해코지할 리가 없다. 분명 다른 무언가가 있다고 보아야 한다.

그런데 오셀로가 그토록 큰 증오의 대상이 되어야 할 이유가 아무리 눈 씻고 찾아봐도 없다. 이것은 독자와 관객의 고민이자 이아고의 고민이기도 하다. 그래서인가, 이아고는 오셀로가 자기에게 용서할 수 없는 악행을 저질렀다고 하는 망상을 만들어낸다. 자신의 악의를 정당화시키기 위해서다.

> **이아고** 난 저 무어인이 싫어
>
> 저놈이 내 침대에 숨어들어서
>
> 내 마누라와 잤다는 소문이 퍼졌어.
>
> 진짠지 거짓인지는 모르지만 난 그런 소문이라도
>
> 믿지 않을 수 없어.
>
> (1막 3장)

이아고가 오셀로를 미워할 이유로 겨우 찾아낸 것이 오셀로가 자기 아내를 가로챘다는 망상이다. 그는 그 망상을 자신의 마음에 불어넣는다. 사람을 미워하기 위해 미워해야 할 이유를 찾는 일은 보통 사람이 생각할 수 있는 일이 아니다. 이것이 바로 그가 보통 사람과 다른 악당 DNA를 가지고 있다는 증거다. 어쩌면 이아고의 인생 자체가 악의를 실현하는 과정인지도 모른다는 생각이 들 정도다. 이아고는 보통의 상식이 통용되는 세계의 사람이 아니다. 이아고가 가진 생각의 중심을 더 파헤쳐보자.

이아고는 오셀로가
_____ 왜 그토록 미웠을까

이아고는 왜 하필 그런 망상을 했을까. 물론 위의 대사에 나오는 소문은 사실이 아니다. 그런 소문 따위 있지도 않았던 얘기였으리라. 극의 어디에도 오셀로가 이아고의 부인에게 손을 댔다는 흔적이 없다. 또한 오셀로가 이아고의 아내 에밀리아에게 조금이라도 관심을 가졌다는 증거도 없다. 그러나 이아고에게는 그것이 사실이든 아니든 아무 상관없다. 악의를 폭발시키는 촉매제로서 '오셀로가 자기 마누라에게 손을 댔다'라는 분노만을 기억하면 된다. 일단 분노가 마음속에 뿌리만 내리면 되니까.

이아고는 오셀로를 몰락시키기는 것만으로는 성이 차지 않아서 오셀로의 부인인 데스데모나까지 끌어들인다. 오셀로가 자기 아내에게 '올라탄' 망상에 대한 복수로 자기는 오셀로의 부인을 진흙탕 속에 빠뜨리겠다는 것이다. 이아고의 증오는 오셀로에 대한 증오를 핵으로 하고 있지만, 그 연장선에서 오셀로의 아내 데스데모나까지 끌고 들어가서 파멸시키고, 또 오셀로의 부관인 카시오를 함정에 빠뜨리고 파멸시키려 한다. 여기까지 오면 관객은 이아고가 품은 악의가 보통 사람의 그것이 아니라는 사실을 눈치채게 된다. 그가 주위 사람들에게 품은 증오의 질주는 종착역이 없고, 증오하는 행위 자체를 자기목적화한 것처럼 보인다.

그런데 잘 이해되지 않는 점이 있다. 이아고는 왜 타인인 오셀로의 성적^{性的}인 측면에 이토록 관심을 가지는 걸까. 오셀로를 '무어인인데도 성실하고 경애할 만한 고귀한 인물(2막 1장)'이라고 제 입으로 말해놓고서는 금방 '색정적인 오셀로'라고 바꾼다. 두 단어 사이에 간극이 너무 크다. 나는 '고귀한_{noble} 오셀로'가 '색정적인_{lusty} 오셀로'로 바뀌어버리는 이 지점에서 이아고의 마음속에 있는 어둡고, 음험하고, 음습한 구석을 발견해낸다.

이아고는 흑인인 오셀로가 백인 여자의 사랑을 받는 게 싫다. 아니, 오셀로가 백인 여자와 사귀는 것 자체를 참지 못한다. 사실 그 증거는 이 극의 맨 앞부분에 이미 나와 있다. 극의 초반이라 우리가 무심코 지나갔을 뿐이다. 아래 대사는 이아고가 오셀로와 데스데모나의 결혼을 데스데모나의 아버지 브라반시오에게 고자질하는 장면이다.

> **이아고** 지금 이 순간, 지금, 딱 지금 나이 든 검은 양이
>
> 당신의 흰 어린 양에게 올라타려고 해요.
>
> 자, 종을 울려서 모두를 깨우세요.
>
> 안 그러면 그 악마가 당신 손자를 만들어요.
>
> 자, 어서요.
>
> (1막 1장)

'나이 든 검은 양이 흰 어린 양에게 올라타려고' 한다는 건 늙은 흑인이 젊은 백인 여자와 성행위를 하려고 한다는 뜻이다. 또 이아고는 지금 그 행위를 말리지 않으면 '악마가 당신 손자를 만들' 것이라고 처

절하게 부르짖는다. 도대체 무슨 상관이란 말인가. 남이 연애를 하든 말든, 애기를 낳든 말든 자기가 관여할 바가 아니다. 그런데 이아고는 그렇지 않은 모양이다. 고귀했던 오셀로가 백인 여자와 사귀는 순간 '악마'가 된다. 무어인이 밉다기보다 '악마'가 '흰 어린 양'에게 '올라타는' 일, 즉 무어인이 백인 여성과 성행위를 한다는 게 그는 너무 싫은 것이다.

우리는 여기서 앞서 오셀로의 열등감을 다룰 때 적용한 '투사'의 개념을 이아고에게도 똑같이 적용해볼 수 있다. 이아고는 자신의 열등감을 흑인 오셀로에게 투사한 것일지도 모른다. 이아고의 오셀로에 대한 밑도 끝도 없는 증오의 정체는 다분히 인종차별적이다. 그리고 그 인종차별적 언사의 이면에서는 다분히 성적性的인 열등감의 냄새가 난다.

> **이아고** 입 다물고 가만있어봐. 내가 가르쳐줄게.
> 저 여자는 갑자기 무어인에게 반해버렸어.
> 처음에는 무어인이 거짓으로 꾸며낸
> 황당한 자기 자랑을 듣고 빠져버린 거야.
> 그런데 저놈이 계속 떠들어댄다고
> 그 사랑이 계속될 거라고 생각해?
> 너도 양식이 있다면 그렇게는 생각지 않겠지?
> 저 여자도 눈이 있잖아. 저 여자가 뭐가 좋아서
> 저 악마 놈을 계속 바라보고 있어야 되겠니?

재미 본 후에 정욕이 식고 나면 그걸 다시 불 지펴야 하는데
포만감 뒤에 새로운 입맛을 돋우려면 잘생긴 얼굴,
비슷한 세대끼리의 공감, 매너나 아름다움이 있어야 되잖아?
근데 무이인은 내세울 게 하나도 없어.

(2막 1장)

남의 애정문제 따위 신경 끄면 될 일이다. 그런데 거기에 자꾸 마음이 가고, 자주 입에 올린다는 것은 그것에 온 신경이 쏠려 있기 때문이리라. 백인 여자가 백인 남자인 자기가 아니고 흑인인 오셀로를 사랑하는 건 비정상적인 일이라고 믿고 싶다. 이아고는 '저 여자(데스데모나)가 갑자기 무어인에게 반해버린' 것이 사랑 때문이 아니고, 오셀로의 매력 때문도 아니라고 말하고 싶은 거다. 이아고의 입장에서 보면 백인 여자가 흑인을 사랑한다는 것은 말이 안 되는 얘기다. 그러므로 데스데모나가 오셀로에게 반한 이유가 '거짓으로 꾸며낸 황당한 자기 자랑을 듣고 빠져버린' 거라야 된다. 그래야 헝클어진 자기 마음을 다스릴 수 있다.

그는 또 '저 여자'의 사랑은 '재미 본 후에' 곧 식을 것이며, '새로운 입맛을 돋우려' 할 것이라고 말한다. 데스데모나를 정욕에 불타는 헤픈 여자로 만들어야만 백인 여자를 흑인에게 '뺏긴' 자신을 열등감으로부터 구원해낼 수 있기 때문이다.

그뿐 아니라 이아고는 데스데모나가 흑인인 오셀로와의 사랑을 지속하지 않으리라 기대한다. 그리고 그런 자신의 기대가 실현되리라는

소망을 스스로에게 납득시키기 위해 '무어인은 내세울 게 하나도 없다'고 믿고 싶은 것이다. 오셀로는 얼굴도 잘생기지 않고, 데스데모나와 나이도 차이 나고, 매너도 별로 좋지 않고, 아름답지도 않다는 것. 그는 그렇다고 외치고 싶다. 열등감 때문에 빗나간 사람들은 그렇게라도 해서 스스로 납득해야 밤에 잠이 오는 걸까.

이아고는 자신의 이런 복잡한 심경을 오셀로에게 투사한 듯하다. 투사projection는 사람들이 죄의식, 열등감, 공격성과 같이 불편한 감정에 휘둘릴 때, 그 원인을 다른 사람에게 떠넘겨서 자기 마음의 부담을 없애거나 줄이려는 기술이다. 이 개념은 미국에서 백인 남성들의 흑인 남성들을 향한 인종편견에 대한 사회심리학 분석에 널리 적용되어 왔다. 예컨대 미국 남부지역에서 백인 여성에 대한 강간 사건이 일어났을 때 백인 남자들이 죄 없는 흑인 남자들을 린치하는 일이 빈번히 일어났다고 한다. 강준만은 이러한 현상의 이면에 백인 남성들이 흑인 남성들에 대해 갖고 있는 '성기 콤플렉스'가 자리한다고 말한다.[40]

이런 황당한 콤플렉스를 백인 스스로 기록한 글이 지금도 많이 남아 있다. 1799년 찰스 화이트Charles White라는 영국의 의사는 "흑인 남성의 성기가 유럽인의 그것보다 크다는 것은 런던의 모든 해부학계에 잘 알려진 사실"이라고 기록하고 있다. 리처드 버튼Richard Burton이라는 사람은 1885년에 자신의 대선배 이아고와 같은 고민을 가지고 있던 것 같다. 그는 "타락한 여자는 물건의 크기 때문에 흑인을 선호한다"라는 주장까지 폈다고 한다.[41]

흑인 남성이 갖고 있는 과장된 성적 이미지에 대한 백인들의 뿌리

깊은 공포는 자주 흑인에 대한 폭력사건으로 번지곤 했다. 1899년 4월 12일 조지아주에서 일어난 '샘 호스 사건'이 가장 유명하다. 흑인 일용직 농장노동자 샘 호스Sam Hose가 백인 알프레드 크렌포드Alfred Cranford가 운영하는 농장에서 일을 하던 중에 임금문제로 크게 다투는 와중에 자신에게 총을 먼저 겨냥한 크렌포드를 도끼로 살해한 사건이다. 이후 샘 호스가 클렌포드의 아내를 성폭행하고 절도까지 저질렀다는 소문이 퍼졌고, 지역신문들이 이 소문을 사실처럼 보도한 기사를 내보내게 된다. 백인 사회에 소동이 난 것은 물론이다. 이 때문에 호송되던 샘 호스가 성난 군중들에 의해 기차에서 끌어내려져 가혹한 린치를 당하게 된다. 그는 백인 남성들에 의해 산 채로 성기를 절단당하고, 신체 여기저기를 훼손당했으며, 급기야 화형에 처해지게 된다.[42)]

그런데 호스가 사형私刑을 당해 죽은 후, 양심적인 언론인들이 탐정 루이스 레 빈Louis P. Le Vin을 고용해서 사건을 조사했다. 레 빈 탐정의 사건 조사 보고서는 샘 호스의 행위가 정당방위였다는 결론이었다. 크렌포드 부인의 증언에 따르면 강간도 없었다. 그러나 진실이야 어찌되었든 상관 없었다. 백인 남성들은 흑인에 대한 자신들의 성적인 강박 관념을 해소할 희생양이 필요했다. 호스가 화형을 당한 나무 주변에는 "우리 남부 여성을 보호해야 한다"는 플래카드가 붙어있었다. 그러나 백인 여성들이 자신들을 흑인들로부터 보호해달라고 백인 남성들에게 요청한 적은 한 번도 없다. 백인 남성들이 정작 보호해야 할 것은 자신들의 마음속에 있는 성적 강박과 열등감이었다.

이 외에도 미국에서는 백인 남성들의 흑인에 대한 성적 열등감과 관련 있어 보이는 끔찍한 린치가 끊임없이 일어난다.

"백인 여자들 때문에 흑인 남자들이 뒤집어 쓴 억울한 누명과 무고한 희생은 이루 말로 다 할 수 없다."[43] 일부 백인 남자들의 흑인 남자에 대한 복잡한 심정이 어떤 비극을 가져왔는가를 우리에게 리얼하게 전해주는 이 문장은 미국 '현대 민권 운동의 어머니'로 불리는 로자 파크스Rosa Parks, 1913-2005의 글이다.

많은 사회과학자들은 백인 남성들의 흑인 남성에 대한 왜곡된 인종적 폭력을 백인 여성에 대한 백인 남성의 억압된 성적인 욕망이 흑인 남성에게로 투사된 현상으로 보았다. 미국의 여성사회학자 제시 버나드Jessie Bernard, 1903-1996는 미국 남성들의 흑인에 대한 차별의식의 이면에 성적인 요소가 있음을 간파했다. 그는 "백인 남성들이 흑인들을 집단수용소 같은 게토로 몰아넣은 이유도 다분히 이들이 흑인 남성의 성욕을 두려워했기 때문"이라고 말하고 있다[44]. 억압된 백인 남성들이 사회적으로는 힘 없는 약자인 반면 매우 강한 성적 욕망과 성적 능력이 있다고 여겨지는 흑인 남성을 증오와 공격 대상으로 삼은 것이다.

나는 지난 세기 미국 남부의 인종 린치 사건의 이면에 숨어있는 불한당 무리들의 가면 뒤에서 이아고의 그림자를 본다. 셰익스피어가 『베니스의 무어인 오셀로』를 쓴 시기가 1603년에서 1604년 즈음이라고 알려져 있다. 오스만제국이 맹위를 떨치고, 아프리카와의 교류가 활발했던 17세기 초의 유럽인들이 유색인종을 자기 안의 타자로 받아들여야 했던 시기였다. 우리의 천재 극작가는 이때 이미 백인 남

자들의 마음속에 자라나기 시작한 흑인 남성에 대한 '이상한' 종류의
공포를 발견한 것이 아닐까.

약자를 향한
_____ 약자의 공격

이아고가 자신의 속마음을 긴 독백으로 털어놓는 장면을 음미해보자.
다음 대사는 2막 1장의 끝 부분에서 이아고가 관객들에게 오셀로를
함정에 빠뜨리려는 이유와 계획 등 자신의 속마음을 밝히는 독백이
다. 좀 길지만, 끝까지 읽어보자.

이아고 나도 그녀(데스데모나)를 사랑해.

순전히 욕정 때문만은 아니야. 아마도 큰 죄를

지을 거라는 불안감이 있긴 해.

그래도 저놈에게 복수하고 싶은 생각이 더 커.

난 저 음탕한 무어 놈이 의심스러워.

저놈이 내 마누라에게 올라탔을 거라고 생각하면

수은 독이 내 속을 갉아먹는 것처럼 쓰려.

마누라 빚은 마누라로 갚아서 저놈과 내가 같아질 때까지는

도무지 마음을 가라앉힐 방도가 없구나.

만약 실패한다 해도, 적어도 무어 놈이

자기가 무슨 짓을 하는지 분별을 잃을 정도로

지독한 질투로 미치게 만들 테다. 그러기 위해서

저 어리석은 베니스의 쓰레기가

사냥개처럼 튀어오르려고 날뛰는 걸

겨우 목줄을 잡고 있는 중이야. 내가 꼬드기는 대로만 해준다면

난 마이클 카시오를 내 맘대로 주무를 수 있지.

무어 놈에게 저자를 구역질나게 험담해줄 테다.

그런데 카시오 저놈도 내 마누라와 간통했다는 의심이 들어.

(2막 1장)

아! 이런! 이아고도 사실은 오셀로의 부인 데스데모나를 사랑한다고 고백하지 않는가. 그는 '순전히 욕정 때문만은 아니'라고 어물어물 피해나가면서도 데스데모나에 대한 성적인 욕망을 드러낸다. 이내 남의 아내를 탐하는 "큰 죄를 지을 거라는 불안감이 있긴 해"라고 말해버린다. 욕망의 대상인 아름다운 데스데모나가 무어인 '따위'에게 가버리다니 얼마나 속상할 것인가.

무어인이 밉다. 짜증난다. 가라앉아있던 열등감의 앙금이 치밀어오른다. 파멸시키고 싶다. 그런데 자신이 분노하는 이유가 자신의 욕망과 열등감이라고 대놓고 말할 수는 없다. 이아고에게는 치밀어올라오는 분노와 악의를 스스로에게 납득시킬 합리적인 이유가 필요하다. 또 오셀로에 대한 열등감을 숨기고 그를 파멸시킬 핑계도 찾아내야 한다. 그는 이내 찾아냈다. "저놈이 내 마누라에게 올라탔을 거라

고 생각하면 수은 독이 내 속을 갉아먹는 것처럼 쓰라려."

위에서도 말했지만 이아고의 악마성은 그 악랄한 범행 수법에 있다. 그는 오셀로와 데스데모나를 직접 공격하지 않고, 오셀로가 스스로 아내 데스데모나와 자기 자신을 증오하게 만든다. 사실 오셀로와 데스데모나는 베니스 사회의 편견을 극복하고 자신들의 사랑을 완성해나가려던 사람들이었다. 흑인인 오셀로와 백인 귀족 여성인 두 사람이 하나가 되는 일은 그만큼 사회적으로 중요한 결합을 상징했다. 그러나 이아고의 비열한 술수에 의해 두 사람의 믿음과 신뢰가 깨지면서 둘 사이의 사랑이 무너지고 그 대신 두 사람의 비극이 완성됐다.[45] 이아고는 사회적 주변인으로서의 자의식을 극복하려는 오셀로에게 계속해서 소수자 의식을 불어넣어서 그가 스스로 파멸을 선택하도록 유도했다.

이런 의미에서 오셀로의 데스데모나 살해는 베니스의 백인 남성 주류사회가 저지른 차도살인으로 볼 수도 있다. 결국 오셀로도 양심의 가책을 느껴 자살했으니, 베니스의 백인 남성 주류사회를 대변하는 이아고는 손에 피를 묻히지 않고 베니스 사회의 주변부(여성과 이방인)를 대표하는 두 사람을 다 죽인 셈이다. 그는 약자(오셀로, 이방인)에 의한 약자(데스데모나, 여성)의 공격을 유도해냈는데, 이는 마치 현대 한국 사회의 내부 모순과 흡사하다.

우리는 요즘 한국의 극히 일부의 남성들이 여성과 특정 지역 사람들, 개발도상국에서 온 이주 노동자들을 자기 안의 타자로 여기고 배제하는 모습을 본다. 이들은 여성과 특정 지역, 그리고 이주 외국인들이 받는 특정한 이익 때문에 자신들이 취업과 성공, 연애의 기회를 상실하거나 불이익을 받을지 모른다고 여기는 듯하다. 그러나 안타까운 일은 그들 대부분도 현대 한국 사회의 약육강식 구조 속에서 충분히 오랫동안 소외되어온 사람들이라는 점이다. 그들 또한 극히 일부에게 만 부가 집중되는 경제적 양극화 물결 속에서 상대적 박탈감에 몸부림치고, 유연화된 노동시장에서 무한경쟁에 내던져진 불안한 존재들이다.

그러나 그들은 자신들의 기회를 빼앗거나 제한하는 정치권력, 경제권력에 맞서는 대신, 자기보다 더 '약해보이는' 사람들을 공격한다. 자기보다 더 차별받는다고 생각하는 특정 지역 사람들을 폄하하고, 자기보다 못하다고 생각되는 이주 노동자, 동성애자, 장애인 들을 차별하고 모욕하는 데 집중한다. 이들의 언행 중에서 특히 인상적인 것은 이들이 여성들을 성적, 도덕적으로(!) 비난한다는 점이다. 그런데 이런 행동은 '천하의 머저리' 오셀로가 아무 죄 없는 자기 아내를 죽이면서 다른 남자들을 위해 '음탕한 여자'를 처단한다고 여긴 일과 놀랍도록 똑같다.

> **오셀로** 이건 이유가 있단다. 이유가 있단다. 내 영혼아.
>
> 내 입으로 그걸 밝히게 하지 마라. 순결한 별들아.
>
> 이유가 있단다. 그래도 난 피를 흘리게 하거나
>
> 눈처럼 하얀 대리석 조각처럼 매끈한 피부를
>
> 더럽히거나 하지 않으리.

그러나 이 여자는 죽어야 해. 안 그러면,

더 많은 남자들을 배신할 테니까.

(5막 2장)

그런데 그들이 마치 오셀로처럼 자신과 같은 처지에 있는 약자들을 비난하고 공격하는 일로 인생의 황금기를 낭비하는 동안, 정작 부와 권력을 거머쥔 주류 엘리트들은 흥분하지도, 찡그리지도, 누군가를 눈에 띄게 공격하지도 않는다. 평화롭고 활기차게 자신들의 커리어와 부를 쌓아갈 뿐이다. 잔잔한 미소와 멋진 매너를 잃지 않고도 목적을 이룰 수 있는 '우아한 폭력'의 기술 덕분이다. 그것은 많은 오셀로들의 마음을 휘저어서 그들 스스로 자기편을 공격하고, 결국에는 자기 골대에 슛을 넣는 '천하의 머저리'로 만드는 일, 바로 이아고가 오셀로에게 시도해서 성공한 그 기술이다.

세상의 이아고들에게
_____ 맞서려면

세상에는 많은 이아고들이 있다. 이 악당들은 자기가 노리는 사람을 끊임없이 유혹하고, 다른 사람과 비교하고, 부정적 메시지를 암시하고, 약점을 살살 건드린다. 사람들의 참을성을 무너뜨리는가 하면, 사람과 사람 사이 불화를 심화시키는 기술에도 능하다. 우리는 세상의 이아고들에게 어떻게 맞서야 할까. 어떻게 해야 이들에게 휘둘리지 않는 힘을 가질 수 있을까. 만약 맞설 수 없다면 피할 수 있는 방법은 무엇일까.

영국의 추리소설가 애거서 크리스티Agatha Christie도 똑같은 고민을 했나 보다. 크리스티는 『커튼Curtain』이라는 소설을 통해 이 질문에 대한 대답을 시도한다. 『커튼』은 크리스티의 생애 마지막 소설이자 그녀가 창조한 명탐정 에르퀼 포와로가 소설 속에서 죽는 것으로 유명한 작품이다. 실존 인물이 아닌 소설 주인공인 포와로의 부고기사가 1975년 8월 6일자 〈뉴욕타임스〉에 실려 화제가 될 정도로 크리스티와 탐정 포와로는 당시 추리소설 팬들의 많은 사랑을 받았다.

그런데 이 작품에는 이아고를 매우 강하게 연상시키는 지독한 악당 X가 등장한다. 간략한 줄거리는 이렇다. 전혀 서로 관련이 없어 보이는 다섯 건의 살인사건을 조사하던 포와로는 살인사건들간의 이상한 관련성을 발견한다. 다섯 건 각각 범인이 밝혀졌음에도 불구하고 언제나 그 사건들의 배후에 슬쩍 걸쳐져 있는 사람, X의 존재를 눈치채게 된다.

X는 직접 사람을 죽이지 않는다. 그러나 그는 사람들 사이를 비집고 들어와 그들의 약점을 헤집고, 사람들 사이의 불화를 확대시키며, 인내심을 마비시켜서 살인을 조장하는 차도살인의 명수였다. 그러나 X의 범죄는 심증만 있을 뿐 증거가 없기 때문에 법의 테두리에서 비켜나 있다. 포와로는 세상에서 가장 위험한 악당 X가 자신이 사랑하는 사람들에게 점점 다가오는 것을 느끼고, 사랑하는 사람들을 보호

하기 위해 X를 죽이고 자신도 목숨을 끊는다.

죽기 전 탐정 포와로는 오랜 친구인 헤이스팅스 대위에게 사건의 전말을 기록한 편지를 남겼다. 그는 이 편지에서 자신의 최후의 강적이자 완전범죄자 X와 이아고의 연관성에 대해 다음과 같이 말한다.

> 내가 자네에게 남긴 첫 번째 '단서'에 대해 이야기해 보기로 하지. 바로 『오셀로』라는 희곡 말일세. 이 명작 속에서 우리는 X라는 인물의 원형을 찾아볼 수 있지. 바로 완벽한 살인자인 이아고 말일세. 데스데모나와 카시오, 그리고 결국 오셀로의 죽음까지도 모두 뒤에서 범죄를 계획한 이아고의 짓이지. 이아고는 의심받을 만한 상황에서 벗어나 있었기 때문에 그런 짓을 할 수 있었다네.[46]

이아고의 수법이 법의 제재 권역 밖에서 남의 손을 빌려 타인을 죽이는 차도살인이라는 것을 애거서 크리스티도 파악하고 있었다. 데스데모나의 죽음, 카시오에 대한 살인 미수, 오셀로의 자살까지도 모두 이아고가 벌인 일이며, 그것은 '완벽한 살인기술'이다.[47] 탐정 포와로는 이 최고의 악당들이 사용하는 악랄한 범죄 기법에 대해 계속 설명한다.

> X가 사용하는 방법은 사람들에게 살인의 욕망을 암시하는 것이 아니라, 그들의 정상적인 사회적 내성을 무너뜨리는 것이라네. 오랜 동안의 연습 끝에 완성된 기술이지. X는 사람들에게 암시를 하고 그들의 취

약점에 더 무거운 압력을 가하려면 어떤 단어와 구절, 어조를 사용해야 하는지를 정확하게 알고 있지! 그리고 효과를 거두었지. X는 희생자에게 전혀 의심을 받지 않고 그런 일을 할 수가 있었어. 그건 최면술이 아니었네. 최면술로는 그 정도로 성공할 수가 없으니까. X가 사용한 방법은 보다 간교하고 치명적이었지. 사람들 사이의 불화를 없애 주는 게 아니라 불화를 증폭시키는 방법이 그것이지. 최고의 기술이면서 동시에 가장 악랄한 기술이기도 하지.[48]

『커튼』의 X도 『오셀로』의 이아고처럼 사람들의 '정상적인 사회적 내성'을 무너뜨리고, 사람들의 취약점에 압력을 가하고, 사람들 사이의 불화를 증폭시킴으로써 그들을 서로 공격하게 만들었다는 것이다.

'이아고'는 세상 도처에 널려 있다. 그런데 현대의 이아고들이 꼭 살인만 즐기는 것은 아니다. 사람일 수도, 미디어일 수도, 광고일 수도, 정치세력일 수도 있다. 이 궁극의 악당들은 자신의 손에 피를 묻히지 않고 다른 사람의 내면을 조종하는 전문가들이다. 이들은 사람의 꿈을 꺾고, 사람들 사이를 이간질하며, 조직을 궤멸시킨다. "이런 회사에 충성해봤자 결국 헛일이야." "공부 열심히 해봤자 소용없어. 빽이 없으면 꽝이야." "여자는 돈만 봐." "○○지역 사람들 절대 믿지 마. 다 사기꾼이야."

또 이들은 우리 귀에 대고 '타인의 욕망을 욕망하라'고 속삭인다. "이웃집 누구는 결혼할 때 아파트 열쇠와 자동차 키도 받았다는데, 네 처갓집에서는 뭐 해준대?" "요즘 어지간한 사모님들은 이거 다 샀

어요. 이제 몇 개 안 남았어요." 세상의 이아고들은 개인이 아니라 조직으로서도 활동한다. 그들은 때로 광고의 모습으로 나타나서 "성형 수술하지 않으면 돈 많은 남자를 만나지 못할 거야." "명품 백을 들지 않으면 가난해보일 거야"라고 속삭인다. 또 때로 정치선전의 모습으로 나타나서 지역감정과 사회분열을 부추기거나, 특정한 상대방에 대한 적개심을 키우라고 속삭이기도 한다.

이런 이아고들에게 쉽게 넘어가는 사람들은 대개 흑인장군 오셀로처럼 마음속에 콤플렉스를 감추고 있게 마련이다. 이아고는 어쩌면 우리 속에 숨어 있는 열등감이나 소외감의 다른 모습일지도 모른다. 이아고는 이런 우리의 취약점을 교묘하게 움켜잡고 우리의 상처 속으로 파고들어온다. 스스로에게 다시 한 번 물어보자. 우리는 세상의 이아고들에게 어떻게 맞서야 할까. 어떻게 해야 이들에게 휘둘리지 않는 힘을 가질 수 있을까.

여기서 다시 『커튼』 속으로 돌아가보자. 노턴, 즉 악당 X는 헤이스팅스 대위의 딸 주디스와 프랭클린 박사 부부의 삼각관계를 알고, 그속에서 범죄의 가능성을 엿보았다. X는 프랭클린 박사를 첫 번째 먹잇감으로 삼고 작업을 시작했지만 실패하고 말았다. 그 이유는 무엇인가. 포와로는 말한다.

프랭클린은 본인의 감정을 정확히 인지하고 있었고, 흑백이 분명한 논리체계를 가지고 있는 사람이기 때문에 외부의 압력을 모조리 무시할 수 있었던 걸세. 게다가 프랭클린은 연구에 열정을 쏟아붓고 있었지.

그렇게 연구에 빠져 있었기 때문에 그는 노턴의 말에 넘어가지 않았던 걸세.[49]

애거서 크리스티는 탐정 포와로의 입을 통해 X나 이아고와 같은 사악한 악당에 대한 대처법으로 다음의 세 가지 방법을 추천하고 있다. 여기서 포와로의 이 말을 필자 나름의 견해를 넣어 좀 더 친절하게 설명해보겠다.

첫째, 스스로의 감정을 정확하게 인지할 것. 즉, "나는 지금 진정 무엇을 하고 싶은가?" "나는 무엇이 좋고, 무엇이 싫은가?"라는 질문에 대한 대답을 확실하게 할 수 있어야 한다. 우리가 자신의 감정에 스스로 솔직해질 때, 남이 하는 어떤 말을 들어도 휘둘리지 않을 힘이 생긴다.

둘째, 사물에 대한 분명한 가치관을 가질 것. "이것은 나쁜 짓인가, 아닌가?" "지금 이 일은 해야 될 일인가, 해서는 안 될 일인가?"라는 질문에 선뜻 대답을 할 수 있어야 한다. 사물에 대한 분명한 가치관을 가지면 '절대로 폭력을 쓰지 않는다' '어떠한 경우에도 욕설을 하지 않는다' 등 자기 나름의 확실한 행동규범이 생긴다. 이렇게 흑백이 분명한 도덕관을 가진 사람은 타인의 꼬드김이나 이간질에 쉽게 휘둘리지 않는다.

셋째, 자신의 일에 충실할 것. "나는 무엇을 하는 사람인가?" "내가 하는 일은 가치 있는 일인가?"라는 질문에 자신 있게 대답할 수 있어야 한다. 자신이 현재 하고 있는 일에 충실한 사람은 다른 사람의 유혹에 쉽게 휘둘리지 않는다. 예컨대 나는 '반도체를 만드는 사람' 또는 '나는 도자기를 굽는 사람'이라는 확실한 자기규정을 가진 사람에게 '어디 어디 땅을 사면 일확천금이 굴러온다'는 유혹은 잘 통하지 않을 것이다.

세상의 이아고들은 우리가 스스로에게 자신이 없을 때, 우리가 타인의 욕망을 욕망할 때 스멀스멀 나타난다. 악당도 악당에 맞설 무기도 결국 내 안에 있다. 내 안에 있는 무기, 그것이야말로 '휘둘리지 않는 힘'이다.

글을 마치며

희망은 보여주지 않고 경쟁과 굴종만을 강요하는 살벌한 시대입니다. 우리가 기댈 언덕은 없고, 우리를 휘감으려는 선전과 유혹만 가득합니다. 정치도 종교도 버팀목이 되어주기는커녕 우리의 열정을 동원하려고만 합니다. 특히 청년들이 감내해야 할 현실은 혹독합니다. 가장 황홀해야 할 시기에 가장 팍팍한 현실 앞에 벌거숭이로 서 있는 그들의 모습이 가슴 아픕니다. 나는 이런 현실 앞에서 세상은 그래도 살 만한 거라고, 정신력의 힘으로 버티라고, 차마 그런 낭만적인 조언을 할 수 없습니다. 차라리 살아남기 위한 방법을 체득하라고, 세상에 휘둘리지 않는 힘을 기르라고 말해주고 싶습니다.

'휘둘리지 않는 힘'의 원천을 나는 셰익스피어의 '4대 비극' 속에서 발견했고, 그것이 내가 이 책을 쓴 이유입니다. 이 책에 나오는 인물들은 이 시대를 살고 있는 우리의 모습과 별로 다르지 않습니다. 그들 또한 우리처럼 꿈과 현실의 간극 앞에서 좌절했지만, 그들을 비극으로 몰고간 가장 큰 원인은 그들 자신의 욕망과 아집과 열등감이었습니다. 셰익스피어는 우리를 불행하게 하는 유혹과 욕망도, 세상에 맞서서 나를 지킬 무기도 결국 '내 안'에 있다는 사실을 알려주고 싶었던 게 아닐까요. 독자 여러분들이 이 책에서 '나'를 지키는 힘의 소중함을 한 번 더 깨달으셨기를 바랍니다. 마지막까지 읽어주셔서 고맙습니다.

끝으로 이 책의 본문에 나오는 대사의 번역은 각각 아든판 『The Arden Shakespeare』의 최신판을 기본으로 하고, 알프레드 크노프Alfred Knopf에서 출간된 『셰익스피어 4대 비극William Shakespeare, *Tragedies*, Volume 1, Alfred Knopf. 1992』을 참고하였습니다. 일부 단어의 번역 표현에 있어 외우畏友 서홍원 교수(연세대학교 영어영문학과)의 조언을 받았음을 밝히고 여기에 감사의 뜻을 표합니다. 본문 내용 중에 부족하거나 틀린 부분이 있으면 계속 고쳐나가겠습니다. 많은 지도 편달 바랍니다.

2016년 1월
새봄을 기다리며
김무곤

미주

1) "whose powers of action have been eaten up by thought", William Hazlitt. *Characters of Shakespear's Plays*. London: R. Hunter and C. and J. Ollier, 1817. p.104.

2) 산도르 마라이 저, 김인숙 역, 『열정』, 솔, 2001, 155쪽

3) 가와이 쇼이치로 저, 임희선 역, 『햄릿의 수수께끼를 풀다』, 시그마북스, 2009, 78쪽

4) 『キルケゴール著作集』, 白水社, 別卷 1. 1963-1968. p. 322. 가와이 쇼이치로 저, 임희선 역, 『햄릿의 수수께끼를 풀다』, 시그마북스, 2009, 215쪽에서 재인용

5) 가와이 쇼이치로 저, 임희선 역, 『햄릿의 수수께끼를 풀다』, 시그마북스, 2009, 237-238쪽

6) "Horatio: This bodes some strange eruption to our state." (1막 1장 69행.)

7) Amanda Mabillard, Introduction to Horatio. Shakespeare Online. 15 Aug. 2008. 〈http://www.shakespeare-online.com/plays/hamlet/horatiocharacter.html〉

8) 윗글.

9) 스핀닥터(spin doctor)는 특정 정치인 곁에서 정치홍보·정치기획·메시지 관리·어젠다 설정 등을 맡아 하는 정치기획자나 홍보전문가를 말한다. '스핀(spin)'은 원래 '방향을 바꾸다, 비틀다'는 뜻인데, 정치적 목적을 위해 여론을 조작하는 측면 때문에 이런 이름이 붙었다. 스핀닥터는 업계의 속어 비슷하게 통용돼오다가 1984년 10월 21일자 〈뉴욕타임스〉에서 대통령 후보들의 텔레비전 토론의 배후에 있는 정치전문가들을 논한 사설에서 처음 공식적으로 사용되었다.

10) 김경록, '태종과 리어왕에게 배우는 은퇴의 기술.' 〈머니투데이〉, 2014.12.5.

11) "상왕이 군사에 관한 일을 임금에게만 아뢴 병조 참판 강상인 등을 가두게 하다"

세종실록 1권, 세종 즉위년 8월 25일 임인 3번째 기사 (1418년 명 영락(永樂) 16년), 국사편찬위원회 편역 〈조선왕조실록〉, http://sillok.history.go.kr/id/kda_10008025_003 (최종인용일 : 2016년 1월 22일)

12) 홍종락, '리어왕, 원하는 것을 얻고 절망하다', http://jrhong71.blog.me/90168697060 (2015.11.12.)

13) レフ・ニコラエヴィチ・トルストイ(Lev Nikolayevich Tolstoy).「シェイクスピア論および演劇論」, レフ・ニコラエヴィチ・トルストイ(著), 中村融 (譯).『トルストイ全集 17 芸術論・教育論』東京 : 河出書房新社. 1982.

14) Seamus Heaney. *The Cure at Troy: A Version of Sophocles, Philoctetes*. Farrar, Straus and Giroux. 1991.

15) (1막 3장, 143행.)

16) Carol Strongin Tufts, Shakespeare's conception of moral order in Macbeth, *Renascence 50*. 3/4 (Spring 1998): 169-182. Pro-Quest,

17) Andrew C. Bradley, *Shakespearean Tragedy*, London: Macmillan, 1966. p.285.

18) 이영초, "「맥베드」에 있어서 주인공의 개성화 과정", 『고전 르네상스 영문학』. 12권 1호 2003. 49-76쪽.

19) Weisinger, Herbert, "The Myth and Ritual Approach to Shakespearean Tragedy", *Twenties Century Criticism*. (Ed. W. Handy & M. Westbrook.). New Delhi: Light & Life, 1974. p.300

20) 이홍, 『자기창조조직』, 삼성경제연구소, 2008.

21) 천영준 "'맥베스'의 실패한 인수합병, □□□ 없었다." 〈매일경제신문〉, 2013. 11. 30 참조

22) (1막 3장, 120-121행.)

23) 천영준, 윗글.

24) Henry N. Paul. The Royal Play of Macbeth: When, Why, and How it Was Written by Shakespeare. *Shakespeare Quarterly* Vol. 2, No. 3. 1951. pp. 257-259.

25) G. K. Hunter. (Ed). *MacBeth*, Hammonsworth: Penguin, 1967.

26) http://www.britannica.com/topic/Moor-people (인용일: 2015. 12. 19)

27) Lara Bovilsky, *Barbarous Play: Race on the English Renaissance Stage*, Univ. of Minnesota Press. 2008. p.43.

28) 강석주, "『오셀로』-타자의 타자", 『영어영문학 21』, 제25권 3호. 21세기영어영문학회. 2012. 9쪽.

29) (2막 1장, 234행.)

30) Gerard, Albert. "Egregiously an ass" : The dark Side of the Moor, A View of Othello's mind. *Aspects of Othello*. London: Cambridge University Press. 1977.

31) (3막 3장, 128행.)

32) 김미예. "오셀로와 이아고: 추리소설작가 아가사 크리스티의 눈을 통하여", *Shakespeare Review*, 39(4). 한국셰익스피어학회. 2003. 786쪽.

33) 윗글.

34) 강석주, 윗글. 19-21쪽. 참조.

35) 강석주, 윗글. 19쪽. 참조.

36) 강석주, 윗글. 25쪽. 참조

37) "I lack iniquity sometimes to do me service." (1막 2장, 3-4행)

38) 강석주, 윗글. 8쪽. 참조.

39) (1막 1장, 22-24행.)

40) 강준만, "누가 빌리 홀리데이의 이상한 열매를 만들었나?-백인남성들의 성기콤플렉스가 빚은 비극", 네이버캐스트 〈주제가 있는 미국사〉.
http://navercast.naver.com/contents.nhn?rid=214&contents_id=31315&leafId=
(인용일 2015. 12. 25)

41) 박형지 · 설혜심, 『제국주의와 남성성: 19세기 영국의 젠더 형성』, 아카넷, 2004. 179쪽. 강준만. 윗글 참조.

42) 임승수, '산 채 태워진 흑인들, 노래가 되다' 오마이뉴스 2008. 8. 19, (인용일: 2015. 12. 26)

43) 로자 파크스(Rosa Parks)&짐 해스킨스(Jim Haskins) 저, 최성애 역, 『로자 파크스 나의 이야기: 미국 흑인 시민권운동의 어머니』, 문예춘추사, 2012. 100쪽. 강준만, 윗글 참조.

44) 박영배. 『미국, 야만과 문명의 두 얼굴: 주미특파원 박영배 리포트』, 이채, 1999. 232-233쪽. 강준만, 윗글 참조.

45) 강석주. 윗글. 19쪽.

46) Agatha Christie. *Curtain: Poirot's Last Case*. New York: harper & Collins. 1972. (애거서 크리스티 저, 공보경 역. 『애거서 크리스티 푸아로 셀렉션-커튼』 황금가지, 2015. 309쪽.) 그런데, 카시오는 죽음을 모면했다. 그러므로 여기서 카시오를 죽였다는 말은 포와로, 즉 크리스티의 착각이거나, 또는 이아고가 살인을 시도했다는 뜻으로 생각하면 될 것 같다.

47) 윗글.

48) 윗글, 311쪽.

49) 윗글, 317쪽.

휘둘리지 않는 힘

초판 1쇄 발행 2016년 1월 28일
초판 5쇄 발행 2018년 2월 1일

지은이 김무곤

발행인 김기중
주간 신선영
편집 강정민, 박이랑
마케팅 한솔미, 정혜영
펴낸곳 도서출판 더숲
주소 서울시 마포구 양화로16길 18, 3층 (04039)
전화 02-3141-8301
팩스 02-3141-8303
이메일 info@theforestbook.co.kr
페이스북·인스타그램 : @theforestbook
출판신고 2009년 3월 30일 제 2009-000062호

ⓒ 김무곤, 2016. Printed in Seoul, Korea

ISBN 979-11-86900-03-1 (03180)

이 책은 한국출판문화산업진흥원 2015년 우수출판콘텐츠 제작 지원 사업 선정작입니다.

※ 이 책은 도서출판 더숲이 저작권자와의 계약에 따라 발행한 것이므로
　　본사의 서면 허락 없이는 어떠한 형태나 수단으로도 이 책의 내용을 이용하지 못합니다.
※ 잘못된 책은 구입하신 곳에서 바꾸어 드립니다.
※ 책값은 뒤표지에 있습니다.